深圳市综研软科学发展基金会
Shenzhen Soft Science Development Foundation　资助出版

Chinese Enterprises "Going Out" under OBOR

"一带一路"倡议下中国企业"走出去"

刘祥◎著

中国经济出版社
CHINA ECONOMIC PUBLISHING HOUSE
北 京

图书在版编目（CIP）数据

"一带一路"倡议下中国企业"走出去"／刘祥 著.
—北京：中国经济出版社，2018.11
ISBN 978-7-5136-5293-3

Ⅰ.①一… Ⅱ.①刘… Ⅲ.①企业—对外投资—研究—中国 Ⅳ.①F279.247

中国版本图书馆 CIP 数据核字（2018）第 171316 号

责任编辑　赵静宜
责任印制　巢新强
封面设计　久品轩

出版发行　中国经济出版社
印　刷　者　北京力信诚印刷有限公司
经　销　者　各地新华书店
开　　本　710mm×1000mm　1/16
印　　张　21.75
字　　数　334 千字
版　　次　2018 年 11 月第 1 版
印　　次　2018 年 11 月第 1 次
定　　价　68.00 元

广告经营许可证　京西工商广字第 8179 号

中国经济出版社 网址 www.economyph.com **社址** 北京市西城区百万庄北街 3 号 **邮编** 100037
本版图书如存在印装质量问题,请与本社发行中心联系调换(联系电话:010-68330607)

根据国际投资发展规律，目前我国对外投资正处于高速增长阶段、初始发展阶段与转型升级阶段相互交汇重叠的发展时期。由资本输入国向资本输出国的转变，对于中国而言是一个重要的风向标，它既是中国发展到一定阶段的必然选择，是匹配中国经济体量的必要条件，是中国迈向投资强国的重要基础，也是中国产业结构调整和优化升级的重要推动力。

自 21 世纪初实施"走出去"战略以来，我国对外投资持续快速增长，对外直接投资流量由 2002 年的 27 亿美元增长至 2017 年的 1200 亿美元，迈入了对外直接投资大国行列，并成为资本净输出国。未来一个时期，中国"走出去"的条件将更加成熟，"走出去"的新机遇将不断呈现，"走出去"的国际环境明显改善。为进一步实现从对外投资大国到强国的转变，推动"走出去"升级，我们亟须高瞻远瞩、科学布局，把握好"走出去"的节奏和秩序，近期以境外经贸合作区建设为突破口，不断深化国际产能合作，积极探索"走出去"的新模式、新路径、新体制，加快推动由主要依托数量扩张式的 1.0 版"走出去"发展模式和路径，向依托数量和质量共同提升型的 2.0 版"走出去"发展模式和路径升级。

"一带一路"强调相关各国要打造互利共赢的"利益共同体"和共同发展繁荣的"命运共同体"，努力实现区域基础设施更加完善，安全高效的陆海空通道网络基本形成，互联互通达到新水平；投资贸易便利化水平要进一步提升，高标准自由贸易区网络基本形成，经济联系更加紧密，政治互信更加深入；人文交流要更加广泛深入，不同文明互鉴共荣，各国人民相知相交、和平友好。

从"一带一路"倡议的路线方针来看，基础设施互联互通是"一带一路"互联互通建设的重点，而资金互通是基础设施互通的重要保障。"一带一路"倡议的实施将成为中国企业"走出去"的重要战略载体。

"一带一路"沿线涵盖中亚、南亚、西亚、东南亚和中东欧等地区的60多个国家，这些国家在基础设施建设和资金方面具有强烈的需求。根据亚洲开发银行估计，至2020年间，亚洲各经济体的内部基础设施投资需要8万亿美元，区域性基础设施建设另需3000亿美元，融资缺口巨大。我国有外汇储备、设备和技术的优势。亚洲基础设施投资银行、金砖国家开发银行和丝路基金的主要任务都是为了基础设施和"一带一路"建设提供资金支持，将成为中国对外资本输出的重要抓手。

此外，依托"一带一路"实施资本输出，对于化解过剩产能，实现产业升级具有重要的战略意义。借助"一带一路"，通过产业转移的方式来实现产能转移，既能化解国内钢铁、水泥、平板玻璃等过剩产能，又能为"一带一路"沿线国家基础设施建设提供必要的投入品。中国的劳动密集型产业和资本密集型产业可以依次转移到"一带一路"沿线国家，带动中国以及"一带一路"沿线国家产业升级和工业化水平提升，构筑以中国为雁首的"新雁行模式"。

"一带一路"倡议作为中国提出的更长时间、更大范围、更多主体、更优模式的发展思路，其在新时代所面临的经济环境更为复杂，经济属性更为突出，经济意义更为深远。中国企业是"一带一路"倡议的主体，如何营造更有召唤力的对外投资环境，支持中国企业"走出去"在"一带一路"的宏伟蓝图上描绘篇章，意义重大。

· 第一章 · “一带一路”倡议的
重大经济意义

Chinese Enterprises "Going Out" under OBOR

第 1 节

加深"一带一路"倡议经济意义认识的必要性

一、"一带一路"倡议提出的时代背景与实施进展

1. 时代背景与初衷

2013 年 9 月和 10 月,中国国家主席习近平先后提出共建"丝绸之路经济带"和"21 世纪海上丝绸之路"倡议(以下简称"一带一路"倡议)。彼时,中国发展面临诸多特定的时代背景。

从国内发展来看,中国步入"走出去"战略升级阶段。自 21 世纪初实施"走出去"战略以来,我国对外投资持续快速增长。2014 年,中国对外投资实现了"出超元年"的历史性突破,对外直接投资(OFDI)首次超过利用外商直接投资(IFDI),成为资本净输出国。"走出去"战略升级需要中国实现由数量扩张向质量提升转型、由获取资源向配置资源转型、由产品输出向产业输出转型、由双方共赢向三方共赢转型、由被动参与规则向主动制定规则转型。

从区域竞合来看,中国需要对冲美国"亚太再平衡"战略。自 2009 年执政以来,美国奥巴马政府基于现实经济利益诉求与美国全球战略利益,实行所谓的"亚太再平衡"战略,即从全球范围内调整力量配置,收缩美国在欧洲的部署力量,并将其转移到亚洲地区,并将亚洲地区内的力量分配从阿富汗、伊拉克等地区转移到东南亚地区。本质上,美国"亚太再平

衡"战略意在通过增强美国在亚太地区的军事、外交及经济的存在，限制中国不断增长的影响力。美国亚太战略的这种调整对中国形成了一定的外部压力，致使中国的周边环境更加复杂，中国在亚太地区的影响力受到挑战。

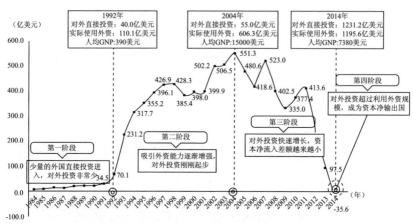

图 1-1 1984—2014 年中国资本净流入情况

从国际地位来看，中国亟待提升国际经贸规则话语权。随着以 WTO 为主导的全球多边贸易体制逐渐式微，发达经济体积极推动新一轮自贸协定谈判。2010 年，美国开始主导谈判 TPP（跨太平洋伙伴关系协定，Trans-Pacific Partnership Agreement）；2013 年美欧开始 TTIP 谈判（启动跨大西洋贸易与投资伙伴协议，Transatlantic Trade and Investment Partnership）。除了 TPP 与 TTIP 带有明显的"排华"性质以外，经贸规则的重构也成为该轮谈判的重点。国际经贸合作的理念得到更新，经贸谈判的指导性框架不断扩充和延伸，新议题、新条款不断涌现，标准不断提升。国际经贸规则的重构有望在一定程度上影响全球经济治理格局。我国对外经贸谈判起步较晚，在规则方面长期扮演接受者、适应者角色，尚未建立起与自身经济或贸易规模相匹配的规则话语权地位。

表 1-1　2014 年全球有可能诞生的新生代三大自由贸易区　　　（%）

	RCEP	TPP	TTIP
涉及成员数量	16	12	29
人口总数占比	49	11	12
经济总量占比	28	38	47
外贸总额占比	35	32	28

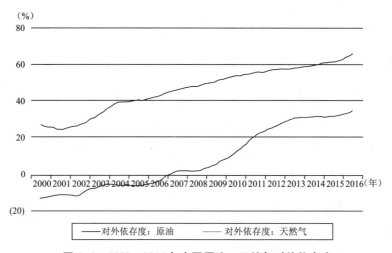

图 1-2　2000—2016 年中国原油、天然气对外依存度

从重点领域来看，中国需要加强能源保障，推动人民币国际化。进入 21 世纪以来，中国能源的对外依存度大幅上升。2014 年底，中国原油的对外依存度达 59.3%，天然气的对外依存度为 31.6%。其中 60% 的原油进口运输需要经过马六甲海峡，中国亟须加强能源保障。2000—2014 年，中国外汇储备年均增速达 25.2%；2014 年 6 月，中国外汇储备达到 39932 亿美元的峰值。中国高额的外汇储备，较高的对外投资汇率风险，人民币对铸币税、国际债券与票据市场、全球外汇储备的利用，均需要加速人民币国际化进程。

图 1-3　2000—2017 年中国外汇储备

2. 倡议理念与布局

"一带一路"倡议提出时即明确了"三共、三体、五通"的原则、目标及内容,回答了建设什么样的"一带一路"以及怎样建设好"一带一路"等重大问题,展现了"一带一路"倡议致力于推动和平、繁荣、开放、创新、文明世界的理念。

一是"共商、共建、共享"的基本原则。共商是指尊重他国治理模式的选择,追求发展最大公约数;共享是指追求互利共赢,造福沿线各国人民;共建是指将沿线国家利益、命运和责任紧密相连,注重第三方合作。共同打造全球经济治理新体系的合作。

二是"利益共同体、责任共同体、命运共同体"的合作目标。打造利益共同体是"一带一路"倡议的基调,通过沿线国家的互联互通和贸易投资便利化等深度国际经济合作,打造世界经济新的增长极,实现互利共赢。构建责任共同体是"一带一路"倡议的担当,以全新的合作模式连接起不同文明,促进不同国家及其人民和谐共处、相互学习,共同担负解决国际性难题的责任。建设命运共同体是"一带一路"倡议的升华,推动实现国与国的命运共同体、区域内命运共同体、人类命运共同体。

三是"政策沟通、设施联通、贸易畅通、资金融通、民心相通"的主要内容。"一带一路"倡议既重视开展互联互通、产能合作、贸易投资等重点领域的务实合作，也重视推动沿线国家之间多种形式的人文交流，实现经济和文化的共同繁荣发展。其中，政策沟通是"一带一路"建设的重要保障，基础设施互联互通是"一带一路"建设的优先领域，投资贸易合作是"一带一路"建设的重点内容，资金融通是"一带一路"建设的重要支撑，民心相通是"一带一路"建设的社会根基。

"一带一路"倡议提出时划定了5大走向、6大经济走廊、多国多港的"5+6+N"总体布局，为中国主导、各国参与"一带一路"合作提供了清晰的框架。

①五大走向。丝绸之路经济带规划三大走向，一是从中国西北、东北经中亚、俄罗斯至欧洲、波罗的海；二是从中国西北经中亚、西亚至波斯湾、地中海；三是从中国西南经中南半岛至印度洋；21世纪海上丝绸之路规划两大走向，一是从中国沿海港口过南海，经马六甲海峡到印度洋，延伸至欧洲；二是从中国沿海港口过南海，向南太平洋延伸。

②六大经济走廊。"一带一路"贯穿亚欧非大陆，一头是活跃的东亚经济圈，另一头是发达的欧洲经济圈，包括新亚欧大陆桥、中蒙俄、中国—中亚—西亚、中国-中南半岛、中巴和孟中印缅六大国际经济合作走廊。

③多国多港。"多国"是指一批先期合作、战略支点国家。"多港"是指若干保障海上运输大通道安全畅通的合作港口，通过与"一带一路"沿线国家共建一批重要港口，进一步繁荣海上合作。"一带一路"沿线有众多国家，中国既要与各国平等互利合作，也要结合实际与一些国家率先合作，争取有示范效应、体现"一带一路"理念的合作成果，吸引更多国家参与共建"一带一路"。中国知名智库以战略伙伴关系为基准，区域性国际组织总部所在地和经济增长潜力为条件，综合考虑，初步筛选出了12个战略支点国家，包括东南亚区域的新加坡、印度尼西亚、菲律宾、缅甸、柬埔寨、老挝，东亚、中亚区域的蒙古国、乌兹别克斯坦、哈萨克斯坦，中东区域的沙特阿拉伯，独联体的俄罗斯和白俄罗斯。

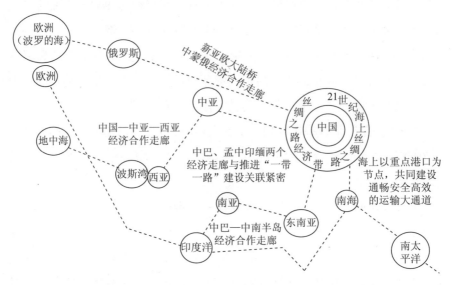

图1-4　"一带一路"倡议五大走向及六大经济走廊

3. 实施进展与特点

三年多来，"一带一路"建设从无到有、由点及面，取得积极进展，中国"一带一路"的"朋友圈"更加广泛，"一带一路"共建模式初步形成。

一是"朋友圈"更加广泛。初期，"一带一路"倡议规划了5大走向、6大经济走廊，并划定了60余个重点合作国家。实施以来，"一带一路"建设进度和成果超出预期，已经有100多个国家和国际组织积极响应支持，40多个国家和国际组织同中国签署合作协议，"一带一路"的"朋友圈"正在不断扩大。

2013年9月，国家主席习近平在哈萨克斯坦访问时第一次提出"丝绸之路经济带"的概念。甫一提出，哈萨克斯坦就表达了加入"朋友圈"的愿望。随后，印度尼西亚、马来西亚、新加坡、泰国、柬埔寨、沙特阿拉伯、卡塔尔、斯里兰卡、土库曼斯坦、哈萨克斯坦、吉尔吉斯斯坦等多个国家，纷纷与中国确认了共同建设"一带一路"的共识。在欧洲，2014年底，中东欧16国表达了共同推进丝路经济带建设的兴趣；2015年6月，匈牙利成了第一个和中国签署"一带一路"合作文件的欧洲国家；2015年

10 月，国家主席习近平的访英之旅，将"一带一路"合作延伸到了 9000
公里外的欧洲最西端。进入 2017 年，新西兰等发达国家也陆续加入其中。
2017 年 5 月，"一带一路"国际合作高峰论坛的与会代表涵盖了亚洲、欧
亚、欧洲、北美、拉美和非洲地区，130 多个国家派出代表参加峰会。在
此背景下，中国明确提出"一带一路"倡议"不设国别范围""不搞排他
性的制度设计"，秉承着开放、包容的原则，欢迎任何有意愿参与这一合
作的国家、地区、区域组织和国际组织。

二是共建模式初步形成。"一带一路"建设初步形成了以基础设施与
产能合作为先导、以双边或多边合作共识为先行、以重大平台为引领的共
建模式。

①基础设施与产能合作为先导。2016 年，中国完成了"一带一路"沿
线 61 个国家对外工程承包营业额 759.7 亿美元，同比增长 9.7%，占同期
总额的 47.7%；新签"一带一路"沿线承包工程合同额 1260.3 亿美元，
同比增长 36%，占同期全球新签合同额的 51.6%。截至 2016 年底，中国
企业在"一带一路"沿线国家建立 56 个境外经贸合作区，累计投资超过
185.5 亿美元，上缴东道国税费 10.7 亿美元，为当地创造就业岗位 17.7
万个。诸多"一带一路"沿线基础设施合作项目有序推进，例如中老铁
路、中泰铁路、印尼雅万铁路、土耳其东西高铁、匈塞铁路、巴基斯坦喀
喇昆仑公路二期、卡拉奇高速公路、瓜达尔港口、斯里兰卡科伦坡港口、
马来西亚皇京港以及中哈、中俄、中缅油气管线等。

②双边或多边合作共识先行。在推动"一带一路"实施的进程中，中
国充分重视与沿线东道国、国际组织的合作共识，积极签署政府间合作协
议、自贸协定、投资协定等为代表的双边或多边合作协议。截至 2017 年 7
月，中国已与"一带一路"沿线国家或国际组织签署 69 个合作协议，与
沿线国家签署 11 个自贸协定、56 个双边投资协定 54 个双边税收协定、60
多个文化交流合作协定、21 个双边标准化协议。

③重大平台引领。"一带一路"倡议搭建了诸多类型的合作平台，包
括亚洲基础设施投资银行、丝路基金、产能合作基金等创新融资平台；边
境经济合作区等经贸合作平台；中泰气候与海洋生态系统联合实验室、中

巴联合海洋科学研究中心、中马联合海洋研究中心、中国—东南亚国家海洋合作论坛、东亚海洋合作平台等海上合作平台;中国—阿拉伯国家环境合作论坛、中国—东盟环境保护合作中心、"一带一路"环境技术交流与转移中心等环保合作平台;联合实验室、国际技术转移中心、科技园区等科技创新合作平台。

二、"一带一路"倡议面临多元、多面的国际舆情

"一带一路"倡议提出至今,引起了国际舆论的强烈反响与持续关注,面临多元化、多面性的国际舆情①。

国际社会对"一带一路"倡议的关注呈现多元化特点,涵盖了投资、文化交流、基础设施、亚投行、国际秩序、贸易、民生等方面。其中,2015—2017 年,关注度前三名的为亚投行、投资和基础设施。

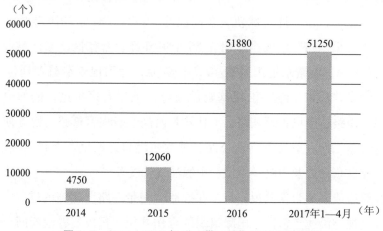

图 1-5 2014—2017 年"一带一路"网络舆情数量

---

① 数据来自《"一带一路"国际舆情大数据报告》,本报告通过抓取谷歌新闻,分析不同时间、不同国家、不同主题、不同情感导向的"一带一路"国际舆情。

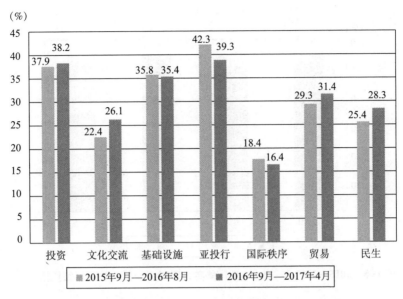

图1-6 2015—2017年"一带一路"网络舆情关注内容

国际社会对"一带一路"倡议的正面舆情占比呈上升趋势，2015年至2017年，美英日印四国正面舆情数量占比增加了约2~7个百分点。2017年1—4月，英国对"一带一路"倡议的正面舆情数量占91.3%，美国为76.4%，日本为74.3%，印度为65.7%。

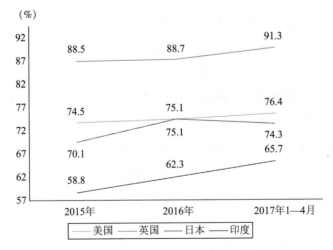

图1-7 2015—2017年美英日印对"一带一路"的正面网络舆情占比

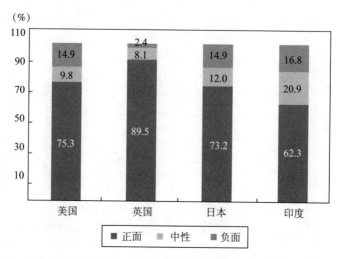

图1-8 2015—2017 年（1—4月）美英日印对"一带一路"网络舆情情况

三、加深认识"一带一路"倡议经济意义的必要性

新时代，"一带一路"倡议所面临的经济环境更为复杂，经济属性更为突出，经济意义更为深远。基于"一带一路"倡议提出的时代背景、初衷，以及实施三年多来的进展、面临的国际舆情，本研究从时间属性、空间属性、主体属性、客体属性四个方面分析，认为"一带一路"倡议是中国提出的更长时间、更大范围、更多主体、更优内容的全球经济发展思路。

从时间属性看，"一带一路"倡议具有谋篇布局的前瞻性发展眼光，是一项经济长期发展战略；从空间属性看，"一带一路"倡议涵盖了中国国内经济发展与经济全球化两个方面；从主体属性看，"一带一路"倡议以亚欧大陆为主，全球协同参与；从客体属性看，"一带一路"倡议涵盖了基础设施、产能、贸易、金融等多方面建设内容。

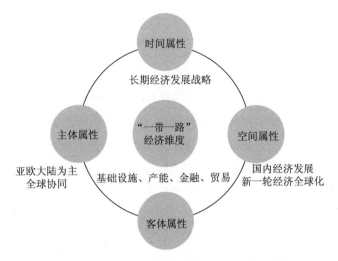

图 1-9　"一带一路"倡议经济维度的基本属性

　　加深对"一带一路"倡议经济意义的认识，不仅有利于在全球推广中国经济发展理念与模式，加深国际社会对"一带一路"倡议的普遍共识，提升其对倡议的积极评价，还有利于丰富新一轮经济全球化进程、全球治理格局中的"中国方案"，最终实现倡议的可持续发展。

　　首先，"一带一路"倡议的核心内涵是中国经济发展模式，国际社会对"一带一路"倡议的共识在较大程度上基于对中国经济发展成就的认可，例如实施改革开放政策，构建外向型经济体系，以工业化推动实现国家现代化，建立政府主导下的市场经济体系等。因此，从经济维度加深对"一带一路"倡议的认识，有利于在全球推广中国经济发展理念与模式，加深国际社会对"一带一路"倡议的普遍共识。

　　其次，经济利益与社会利益是中国与沿线国家开展"一带一路"共建的前提条件，经济合作是"一带一路"倡议实施的最重要、最务实内容，所涵盖的基础设施合作、贸易合作、产能合作、金融合作、技术合作等也是"一带一路"倡议最易启动、最具示范意义的领域。因此，从经济维度加深对"一带一路"倡议的认识，有利于倡议的深入推进与可持续发展。

　　再次，从国际舆情来看，国际社会对"一带一路"倡议关注度最高、正面舆情较为集中的是经济领域，例如亚投行、基础设施建设、投资、贸易等；而负面舆情主要集中在地缘政治、社会治理等方面。因此，顺应国际舆情，从经济维度加深对"一带一路"倡议的认识，有利于提升国际社会对倡议的积极评价。

此外，从国际经贸形势来看，全球经济长期深度调整，国际贸易形势依然严峻复杂，全球价值链模式持续深化，以 WTO 为主导的多边贸易体制举步维艰，部分发达经济体"逆全球化"倾向愈发明显，显性或隐性的贸易保护政策和措施不断出现，"一带一路"沿线经济发展水平仍不均衡。因此，在全球化的进程中，加深对"一带一路"倡议经济意义的认识，有利于持续推动新一轮经济全球化，丰富全球经济治理格局中的"中国方案"。

第 2 节

"一带一路"倡议是新时代中国构建开放型经济体系的重要内容

　　"一带一路"倡议是十九大报告提出的"推动形成全面开放新格局"及"发展更高层次的开放型经济"的重中之重。"一带一路"倡议符合我国构建全面开放新格局，建设开放型经济体系的发展要求，有助于我国探索更高层次开放新内容，实现由以"引进来"为主向"走出去""引进来"并重转变，由规则的"追随者"到"参与者"再到"引领者"转变，形成"海陆并举""东西互济""区域联动发展"的新格局，推动我国对外开放总体格局由"外向型"向"全面开放型"发展。

　　具体来讲，"一带一路"倡议有利于中国合理利用超额储蓄，拓展、培育新兴市场，实现持续发展；有利于加速人民币国际化进程，提升货币主权地位，实现支配发展；有利于中国探索国际经贸规则，提升制度性话语权，实现引领发展；有利于顺应中国"走出去"的趋势，海陆并举、东西互济，实现并重发展；有利于中国各大区域全面参与，统筹国际国内大局，实现联动发展。

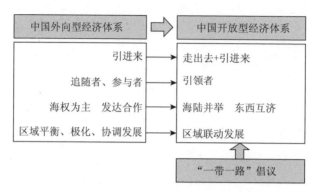

图 1-10　新时代中国开放型经济体系发展要求及特点

一、有利于中国合理利用超额储蓄

长期以来，我国国民储蓄额持续高速增加，储蓄率（国民总储蓄占GDP 比重）一直居世界前列。2015 年，我国国民总储蓄逾 33 万亿元（支出法 GDP），储蓄率 47.9%，远高于全球 26.5%、发达经济体 22.5%、G7国家 20.8% 的水平。

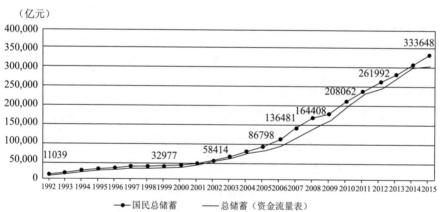

图 1-11　1992—2015 年中国国民总储蓄额（支出法 GDP 及资金流量表）

从国民储蓄构成来看，我国居民储蓄占比最高。2015 年，我国居民总储蓄 15.7 万亿元（资金流量表），占国民总储蓄的 48%；非金融企业部门总储蓄 11.3 万亿元，占比 35%；政府部门总储蓄 3.1 万亿元，占比 10%；

金融机构部门总储蓄 2.3 万亿元，占比 7%。企业与政府的储蓄是近年来我国储蓄大幅攀升的主要来源。1992—2007 年，我国的储蓄率上升了 14.5 个百分点，其中，居民储蓄贡献了 1.5 个百分点，政府贡献了 6.2 个比分点，企业贡献了 4.7 个百分点。

储蓄具有两面性。一方面，储蓄增加意味着居民、企业、政府的财富增加，适当的储蓄也是支撑实体经济、开展投资活动的基础；另一方面，较高的储蓄意味着消费偏低、经济内生动力不足、投资渠道有限，不利于国家经济长期稳定增长，也造成了财富的隐形流失。

同时，在超高储蓄的背景下，中国外汇储备持续、高速增长，形成了超额的外汇储备。中国外汇储备在 2014 年达到最高的 3.8 万亿美元，近三年开始逐步下降，2016 年底我国官方外汇储备仍然超过 3 万亿美元，是日本的 2.4 倍，德国的 16.3 倍，英国的 21.1 倍，美国的 25.2 倍。以外汇储备形式存在的超额储蓄，由于无法在国内投资，且在上一个发展阶段存在海外投资的困难，只能购买国外债券，其中很大一部分是美国购债，致使中国外汇储备利用效益较低。从稳定国际收支的角度来讲，我国外汇储备具有较大的降幅空间。

图 1-12　2000—2017 年中国官方外汇储备额

"一带一路"建设对降低中国高储蓄额及储蓄率具有积极作用。一方面，"一带一路"建设可以直接拓宽外汇储备使用渠道，探索多元化外汇运用举措，例如成立丝路基金（首期资本金中外汇储备占比 65%），扩大从"一带一路"沿线进口规模，从而提高外汇储备使用效益，化解过高的外汇储备状况。另一方面,"一带一路"建设可以增加国内企业与政府的海外投资渠道,将我国的储蓄盈余转变为对外直接投资,通过基础设施建设、产能合作等方式,投资沿线国家实体经济领域,破解国内投资领域有限且盲目、产能过剩、贸易顺差过高引发新一轮高储蓄的循环,并且长期、有效地对外直接投资还有利于培育"一带一路"新兴市场,海外消费市场的扩大同样有利于降低超额储蓄。

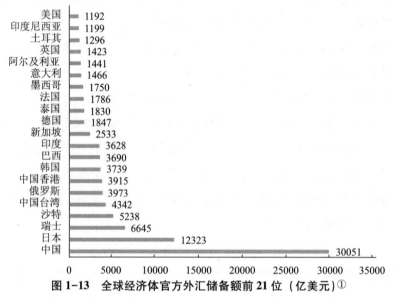

图1-13　全球经济体官方外汇储备额前21位(亿美元)①

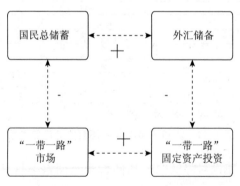

图1-14　"一带一路"对中国超额储蓄的影响机制

① 官方外汇储备额检视时间大部分为2017年2月,其余为2016年12月(中国台湾)、2017年1月(沙特、中国香港、美国)、2015年12月(阿尔及利亚)。

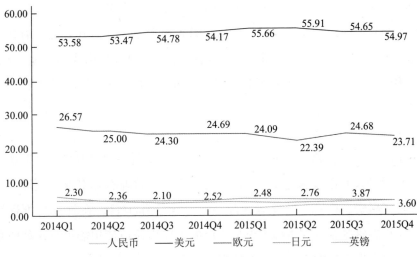

图1-15 2014—2015年全球主要货币的国际化指数①

二、有利于加速人民币国际化进程

经过近十年来的快速发展，人民币国际化进程取得了显著成就，特别是2015年IMF正式将人民币纳入SDR，标志着人民币成为国际主要储备货币之一。然而，相较于美元、欧元、日元、英镑等国际主流货币，人民币的国际化水平仍然较低。2014—2015年，人民币国际化指数略低于英镑与日元，远低于美元与欧元；2015年底，人民币在国际债券、票据市场余额的占比仅是日元的30.9%、美元的1.35%；2016年，人民币在全球外汇储备规模占比仅是美元的1.67%，储备规模甚至低于澳元、加元。

"一带一路"倡议实施与人民币国际化进程是相互促进、互相协同的。一方面，"一带一路"为人民币国际化创造契机，从货物贸易到跨境直接投资，从经常项下到资本项下开放合作，未来跨境信贷、金融市场、货币市场开放等，都将因"一带一路"倡议的实施产生现实的、巨大的需求，

---

① 国际化指数综合考虑了贸易计价、国际金融计价、官方外汇储备三大指标，由中国人民大学的国际货币研究所编制，旨在客观描述人民币在国际经济活动当中实际使用程度的一个综合的量化指标。

简言之,"一带一路"沿线将成为人民币国际化的主战场。另一方面,人民币国际化为"一带一路"提供资金保障,通过货币互换、对外直接投资人民币结算、人民币跨境支付、跨境贸易人民币结算、海外人民币清算等国际化工具或手段,在"一带一路"沿线有序实现人民币作为流通手段、支付手段、价值尺度与储备货币的功能,推动"一带一路"倡议的深入实施。

具体来讲,

①在"一带一路"实现人民币作为流通与支付手段的功能:"一带一路"建设涉及基础设施建设、能源资源开发、制造业合作等众多领域,高度汇集了融资、投资、贸易等国际经济金融合作项目,在贸易与投资结算、跨境融资等领域,将催生出更广泛的人民币跨境使用需求,这种内在需求必将有助于扩大人民币流通规模,加速人民币国际化进程。

②在"一带一路"实现人民币作为价值尺度的功能:目前,我国正积极推动在"一带一路"沿线的大宗商品、能源贸易的人民币计价结算,包括原油、铁矿石、棕榈油等,这有利于增强我国在国际贸易中的结算与定价权。

③在"一带一路"实现人民币作为储备货币的功能:我国正通过"一带一路"平台,采取政府援助、政策性贷款、混合贷款和基础设施债券发行等方式来解决沿线国家基础建设的资金瓶颈问题,这使人民币使用得以推广,并使人民币在"一带一路"相关国家间形成了低风险、低成本的闭环流转。作为国际货币基金组织"特别提款权"(SDR)货币篮子中的第三大货币,未来,越来越多的沿线国家将选择人民币作为储备货币,从而推动形成与我国经济发展规模相匹配的货币地位,最终提升我国在全球治理中的话语权。

三、有利于中国探索国际经贸规则

改革开放近四十年来,中国在全球开放型经济体系中扮演了不同角色。第一阶段为"追随者"。自 1978 年起,对外开放成为中国的一项基本国策,为了吸引外资、参与全球产业分工,我国批准设立深圳等经济特区，开展国际经贸规则的引进与先行先试，实现了中国对全球开放型经济体系的"跟跑"。第二阶段为"参与者"。2001年世界贸易组织（WTO）通过中国加入世界贸易组织的申请，中国正式成为世贸组织成员，开始全面对接与融入国际多边贸易规则与体系，实现了中国对全球开放型经济体系的"并跑"。当前，我国正逐步走向第三阶段的"引领者"。随着中国成为全球第二大经济体、世界第一大贸易国、世界第一大吸引外资国、世界第二大对外投资国，中国在全球经济治理体系中的制度性话语权显著提升，国际社会希望中国在国际事务中发挥更大作用，在应对全球性挑战中承担更多责任。该阶段将通过探索全面开放、发挥规则的引领作用，实现中国对全球开放型经济体系的"领跑"。

表1-2　代表性的国际经贸规则及重要组织的设立时间、主导国家

时间	代表性规则/组织	主导国家
1945	国际货币基金组织协定/IMF	美国
1945	联合国宪章/联合国	—
1947	关贸总协定（GATT）	美国
1960s	亚洲开发银行（ADB）	日本
1992	联合国气候变化框架公约	欧美国家
1994	世界贸易组织（WTO）	发达国家
1994	与贸易有关的知识产权协议（TRIPS）	发达国家
1997	京都议定书	发达国家
2012	国际服务贸易协定（TISA）	美国

纵观国际经贸规则体系的演进与重构，可以发现，"二战"后的国际经贸规则多由欧美等发达国家主导。例如，1945年，美国主导签署国际货币基金组织协定，成立国际货币基金组织，奠定了美元的主导地位；1947年，美国主导签署关贸总协定；20世纪60年代，日本主导成立了亚洲开发银行；1992年，欧美国家主导签署联合国气候变化框架公约；1994年，发达国家主导成立世界贸易组织；1994年，发达国家主导签署与贸易有关的知识产权协议（TRIPS）；1997年，发达国家主导签署京都议定书；

2012 年，美国主导签署国际服务贸易协定（TISA）。发达国家在国际贸易中表现出货物贸易逆差大、服务贸易顺差大、技术领先等特点，因此，上一阶段的国际贸易规则更符合发达国家的发展阶段与发展诉求，并为新兴经济体、发展中国家与欠发达国家的发展形成掣肘，其中表现最突出的是绿色壁垒、粉色壁垒与知识产权壁垒①。

2014 年起，随着以 WTO 为主导的全球多边贸易体制逐渐式微，发达经济体积极推动 TPP、TTIP、TISA 等国际经贸谈判，经贸规则的重构成为该轮谈判的重点，美欧 "强强联合"，意欲在国际经贸规则重构中再次抢得先机。然而，该轮经贸谈判显示出一定程度的局限性和部分不可行性。以 TPP、TTIP 为例，美欧等发达经济体在规则层面根植了仅体现发达国家意图和诉求的条款，甚至超出了基本的经贸合作范畴，力图实现全部商品分阶段的自由化，力图最大化促进其发达的服务贸易，协定所涉及的广泛边境内措施（即国内政策），实质上已经进入两方或多方的关税同盟、共同市场、经济一体化的框架领域内。这些既不符合大多数发展中国家的现状，也未得到国际社会的广泛认可，其可复制、可推广性有待观望。

对应于中国在全球开放型经济体系中的角色，我国的对外经贸谈判起步较晚，在规则方面仍然扮演着接受者、适应者的角色，尚未建立起与自身经济或贸易规模相匹配的规则话语权地位。我国签署的多数自贸区协议属于 "参照国际模板，部分降低标准"；在投资准入、跨境服务贸易方面有待结合最新趋势；诸如电子信息产品、（跨境）电子商务、基础设施建设、特殊园区开发等中国优势领域，暂未形成 "中国版规则"；在国有企业、电信服务、金融市场等敏感领域，尚未探索出可灵活处理的实操条款。在新一轮国际经贸谈判中，尤其是在规则加速重构阶段，中国参与、

---

① 绿色壁垒体现在欧美国家主张建立 "碳关税" "碳国际标准" 等新的贸易壁垒制度，将未能实行碳减排国家排除在发达国家市场之外，以达到提升本国产业国际竞争力的目的。

粉色壁垒体现在欧美国家强调发展中与欠发达国家遵守发达国家主导设立的国际劳工标准，并将劳工和贸易问题挂钩，发达国家随时可能以劳工标准不达标的理由对发展中和欠发达国家单方面实施贸易制裁或歧视政策。

知识产权壁垒体现在欧美主张对知识产权的强保护上，这意味着对欧美等知识产权净出口国权利和就业的保障。但过高的知识产权保护标准对技术落后、处于技术研发摸索期的发展中和欠发达国家而言，发展高附加值的技术密集型产业将极大提高成本。

主导与引领规则制定不仅是经济全球化的要求，更是体现"一带一路"沿线发展中国家权利、维护和扩大中国经济利益的必要举措。

目前，我国正立足周边，重点围绕区域内多边、双边协定，科学构建包括邻近国家和地区、涵盖"一带一路"沿线国家、辐射五大洲重要国家的全球自由贸易区网络。"一带一路"沿线是中国开展经贸谈判的重点区域，也是我国构建"中国版"经贸规则的优先选择。自"一带一路"倡议提出以来，"包容性"即成为其最突出的基因。"一带一路"注重与现有双边和地区合作机制相辅相成，而不是要挑战或替代现有双边和地区合作机制及倡议。沿线各国资源禀赋各异，经济互补性较强，彼此合作的潜力和空间需要依靠强化包容性来释放，有针对性地开展政策沟通、设施联通、贸易畅通、资金融通、民心相通建设。"一带一路"看重多样化，没有规定严格统一的参与规则，不刻意追求一致性，灵活并富有弹性，具体合作项目注重双多边利益，强调各方认可，条件成熟一个启动实施一个。通过包容、公平的规则体系，"一带一路"旨在打造平衡、普惠的发展模式，赋予新兴市场国家和发展中国家更多代表性和发言权，推动建立一个持久和平、普遍安全、共同繁荣的和谐世界。

因此，"一带一路"倡议是中国在开放型经济体系"领跑"阶段，发挥规则"引领者"作用的重要平台。一方面，中国将在世界经济疲弱，发展失衡、治理困境、公平赤字等问题更加突出，反全球化思潮涌动的背景下，持续推动经济全球化朝着更加开放、包容、普惠、平衡、共赢的方向发展。另一方面，有利于中国代表"一带一路"沿线的发展中国家掌握全球经济治理的制度性权利。参与、主导与引领规则制订，不仅是经济全球化的要求，更是体现发展中国家权利的必要举措。

四、有利于顺应中国"走出去"的趋势

改革开放初期，中国制定了引进和利用外资的政策，向外商、外资陆续开放沿海沿边沿江地区及城市，弥补了发展所需的资金、技术、管理缺口，极大促进了我国外向型经济的发展。进入 21 世纪，中国经济发展水平大幅提高，为了更好地利用国际国内两个市场、两种资源，中国开启"走

出去"战略，在更广阔的空间进行经济结构调整和资源优化配置。2007—2016 年，我国对外投资年均增长 27.2%，跻身对外投资大国行列。自 2014 年起，中国对外直接投资开始超过实际利用外资规模，中国实现由资本输入国到资本输出国的重大转变，这对中国而言是一个重要的风向标，是中国发展到一定阶段的必然选择，是中国迈向世界经济大国、由对外贸易大国迈向对外贸易强国、在全球范围内配置资源、积极影响全球金融和经济格局的重要标志。新时代，中国"走出去"升级将在传统的货物贸易基础上，由数量扩张向质量提升，由获取资源向配置资源转型，不断探索更高层次的开放内容，实现由"走出去"大国向"走出去"强国的转变。

"一带一路"倡议有助于推动中国新时代开放型经济体系形成"走出去"与"引进来"并重发展新格局。一方面，"一带一路"倡议的提出及实施让众多国家加深了对中国投资机遇与前景的认知，尤其是可以与中国优势互补的国家将生产要素与市场与中国进行深度对接。另一方面，"一带一路"地域广阔、国家众多，涉及人口约 44 亿，占全球的 63%，经济总量约为 22 亿美元，占全球的 30%，沿线以新型经济体和发展中国家为主体①，大多数国家对中国产品、技术、经验存在巨大需求。2014—2016 年，我国对"一带一路"沿线国家进出口额达 3.1 万亿美元，占同期外贸总额的 1/4 以上，对沿线国家直接投资近 500 亿美元，占同期对外直接投资总额的 1/10 左右。

"一带一路"倡议有助于推动中国新时代开放型经济体系形成"海陆并举""东西互济"并重发展新格局。改革开放以来，我国主要是通过海上航运通道，与西方发达国家及周边合作伙伴开展贸易往来，基本形成了"海运为主""发达合作"的开放格局。"一带一路"倡议既包括"21 世纪海上丝绸之路"，也包括"新丝绸之路经济带"，既兼顾陆海，又呼应东西。特别是丝绸之路经济带通过构建亚欧大陆桥实现由中国经中亚、俄罗斯、西亚、南亚等到地中海、波罗的海、印度洋的陆海联通，打通历史上中断的丝绸之路，让欧亚大陆回归人类文明中心地带。

---

① 人口及 GDP 规模、占比以沿线 60 余个重点国家为样本计算。

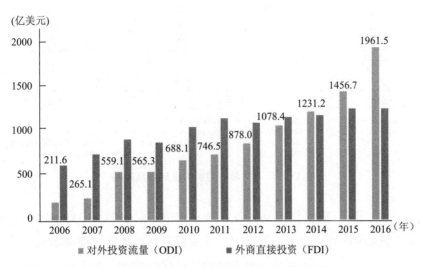

图 1-16　2006—2016 年中国 FDI 与 ODI 对比

五、有利于中国各大区域全面参与

我国在不同时期实施了不同的区域发展总体战略，例如建国初期至上世纪 70 年代末的区域平衡发展，改革开放初期至 20 世纪末的极化发展，21 世纪初十年的协调发展。当前，一方面，我国区域发展不平衡的问题依然存在，广大的中西部地区始终扮演着"追随者"角色；另一方面，在新兴信息网络技术的迅猛发展下，不同区域又面临相同的发展机遇，面对无差异的国内外市场。

新时代，我国制定了或正在规划"一带一路"、京津冀、长江经济带、粤港澳大湾区城市群发展等若干区域战略，着眼于实现一体联动和重点突破相统一，促进区域联动发展。作为统筹国内国际两个大局、构建开放型经济体系的重要平台与抓手，"一带一路"倡议为国内各大区域推进开放提供了一致性的引导，有助于推动中国新时代开放型经济体系，由"区域极化发展"到"区域协调发展"，再到"区域联动发展"转变。

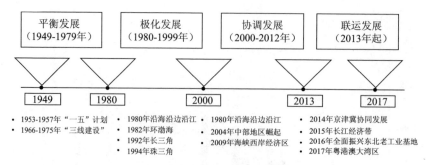

图 1-17 不同时期的国内区域发展战略

"一带一路"倡议作为我国各区域、省市广泛参与，串联国际国内两个市场的总体部署，在重点解决中西部发展落后、提升中西部地区开放型经济水平的前提下，也充分发挥京津冀、长江经济带、粤港澳大湾区等先发地区的积极作用，制定了 2 个核心省份（新疆"丝绸之路经济带核心区"，福建"21 世纪海上丝绸之路核心区"），定位了 18 个省份（新疆、陕西、宁夏、甘肃、青海、内蒙古、黑龙江、吉林、辽宁、广西、云南、西藏、上海、福建、浙江、广东、海南、重庆），规划了 7 个高地（西宁、成都、郑州、武汉、长沙、南昌、合肥），以及 15 个港口（上海、天津、宁波-舟山、广州、深圳、湛江、汕头、青岛、烟台、大连、福州、厦门、泉州、海口、三亚）。"一带一路"尤其是"一带"将使得我国对外开放的地理格局发生重大调整，形成南北呼应、东西联动，共同承担中国"走出去"的重任。

第 3 节

"一带一路"倡议是促进沿线国家经济发展能级的统筹平台

一、有助于提升沿线国家外向经济发展水平

"一带一路"沿线众多国家存在发展外向型经济、实现经济多元化的诉求。以"一带一路"沿线 65 个代表性国家（包括中国）为例，按照世界银行标准，高收入经济体有 18 个，可细分为"能源型"高收入经济体（卡塔尔、阿联酋、沙特阿拉伯、文莱等产油国）和"非能源型"高收入经济体（例如新加坡及中东欧的爱沙尼亚、斯洛伐克、立陶宛、拉脱维亚等）；中等收入经济体有 45 个，可细分为中上等收入经济体（蒙俄区域中的俄罗斯，中亚的哈萨克斯坦及土库曼斯坦，南亚的斯里兰卡，东南亚的马来西亚及泰国，西亚及中东的土耳其、黎巴嫩、阿塞拜疆、伊拉克及伊朗，中东欧的罗马尼亚、保加利亚、黑山、白俄罗斯、塞尔维亚、马其顿、波黑及阿尔巴尼亚）和中下等收入经济体（南亚、东南亚及中亚地区，如印度、巴基斯坦、孟加拉国、缅甸、乌兹别克斯坦及吉尔吉斯斯坦）；低收入经济体包括尼泊尔和阿富汗两个代表性国家。

表 1-3 "一带一路"代表性经济体按人均国民收入水平分类①

（单位：美元）

分类 1	分类 2	代表性经济体	数量
高收入 （≥12736）	能源型	卡塔尔、阿联酋、科威特、文莱、沙特阿拉伯、巴林、阿曼	7
	非能源型	新加坡、以色列、斯洛文尼亚、爱沙尼亚、捷克、斯洛伐克、立陶宛、拉脱维亚、波兰、匈牙利、克罗地亚	11
中等收入	中上等 （4126~12735）	土耳其、俄罗斯、哈萨克斯坦、马来西亚、罗马尼亚、中国、黎巴嫩、保加利亚、黑山、土库曼斯坦、马尔代夫、白俄罗斯、阿塞拜疆、伊拉克、伊朗、泰国、塞尔维亚、马其顿、波黑、阿尔巴尼亚	20
	中下等 （1045~4125）	格鲁吉亚、亚美尼亚、约旦、蒙古、斯里兰卡、菲律宾、印度尼西亚、埃及、叙利亚、巴勒斯坦、乌克兰、不丹、摩尔多瓦、东帝汶、乌兹别克斯坦、老挝、越南、印度、巴基斯坦、塔吉克斯坦、孟加拉国、缅甸、吉尔吉斯斯坦、也门、柬埔寨	25
低收入		尼泊尔（730）、阿富汗（590）	2

目前，"一带一路"大部分中等收入代表性经济体的经济外向型水平仍然较低，表现为对外贸易依存度、FDI 净流入占 GDP 比重仍然低于全球平均水平。按照国际经验，国际贸易与吸引投资是欠发达与发展中经济体实现快速发展或经济起飞的重要举措。

理论上，"一带一路"倡议作为中国提出的方案，沿线国家通过与中国开展贸易、吸引中方投资、与中国开展产能合作，可以提升众多国家外向型经济水平，在一定程度上改变依靠资源开采等单一的经济发展模式，实现融入全球产业分工体系与经济多元化的发展目标。

实践中，"一带一路"倡议高度契合众多沿线国家经济发展战略，尤其是促进外向型经济发展、实现经济多元化的发展诉求。"一带一路"倡

---

① 数据来源于 2015 年世界银行公布的人均国民收入。

议在实施的进程中充分重视沿线国家的经济发展诉求，通过双边或多边的战略对接，推进经济领域的五通合作。例如，"一带一路"倡议通过与俄罗斯"欧亚经济联盟"、东盟国家"互联互通总体规划"、哈萨克斯坦"光明之路"、土耳其"中间走廊"、越南"两廊一圈"、波兰"琥珀之路"等这些重点区域、国家的战略对接，有望促进其商品、服务、资本和劳动力的自由流动。

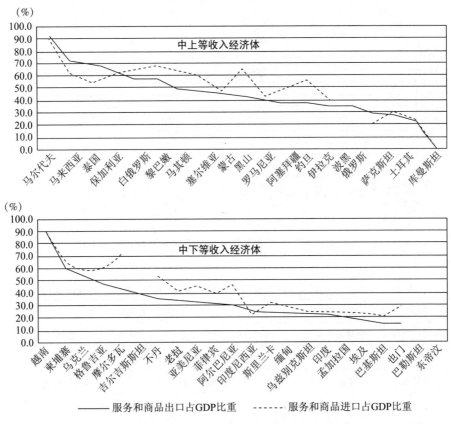

图1-18 "一带一路"中等收入代表性经济体服务与商品进出口占GDP比重

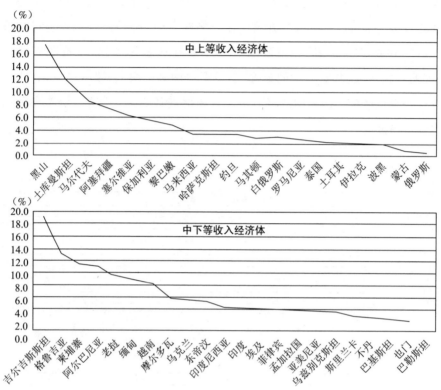

图 1-19 "一带一路"中等收入代表性经济体 FDI 净流入占 GDP 比重

表 1-4 "一带一路"倡议与重点区域或沿线经济体的经济发展战略对接

国家	战略对接	经济合作内容
印度尼西亚	"全球海洋支点"	经贸合作、产能对接（电力、钢铁、造船、建材、光伏）
哈萨克斯坦	"光明之路"	产能与投资合作（交通物流、贸易、制造业、农业、旅游）
土耳其	"中间走廊"	产业（新能源、轻工、通信）合作、双边贸易合作
俄罗斯	"欧亚经济联盟"	商品、服务、资本和劳动力的自由流动
蒙古	"草原之路"	交通、能源矿产、贸易与金融合作
越南	"两廊一圈"	电力、制造及基础设施建设合作
匈牙利	"向东开放"	基建、产能、经贸合作
东盟	"互联互通总体规划"	基础设施、创新、物流
波兰	"琥珀之路"	制造业、农业、能源合作

二、有助于加速沿线国家工业发展总体进程

工业是一个国家经济可持续发展的重要保障之一，工业化及工业文明也是人类社会从原始社会演进到现代化的必经之路。纵观世界主要文明[①]，发达或新兴发展中文明均是通过工业化实现了经济与社会的同步发展，也实现了文明的兴盛与传承。

目前，"一带一路"沿线国家工业发展水平不一，大部分国家仍处于快速工业化阶段，工业体系不完善、工业发展水平相对落后。例如，除匈牙利、波兰、斯洛伐克及捷克等非能源型高收入经济体的制造业占比介于20%~30%以外，大多数高等、中等收入经济体的制造业占比均未超过20%。其中，中下等收入经济体制造业占比不足10%。

表1-5 2015年全球主要文明的工业或制造业发展情况

人类文明	工业或制造业占比（%）	工业或制造业增加值（亿美元）
西方文明（美、欧、澳）	12	44600
中华文明（中国）	33	35227
日本文明（日本）	19.5	8200
伊斯兰文明	15	6750
印度文明（印度）	13	2691
东正教文明（俄罗斯）	13	1730

表1-6 2015年"一带一路"沿线代表性国家产业结构

经济体	人均GDP（美元）	农业（%）	采掘业（%）	制造业（%）	建筑业（%）	服务业（%）
世界平均	10049	4	6	17	6	67
中国	7987	7	27	21	6	39

---

① 全球文明的划分来自于哈佛大学政治学系教授塞缪尔·亨廷顿，他认为冷战后世界格局的决定因素表现为七大或八大文明，包括西方文明、中化文明、日本文明、印度文明、东正教文明、非洲文明及拉美文明。

	经济体	人均GDP（美元）	农业（%）	采掘业（%）	制造业（%）	建筑业（%）	服务业（%）
东盟	新加坡	52885	0	1	20	5	74
	马来西亚	9644	8	12	23	5	52
	菲律宾	2875	11	4	20	7	58
	文莱	30966	1	44	14	2	39
	泰国	5756	9	6	27	3	55
	印度尼西亚	3339	14	9	21	11	45
	缅甸	1195	27	8	20	6	39
	柬埔寨	1163	28	2	17	11	42
	越南	2065	19	16	15	6	44
	老挝	1889	24	18	8	6	44
西亚北非	塞浦路斯	23076	2	2	5	4	87
	埃及	3369	11	15	17	5	52
	巴林	22689	0	16	18	7	59
	以色列	37127	1	2	13	6	78
	土耳其	9172	9	4	17	5	65
	约旦	4096	4	6	17	5	68
	希腊	17371	4	4	10	2	80
	黎巴嫩	8570	3	4	9	7	77
	阿曼	16627	2	35	9	7	47
	卡塔尔	66347	0	38	9	9	44
	伊拉克	4547	5	49	2	7	37
	科威特	28979	1	40	6	2	51
	也门	1103	15	24	9	4	48
	沙特阿拉伯	20700	2	27	12	7	52
	阿联酋	40451	1	25	9	10	55
	叙利亚	1515	21	22	5	3	49
	巴勒斯坦	2719	5	3	14	6	72
	伊朗	5022	9	19	11	9	52

续表

经济体		人均GDP（美元）	农业（%）	采掘业（%）	制造业（%）	建筑业（%）	服务业（%）
南亚	斯里兰卡	3974	9	3	19	8	61
	马尔代夫	8210	3	1	5	15	75
	印度	1617	17	5	16	9	53
	孟加拉国	1206	15	3	18	8	56
	巴基斯坦	1407	26	5	12	2	55
	尼泊尔	721	32	2	6	7	53
	不丹	2634	17	17	9	18	39
	阿富汗	301	23	1	12	11	53
中东欧	阿尔巴尼亚	3948	22	9	5	12	52
	波黑	4593	7	8	14	5	66
	保加利亚	6820	5	8	15	5	67
	克罗地亚	11491	4	7	15	5	69
	前南马其顿	4834	11	6	13	8	62
	爱沙尼亚	17076	4	5	16	6	69
	塞尔维亚	4926	9	7	18	6	60
	拉脱维亚	13552	3	4	13	6	74
	立陶宛	14121	4	3	19	7	67
	黑山	6400	10	8	5	4	73
	罗马尼亚	8953	5	5	21	9	60
	捷克	17461	2	5	27	6	60
	斯洛伐克	16044	4	4	22	8	62
	斯洛文尼亚	20617	2	4	23	6	65
	波兰	12467	2	7	20	8	63
	匈牙利	12440	4	3	25	4	64

续表

经济体		人均GDP（美元）	农业（%）	采掘业（%）	制造业（%）	建筑业（%）	服务业（%）
蒙俄中亚	俄罗斯	9216	5	13	11	7	64
	哈萨克斯坦	10240	5	15	11	6	63
	乌兹别克斯坦	2228	19	4	22	7	48
	蒙古	3950	15	20	9	5	51
	吉尔吉斯斯坦	1120	15	4	13	9	59
	土库曼斯坦	6756	13	2	40	9	36
	塔吉克斯坦	919	25	0	15	13	47
独联体	亚美尼亚	3610	19	8	10	10	53
	阿塞拜疆	5516	7	31	6	13	43
	白俄罗斯	5757	8	4	25	9	54
	格鲁吉亚	3534	9	4	12	8	67
	摩尔瓦多	1592	13	3	14	4	66
	乌克兰	2029	14	9	14	3	60

经过将近40年的改革开放，中国成为全球少有的优势产能体系完备、规模突出的国家。目前，我国是世界上仅有的具有39个大类、191个中类、525个小类的全部工业门类的国家，在轻工、装备制造、钢铁等领域的产能全球领先。2016年中国在生铁、粗钢、造船、水泥、电解铝、化肥、平板玻璃、汽车、手机、工程机械等221种产品产量居世界第一。依靠完善的工业体系、巨大的工业产能，中国与"一带一路"沿线众多国家具有开展工业产能合作的良好前景。

同时，我国部分领域存在产能富余现象，例如船舶、平板玻璃、电解铝、水泥、钢铁等产能利用率较低。"一带一路"沿线是输出中国优势、富余产能的主要区域。我国与"一带一路"沿线国家，尤其是发展中经济体在钢铁、有色、建材等12个产能领域具有开展生产加工、成套设备出口、资金和技术投资合作的基础和良好前景①。

---

① 依据国务院颁布的《关于推进国际产能和装备制造合作的意见指导》。

产业园区是一个国家或地区促进经济发展，主动参与全球产业分工体系的重要平台，也是发展工业的重要基地。改革开放以来，中国建立了以经济特区为代表、具有中国特色的产业园区体系，其中包括自由贸易试验区、国家级新区、经济技术开发区、高新技术开发区、海关特殊监管区、边境合作区等多种形式。产业园区是推动中国成为世界经济大国、贸易大国，实现国家腾飞的最宝贵经验之一，也成为国际社会可借鉴、可复制的主要模式。

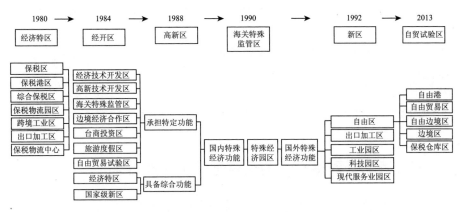

图 1-20　中国产业园区体系

目前，产业园区已经成为中国与"一带一路"沿线国家开展工业产能合作的普遍共识与良好平台。据不完全统计，我国已建和在建的境外产业园区近 140 家，涉及约 55 个国家和地区；园区总规划面积 16,000 平方公里，规划投资 480 亿美元；相关园区建成后可为当地提供近 55 万个就业岗位。

表 1-7　中国在"一带一路"沿线重点国家合作建设的工业园区

地区	合作国家	工业园	主要合作内容
中亚	哈萨克斯坦	哈萨克斯坦—中国工业园	生产加工、物流仓储、国际贸易
	乌兹别克斯坦	吉扎克工业区	太阳能热水器生产
东亚	蒙古国	蒙古国轻工业区	产品初加工、深加工

续表

地区	合作国家	工业园	主要合作内容
东南亚	新加坡	中国-新加坡苏州工业园	生物医药、纳米技术、云计算
	印度尼西亚	青山工业园	矿产资源
	菲律宾	菲律宾经济园区	电子半导体、金属、旅游、通信
	缅甸	皎丹工业园区	轻工、建材、电子、农业、服装、基建、林业、矿业
	柬埔寨	恒睿现代农业产业园区	纺织服装、机械电子、高新技术
	老挝	赛色塔发展特区	能源化工、机械租赁、仓储
中东	沙特阿拉伯	中沙工业园	石化、天然气、建材、光伏
独联体	俄罗斯	斯科尔科沃创新中心	同中关村、清华科技园等有科研合作
	白俄罗斯	中白工业园	电子信息、生物医药、精细化工、高端制造、仓储

三、有助于对接沿线国家基础设施联通诉求

基础设施是"一带一路"沿线国家发展经济的最重要的条件之一，互联互通的交通基础设施可以实现物流、商流的畅通，因地制宜的能源基础设施可以保障工业生产、居民生活，网络化的信息基础设施可以对接全球商品与资本市场，完善的市政基础设施可以为国际投资提供优良的营商环境。

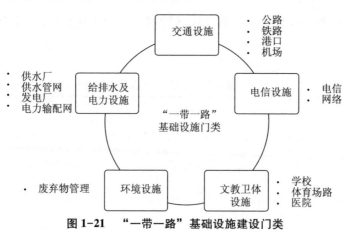

图1-21 "一带一路"基础设施建设门类

中国在基础设施建设领域具有极强的国际竞争力，中国基建企业在国际建设领域处于领先地位。根据 ENR（Engineering News-Record）发布的信息，2017 年全球最大的 250 家国际工程承包商榜单中，65 家中国内地企业上榜，上榜企业数量居各国首位；同年内地上榜企业的国际营业额达到了 989.3 亿美元，较上年增加 4.6%，占所有上榜企业国际营业总额的 21.1%。

"一带一路"沿线众多国家普遍存在基础设施薄弱、建设能力有限的问题，已经成为这些国家经济发展的掣肘。例如，亚洲及太平洋地区有 4 亿多人口仍然缺乏电力供应，3 亿人口无法获得安全饮用水，约 15 亿人口无法享用基本的卫生设施，许多经济体因港口、铁路和道路设施较差而无法实现与更广阔的国内外市场高效连通。根据亚洲开发银行《满足亚洲基础设施建设需求》（2017 年）报告，亚洲及太平洋地区若保持现有增长势头，至 2030 年其基础设施建设需求总计将超过 22.6 万亿美元（每年 1.5 万亿美元），若将气候变化减缓及适应成本考虑在内，此预测数据将提高到 26 万亿美元（每年 1.7 万亿美元）。其中，2016—2030 年该区域所需的电力投资为 14.7 万亿美元，交通投资为 8.4 万亿美元，电信投资为 2.3 万亿美元，水利和卫生设施投资为 8000 亿美元。

"一带一路"沿线国家在基础设施，尤其是在电力、铁路、港口等领域的巨大需求与中国的优势能力互利互补。以电力基础设施为例，根据《中国电力行业年度发展报告 2017》，"一带一路"市场已经成为中国电力投资亮点，2016 年我国电力企业已在 52 个 "一带一路" 相关国家开展投资业务和项目承包工程，其中大型承包项目 120 个、涉及国家 29 个、合同金额 275 亿美元。据不完全统计，"一带一路"沿线国家电力增长潜力巨大，到 2030 年，煤电新增装机预计可达 6.96 亿千瓦，可再生能源新增装机约 19.4 亿千瓦；到 2040 年，煤电新增装机约 9 亿千瓦，可再生能源新增装机约 26 亿千瓦。根据国际能源署的统计预测，到 2040 年，"一带一路"沿线地区年均新增装机将超过 8000 万千瓦，将成为全球电力增长最快区域。未来，"一带一路"电力互联将形成东北亚、东南亚、中亚、南亚、西亚和中国六大电网构成的"5+1"互联格局，将沿线国家和地区的煤、电、水、风、光等各类能源转化为电，并远距离传输，最大限度地提高能源的效益和经济性，以带动各国的经济、产业发展。

四、有助于促进沿线国家资源能源开发合作

"一带一路"沿线是全球最主要的能源资源储藏地区。2015 年，全球原油、天然气储量前 10 名中均有 6 个"一带一路"沿线重点国家，原油、天然气储量前 30 名中分别有 16 个、20 个"一带一路"沿线重点国家。

表 1-8　全球原油与天然气储量前 30 位国家

排名	国家	储量（亿桶）	可采时间（总储量/2016 年产量）	排名	国家	储量（万亿立方米）	可采时间（总储量/2016 年产量）
1	委内瑞拉	3009	341.1	1	伊朗	33.5	165.5
2	沙特阿拉伯	2665	59.0	2	俄罗斯	32.3	55.7
3	加拿大	1715	105.1	3	卡塔尔	24.3	134.1
4	伊朗	1584	94.1	4	土库曼斯坦	17.5	261.7
5	伊拉克	1530	93.6	5	美国	8.7	11.6
6	俄罗斯	1095	26.6	6	沙特阿拉伯	8.4	77.0
7	科威特	1015	88.0	7	阿联酋	6.1	98.5
8	阿联酋	978	65.6	8	委内瑞拉	5.7	166.3
9	利比亚	484	310.1	9	中国	5.4	38.8
10	美国	480	10.6	10	尼日利亚	5.3	117.7
11	尼日利亚	371	49.3	11	阿尔及利亚	4.5	49.3
12	哈萨克斯坦	300	49.0	12	伊拉克	3.7	3265.9
13	中国	257	17.5	13	澳大利亚	3.5	38.1
14	卡塔尔	252	36.3	14	印度尼西亚	2.9	41.1
15	巴西	126	13.3	15	加拿大	2.2	14.3

排名	国家	储量（亿桶）	可采时间（总储量/2016年产量）	排名	国家	储量（万亿立方米）	可采时间（总储量/2016年产量）
16	阿尔及利亚	122	21.1	16	埃及	1.8	44.1
17	安哥拉	116	17.5	17	科威特	1.8	104.2
18	厄瓜多尔	80	40.1	18	挪威	1.8	15.1
19	墨西哥	80	8.9	19	利比亚	1.5	149.2
20	挪威	76	10.4	20	印度	1.2	44.4
21	阿塞拜疆	70	23.1	21	缅甸	1.2	63.0
22	阿曼	54	14.6	22	马来西亚	1.2	15.8
23	印度	47	14.9	23	阿塞拜疆	1.1	65.8
24	越南	44	36.2	24	乌兹别克斯坦	1.1	17.3
25	澳大利亚	40	30.3	25	哈萨克斯坦	1.0	48.3
26	马来西亚	36	14.0	26	阿曼	0.7	19.9
27	南苏丹	35	80.9	27	荷兰	0.7	17.4
28	埃及	35	13.7	28	越南	0.6	57.6
29	印度尼西亚	33	10.3	29	乌克兰	0.6	33.2
30	也门	30	503.8	30	巴基斯坦	0.5	10.9

中国是全球最大的能源消耗国之一，在全球能源消费格局中起到举足轻重的作用。目前，中国能源对外依存度居高不下，能源总体对外依存度为16.3%，其中石油为61%，天然气为32%。"一带一路"倡议提出包括加大煤炭、油气、金属、矿产、传统能源资源勘探开发，推进能源、资源就地加工的转化合作，形成能源资源合作上下游一体化产业链，加强能源资源的深加工技术，装备与工程服务合作。

"一带一路"沿线是中国主要的能源资源贸易来源和出口地。自"一带一路"倡议提出以来，我国从"一带一路"沿线国家进口的石油数量不断创历史新高,占到我国石油进口总量的 65%左右,"一带一路"沿线已经成为我国石油进口的最主要来源。同时,我国不断加大成品油出口市场开拓力度,2016 年 70%左右的成品油出口至"一带一路"沿线国家,尤其对印尼、马来西亚、新加坡等地的成品油出口呈现快速增长势头,满足了这些国家快速增长的成品油需求。2015 年中国石油企业在中亚、中东、亚太、俄罗斯等"一带一路"沿线的 19 个国家,合作油气项目 49 个,在海外油气产量近 1.5 亿吨左右。

第 4 节

"一带一路"倡议是持续推进经济
全球化进程的中国方案

全球化是当今时代的基本特征与必然趋势。经济全球化①是全球化最重要、最务实的构成之一。当前，全球经济深度调整，国际贸易形势严峻复杂，多边贸易体制举步维艰，区域合作不确定性因素增多，主要经济体在经济政策上"逆全球化"倾向愈发严重，各国纷纷实施显性或隐性的贸易保护政策和措施。同时，"一带一路"联通亚欧非三大陆，联结太平洋、印度洋与大西洋，包含了老牌欧洲发达国家和新兴发展中经济体，不同国家的经济发展水平和市场发育程度极为不同，众多国家仍需要经济全球化的推动，将成为新一轮经济全球化的主要策源地。

"一带一路"倡议是中国在严峻复杂的国际形势中扛起的全球化大旗，旨在通过经济全球化推动社会全球化，这不仅符合新一轮全球化的内在要求，为新一轮经济全球化增加新兴推动力量，还有助于在"一带一路"沿线培育新一轮经济全球化的增长引擎。

---

① 国际货币基金组织（IMF）将经济全球化定义为跨国商品与服务贸易，以及资本流动规模和形式的增加，加上技术的广泛迅速传播，都将使得世界各国经济的相互依赖性增强。

一、持续推动新一轮经济全球化进程

纵观历史，经济全球化经历了五个发展阶段。

第一阶段为 15 世纪至 18 世纪前期的经济全球化萌芽。14～15 世纪资本主义在欧洲萌芽。同时，1492 年哥伦布发现美洲大陆，迪亚士和达伽马等葡萄牙人开辟了抵达亚洲的海上航线，麦哲伦率船队完成了环球航行，"地理大发现"和"东西方航线的开辟"打破了全球各大洲相互封闭的状态，拓展了人类活动的空间，刺激了人类向海外开拓的愿望。为了满足对殖民地的管制、资料的交换，跨大洋的商业、航海业开始在欧洲、美洲、亚洲和非洲之间兴起。这一时期，依靠新大陆发现与航线开辟，经济全球化开始萌芽，全球市场开始形成。

第二阶段是 18 世纪中期到 19 世纪中叶的经济全球化启动。18 世纪中后期，在工业革命与技术进步的推动下，英国等发达国家建立起工业体系，成为"世界工厂"，并制造出远超出本国市场所能容纳的大量商品。以英国棉纺工业为例，19 世纪中叶英国所生产的棉织品绝大部分销往国外，生产所需的棉花来自印度、巴西、埃及等国家，英国不仅是世界消费品的主要供应者，也是生产资料的采购者，生产设备的供应者。这一时期，依靠机器大工业，经济全球化正式启动，以货物贸易为主的国际分工与世界市场初步形成。

第三阶段为 19 世纪后半叶至 20 世纪初的经济全球化加速。随着蒸汽时代向电气时代的发展，出现了钢铁、石化、电器、机械、汽车等为代表的重化工业，生产力不断丰富，新的交通运输工具与通讯手段不断革新，大大缩短了全球时空距离，为国际贸易的大发展提供了新的物质基础。在这一时期，西方发达国家开始从自由资本主义发展到垄断资本主义，出现了国际垄断组织与跨国公司，国际投资开始出现，培育了法国和英国等主要的资本输出国。这一时期是经济全球化发展最突出的时期，也是进展最快的时期。

第四阶段为"一战"至"二战"时，经济全球化曲折发展。1914—1918 年发生了第一次世界大战，1929—1933 年出现了世界经济大危机和大萧条，1937—1945 年爆发了第二次世界大战，随后社会主义阵营与资本主义阵营形成了抗衡，这些事件以不同方式阻挠并打乱了经济全球化的正常进程和秩序，破坏了各国、各地区的经济交往。然而，经济全球化进程并未停止，人类更加认识到战争和对峙只能损害全人类的经济发展。因此，作为稳定和调节世界经济秩序的三大国际经济组织（GATT、WB、IMF）应运而生，标志着经济全球化开始从自发过程走向制度化进程。

第五阶段为 20 世纪 60 年代至今的经济全球化提升发展。这一时期，西方发达国家开始从工业社会进入信息社会，跨国公司在数量、规模与经营策略上发生了重大变化，社会主义国家经济体制开始改革并建立以市场为取向的经济体系，WTO 等国际经济组织的职能、规模不断扩大和发展，全球物流、资金流、信息流和知识流基本实现了畅通。尤其是以美元为代表的金融资本扩张需求的驱动下，美国依靠美元、跨国公司、产品与技术创新等新竞争优势，在一定程度上支配了这一阶段的经济全球化发展。

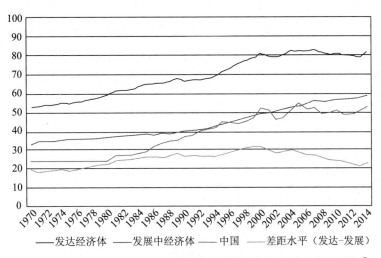

——发达经济体　——发展中经济体　——中国　——差距水平（发达-发展）

图 1-22　1970—2014 年不同发展程度经济体的经济全球化水平对比①

当前，世界正在经济全球化提升发展阶段基础上进入新一轮经济全球

---

① 经济全球化指数引用 KOF 全球化指数。KOF 全球化指数由瑞士经济分析局发布，按年更新，是样本量最全面、历史数据最完善（45 年）的全球化评估体系，为国内外普遍引用。该指数分析不同区域、国家的全球化总体水平、社会全球化水平、政治全球化水平与经济全球化水平。

化。尤其是 2009 年至今，西方发达国家经济持续低迷，社会问题突出，表现出贸易保护主义与逆全球化思潮；另一方面，以中国为代表的新兴经济体迅速发展，逐渐成为拉动全球经济发展的主要引擎，并在全球治理中扮演着日趋重要的角色；同时，广大的发展中国家仍然需要经济全球化的持续推动①。

新一轮经济全球化在推动主体、主要内容、合作模式、目标导向方面将建立新的动力机制与制度框架。推动主体方面，除了传统的发达国家与跨国公司以外，新一轮经济全球化更加重视全球市场布局，重点提升发展中、欠发达区域及国家的经济全球化水平，更加重视新兴经济体的参与，充分发挥新兴经济体在经济全球化进程中的作用。主要内容方面，在传统的贸易与投资全球化基础上，新一轮经济全球化将更加注重货物贸易的便利化、服务贸易的全球化与公平化、投资的自由化、产业合作的深度化与互惠互利性、基础设施的支撑性与促进性。合作模式方面，在传统的 WTO 规则框架下，国家和地区集团将更加倾向于由双边和区域自由贸易协定来形成相应的投资与贸易便利化的规则和承诺，即新一轮经济全球化将以双边或多边合作为主，实现充分尊重缔约方发展阶段与基本情况的目标。目标导向方面，在不断扩大全球贸易规模，促进本国发展的基础上，新一轮经济全球化将致力于更多国家共同构建利益共同体、责任共同体和命运共同体。

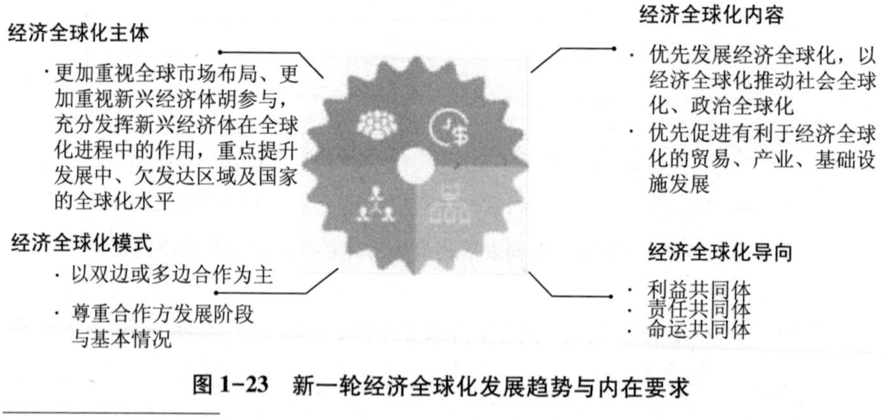

经济全球化主体
· 更加重视全球市场布局、更加重视新兴经济体胡参与，充分发挥新兴经济体在全球化进程中的作用，重点提升发展中、欠发达区域及国家的全球化水平

经济全球化模式
· 以双边或多边合作为主
· 尊重合作方发展阶段与基本情况

经济全球化内容
· 优先发展经济全球化，以经济全球化推动社会全球化、政治全球化
· 优先促进有利于经济全球化的贸易、产业、基础设施发展

经济全球化导向
· 利益共同体
· 责任共同体
· 命运共同体

图 1-23　新一轮经济全球化发展趋势与内在要求

① 对比发展中经济体与发达经济体的经济全球化水平，发现二者差距并未明显改善。21 世纪前二者差距逐步扩大，近年来二者差距不断减小，但仍然高于 20 世纪 70 年代的差距水平。

　　"一带一路"倡议将为新一轮经济全球化增添新兴推动力量。首先，"一带一路"倡议重点围绕基础设施互联互通、贸易畅通、资金融通等新一轮经济全球化的务实领域开展合作，合作内容融合了产品、资本、技术、人才、市场等经济全球化的多元要素，有助于改变以往经济全球化由某些主导因素推动致使出现全球化弊端的状况。其次，"一带一路"倡议涵盖了众多的发展中国家，尤其是在全球经济中扮演引擎作用的新兴经济体，例如俄罗斯、印度、南非等"金砖国家"，以及菲律宾、土耳其、印度尼西亚、埃及等"新钻"国家，这些国家将在新一轮经济全球化进程中扮演日趋重要的角色。

二、促进新一轮经济全球化均衡发展

　　20世纪70年代以来的全球经济发展表明，发展中国家、新兴经济体在不同发展阶段扮演了世界经济引擎的作用。例如，20世纪70年代至20世纪80年代中叶，亚洲四小龙的经济增长速度远超世界平均水平；20世纪80年代中期以后，中国的经济增长成绩举世瞩目；21世纪以来，"金砖五国"的经济增长速度明显快于世界平均水平。历史发展规律说明，发展中国家在良好的发展机遇与发展平台中可以实现国家经济的跨越式发展，开创世界经济发展新格局。

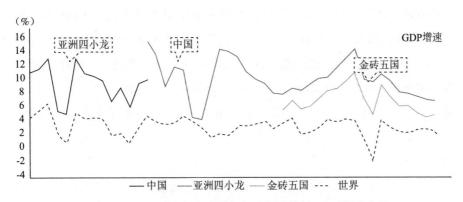

图 1-24　1971—2016 年全球与新兴经济体的 GDP 增速水平

目前,"一带一路"沿线经济发展水平偏低,经济全球化程度仍不均衡。东南亚、中亚、南亚、独联体、中东欧、西亚北非等区域经济全球化水平整体处于中等偏下水平,其中中亚、南亚、独联体、西亚北非等区域经济全球化水平均不及全球平均水平。

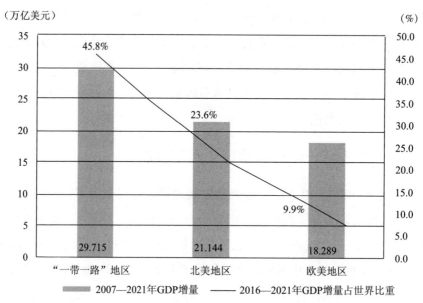

图 1-25   "一带一路"、北美、欧洲地区 GDP 增量及增量占比预测①

未来,发展中国家及新兴经济体仍将在新一轮经济全球化进程中扮演增长引擎的作用。根据 IMF 预测,2007—2021 年发展中国家 GDP 将年均增长 5.0%,总额有望实现"翻倍",而发达国家 GDP 年均增速预期仅为 1.3%。其中,"一带一路"地区经济增长前景远超欧美地区,有望重塑世界经济格局。根据 IMF 预测,在 2016—2021 年,46% 的世界 GDP 增长将源于"一带一路"地区,"一带一路"地区 GDP 增量将是北美的近 2 倍、欧洲的逾 4 倍。至 2021 年,"一带一路"地区 GDP 占世界比重将远远高于北美或欧洲。

"一带一路"倡议所涵盖的"中国模式"显著提升了中国的经济全球

----

① 中国人民大学重阳金融研究院根据国际货币基金组织发布的《2017 年世界经济展望报告》分析整理(按照当前美元汇率计算)。

化水平，明显缩小了中国与世界主要最发达经济体之间的经济全球化差距。有理由相信，"一带一路"倡议也必将提升"一带一路"沿线国家经济全球化水平，促进新一轮经济全球化均衡发展，培育全球经济增长引擎。

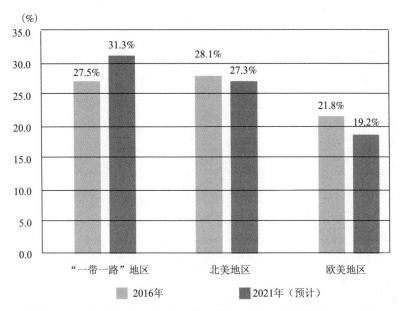

图 1-26　2016 年、2021 年 "一带一路"、北美、欧洲地区 GDP 占比

· 第二章 · 中国对外投资与
企业"走出去"

Chinese Enterprises "Going Out" under OBOR

第 1 节
世界对外投资规律分析

一、世界对外投资发展概述

近 50 年来，全球对外投资在波动中快速增长。1985—1990 年，全球对外投资出现第一波快速增长，ODI 流量由 563 亿美元增至 2946 亿美元，年均增速为 39.2%；1996—2000 年，全球对外投资出现第二波快速增长，ODI 流量由 4416 亿美元增至 13856 亿美元，年均增速为 33.1%；2003—2007 年，全球对外投资出现第三波快速增长，ODI 流量由 7190 亿美元增至 31675 亿美元，年均增速为 44.9%。2008 年金融危机爆发，全球对外投资流量锐减，之后全球 ODI 流量震幅逐渐收窄。1970—2016 年的 46 年间，有 19 年全球 ODI 流量增速超过 20%，有 9 年 ODI 流量增速低于−10%，对外投资呈现大幅波动。

全球对外投资的来源地较为集中，现已形成 10 个对外投资大国（地区）。截至 2016 年底，全球 ODI 存量为 26.2 万亿美元，其中，对外投资存量超过 1 万亿美元的国家（地区）共有 10 个，依次为美国、中国香港、英国、日本、德国、中国、法国、荷兰、加拿大和瑞士。这 10 个国家（地区）DOI 存量合计为 18.3 万亿美元，占全球的 69.8%。

20 世纪 70 年代以来，全球对外投资整体在波动中快速增长，不同阶段增长最快的国家/地区不断更迭。70 年代，日本、英国对外投资增长最快；80 年代，韩国、日本对外投资增速靠前；90 年代，中国香港、新加坡、英国对外投资增长较快；2000 年以后，中国成为对外投资增速最快国家。

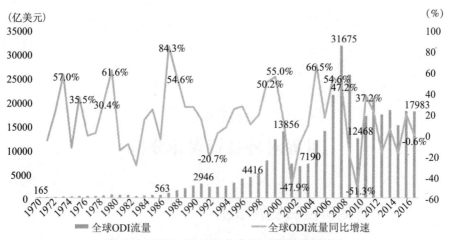

图 2-1　1970—2016 年全球 ODI 流量及其增速

数据来源：世界银行。

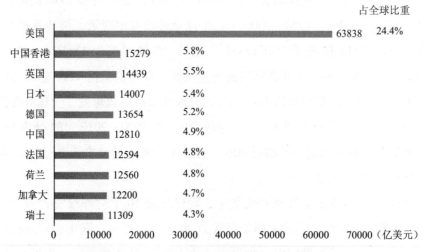

图 2-2　2016 年底 ODI 存量前 10 大国家或地区

数据来源：《世界投资报告（2017）》（联合国贸易和发展组织）。

以对外投资大国（地区）或 ODI 阶段性增长最快的国家（地区）为

分析对象，总结其对外投资经验，发现对外投资存在三大规律：一是对外投资是一国经济发展到一定水平的客观选择，对外投资规模与母国经济发展水平高度相关，对外投资增速与母国国民经济增速高度一致，一国对外投资在全球的地位与其经济体量在全球的地位基本匹配；二是一国对外投资的行业领域一般经历由资源型产业到制造业再到服务业的转变，制造业在全球外商直接投资中仍占据较大份额；三是不同国家的对外投资对母国国际商品贸易产生不同的影响，主要包括出口拉动效应和出口替代效应；四是对外投资会影响母国工业就业。

二、对外投资与经济发展水平高度相关

对外投资是一国经济发展到一定水平的客观选择，对外投资规模与母国经济发展水平高度相关。1970—2016 年，美国、德国、日本、韩国、新加坡及中国香港等国家（地区）ODI 与母国的人均 GDP 走势整体一致，各个国家（地区）这两个指标的线性相关系数在 0.7~0.9 之间①。

美国于 1975 年、英国于 1979 年、日本于 1986 年、德国于 1988 年、中国香港于 1993 年、新加坡于 1997 年、韩国于 2006 年对外投资流量首次突破 100 亿美元。美、英、德、日等国家（地区）ODI 流量首次突破百亿美元时，按照 2010 年不变价美元折算的人均 GDP 均在 2 万美元以上。

一国对外投资增速与其国民经济增速高度一致，对外投资在全球的地位与其经济体量在全球的地位基本匹配。1970—2016 年，美国 ODI 增长率与 GDP 增长率走势趋同，且 GDP 增长率是 ODI 增长率的先行指标，表明国民经济增长影响了对外投资波动。70 年代以来，美国 ODI 流量占全球比重与 GDP 占全球比重呈现同步缓慢下滑。1970—2016 年，日本 ODI 增长率与 GDP 增长率走势高度一致，日本 ODI 流量占全球比重与日本 GDP 占全球比重呈现同步的先涨后跌走势。

---

① 2008 年之后，英国对外投资开始大幅收缩，减少新增对外投资，同时大规模撤回已在境外布局的投资，历年 ODI 流量大幅波动，ODI 与人均 GDP 相关系数仅为 0.44。

三、各国对外投资的行业转变趋势较一致

一国对外投资的行业领域一般经历由资源型产业到制造业再到服务业的转变[①]。美国对外直接投资存量中，矿业石油业占比由 1914 年的 40.4%持续下降至 2011 年的 4.5%；制造业占比由 1914 年的 18.2%提升到 1989 年的 41.7%，之后连续下降，跌至 2011 年的 14.2%；服务业占比则持续显著提高，由 1914 年的 6.5%升至 2011 年的 63.8%。德国对境外资源型产业的投资一直较少，1952—1958 年间的对外直接投资主要分布在制造业，占 84.2%，服务业占 15.8%；1979 年，德国制造业对外直接投资占比降至 50%，服务业占比增至 46.8%；2005 年，服务业占比提高到 68.2%。日本的对外直接投资的行业演变与美国类似，也经历了从资源业到制造业再到服务业的重心转变，但 20 世纪 90 年代中期以来，日本对制造业的投资比重逐渐回升。

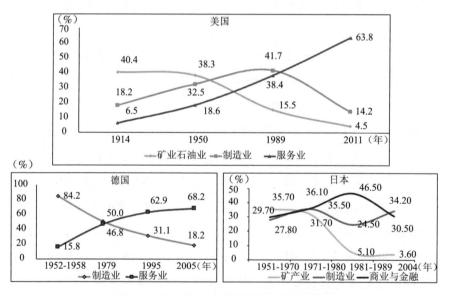

图 2-3　美、德、日对外投资行业演变情况

目前，服务业是全球外商直接投资最为青睐的领域，制造业在全球外

---

① 刘昌黎．战后日本对外直接投资的历史回顾与展望［J］．日本学刊，1997（2）．

商直接投资中仍占据较大份额。《世界投资报告 2017》数据显示，截至 2015 年底，全球外商直接投资（FDI）存量的 63%分布在服务业（约 16 万亿美元），27%分布在制造业（约 7 万亿美元）。石油化工、食品饮料、电子、汽车等产业是外商直接投资重点布局的制造业领域。

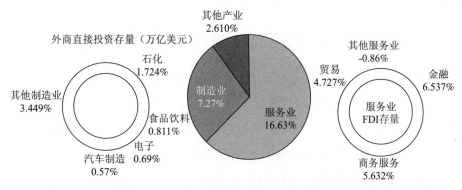

图 2-4　2015 年全球外商直接投资存量行业分布

数据来源：《世界投资报告 2017》（联合国贸易和发展组织）。

四、对外投资对母国出口具有拉动和替代效应

因为一国对外投资的方式、行业及阶段不同，母国的产业结构、产品竞争力、市场需求等存在差异，不同国家的对外投资对母国国际商品贸易产生不同的影响，主要包括两种，即出口拉动效应和出口替代效应。以美国为代表的部分国家，采用了水平型的对外投资模式①，对外投资对出口的替代效应明显。20 世纪 90 年代中期至 2007 年，美国对外投资与商品出口、商品进口都呈现一波快速增长；美国长期作为贸易逆差国，净出口额同期急速下滑，与 ODI 流量规模同期快速扩大形成鲜明对比。以日本为代表的部分国家，采用了垂直型的对外投资模式②，对外投资对出口的影响主要表现为拉动效应。80 年代中后期，日本对外投资与商品出口、商品进

———————

① 水平型对外投资模式是指某一行业将全部或大部分生产环节在东道国进行投资，使东道国具备全生产链，这种投资一般会直接对母国的出口和就业形成冲击。

② 垂直型对外投资模式是指某一行业在对外投资时，只将部分生产环节转移到东道国，这种投资一般会对母国出口和就业形成一定的拉动和促进作用。

口都呈现同步快速增长,同期净出口额快速扩大;2002—2008 年,日本对外投资与商品出口、商品进口二次同步快速增长,同期净出口额基本稳定。这两个阶段,日本对外投资对母国出口的拉动效应显著。2011—2015 年,日本商品净出口急速下滑,成为商品贸易逆差国,但同期日本 ODI 流量再次快速增长。

五、对外投资在一定程度上会冲击母国就业

发达国家步入后工业化阶段后,普遍面临产业空心化的压力,包括离制造的空心化①或离本土的空心化②,产业空心化冲击国内实体经济发展,同时刺激对外投资扩张,进而影响国内制造业实力和就业。美国自 90 年代中期以来（1995—2001 年的互联网泡沫之后）,对外投资在波动中快速增长,同期制造业在国民经济中的比重、制造业出口占商品出口的比重显著下滑;同期,在全国失业率较为稳定的情况下,美国工业从业人员占就业总数比重大幅降低。美国对外投资快速扩张的同时,国内制造业实力和工业就业遭受明显冲击,国内产业面临着离制造空心化的压力。日本自 80 年代中期以来,对外投资规模阶段性扩大,制造业在国民经济中的比重、制造业出口占商品出口的比重略有下滑;同期,在全国失业率基本稳定的情况下,日本工业从业人员占就业总数比重大幅下滑。日本面临着离本土的空心化问题,虽然制造业实力强劲,但是工业就业压力较大。可见,对外投资会冲击母国工业就业。

---

① 离制造的空心化是指一个国家步入后工业化阶段后,虚拟经济蓬勃发展,资本、劳动力等生产要素持续流向服务业,本国制造业规模、质量及竞争力受到冲击,制造业在国民经济中的地位持续下降。

② 离本土的空心化是指一个国家步入后工业化阶段后,由于国内资源趋紧、环境压力增大、市场趋于饱和等原因,国内制造业增长放缓,实体产业大规模外迁到海外,本国仅保留部分制造产业或产业链部分环节。

第 2 节

全球视野下的中国对外投资形势

一、全球贸易与投资规则正加速重构

国际贸易与投资秩序是国际经济秩序最重要组成部分。美国等西方发达国家主导制定了二次世界大战后的国际贸易与投资规则。自 2008 年国际金融危机以来，全球贸易与投资规则进入了一个规则加速重构的新时代。目前，国际双边、多边投资协定数量已达 3271 个，新兴大国与守成大国之间、发达经济体与发展中经济体之间围绕国际经济规则制定权以及规则内容的博弈愈演愈烈。以自由贸易区、自贸协定、共同市场、货币联盟等为形式的区域经济合作与贸易投资一体化机制与安排将部分替代全球规则；以资本市场开放、服务业开放、金融自由化为代表的各经济领域规则不断呈现一体化趋势。

全球贸易与投资规则加速重构对中国对外投资与发展的影响包括：一方面，发达国家主导的双边投资规则从重视投资保护转向推进投资自由化和便利化，印度、越南、泰国、缅甸、印尼等周边国家纷纷出台扩大开放、鼓励外资优惠政策，吸引外来投资，这将为中国对外投资与发展带来机遇。另一方面，国际贸易投资规则制定权的博弈将长期持续，由美国等西方发达国家主导及由新兴发展中国家主导的"双轨"国际贸易投资规则短期内将并存，发达国家推行的部分高标准、高规格的贸易投资自由化忽视了不同国家的经济发展基础、发展阶段①，中国对外投资与发展应另辟蹊径、积极作为，在新的国际经济机构与机制②中通过 "增量改革" 获得具有区域或全球影响的规则制定权，实行有差别、渐进式的开放与自由化，增强我国在世界贸易规则制定中的主动权。

二、发达国家再工业化重构经济格局

全球在经历了三次工业革命后，近年来，全球制造业加快步入自动化、信息化、智能化时代，世界主要发达国家重新认识到以制造业为主体的实体经济的战略意义，纷纷实施再工业化战略，如美国积极推进 "再工业化" "选择美国"，欧洲推出 "未来工厂计划"，德国力推 "工业 4.0"，日本实施 "重振战略制造业"。再工业化已经成为发达国家重振制造业、复苏经济、重构竞争格局的重要战略途径。

发达国家再工业化重构经济格局对中国对外投资与发展的影响包括：一方面，发达国家的再工业化是以制造业信息化和服务化为核心特征的现代制造技术和先进制造业，巩固其在高端制造服务业上的已有优势，形成覆盖研发、制造、品牌营销的全产业链竞争优势，这将对中国制造业对外投资形成巨大挑战。另一方面，发达国家的再工业化对我国制造业大力开展国际产能合作，通过合资、合作等方式，将中国的优质产能和装备、发达国家的核心技术与关键零部件、发展中国家的需求结合起来，实现三方共赢，开拓新的市场空间，形成新的竞争优势。

三、全球能源资源供求格局深刻变化

目前，世界能源资源的供需格局正出现新的趋势和特点。受能源资源

---

① 美国主导制定的 TPP（跨太平洋战略经济伙伴关系协定）、TTIP（跨大西洋贸易和投资伙伴关系协定）、TISA（国际服务贸易协定）等国际贸易投资机制与规则全面推行高标准、高规格的贸易投资自由化，诸如服务业的大幅度开放、负面清单制度、严格的环境标准、社会责任标准、知识产权标准、对政府干预的限制等。

② 如亚投行、金砖国家合作组织、RCEP（覆盖亚洲 16 国的 "区域全面经济伙伴关系协定"）、FTAAP（亚太自贸区谈判）等。

禀赋、生产成本和开采技术等因素影响，能源资源的产量格局严重不均衡，全球能源资源，尤其是战略性能源资源的争夺将演变为常态化。同时，受全球经济增长放缓、新技术与新能源的不断涌现、美国"能源独立"等因素影响，能源资源的需求量和人均消耗量将趋势性下降，尤其是初级矿产资源以及基础大宗商品的需求将明显趋于减少。此外，能源资源消费重心正"由西向东"转移，新兴大国能源资源需求增长较快，尤其是中国、印度和东南亚构成的亚太月牙形地带将成为对世界能源资源市场和地缘政治具有重大影响的"需求中东"地带。

全球能源资源供求格局深刻变化对中国对外投资与发展的影响包括：一方面，新兴大国能源资源需求的快速增加将带来可观的贸易规模，为我国资源与能源类企业通过勘探开发、贸易和科技合作、基础设施建设，参与国际能源与资源合作，带来前所未有的战略机遇，同时提高我国的能源资源的议价能力。另一方面，全球能源资源的争夺将长期持续，价格波动难以在短期内改变，经济性短缺、区域性短缺、地缘政治导致的供给中断或短缺以及需求型短缺将会不同程度地存在，这对我国资源能源类企业对外投资与发展形成了挑战。

四、全球新一轮产业转移正愈演愈烈

自 20 世纪 50 年代始，全球范围内已完成三次产业转移浪潮，平均 20 年就完成一次大型的产业转移。我国东部沿海地区在 20 世纪 80 年代中期通过承接全球第三轮产业转移，率先构建国际产业转移的承接平台，发展开放型经济，积极主动参与全球产业分工体系，已发展成为重要的世界级制造业中心。目前，伴随着东部沿海地区工业化和城镇化水平的提高，劳动力、土地等生产要素价格的普遍上涨，以我国东部沿海地区为主要转出地的全球第四轮产业转移拉开了序幕。

全球新一轮产业转移对中国对外投资与发展的影响包括：一方面，东南亚、非洲正成为全球第四轮产业转移的海外主要承接地，这为我国企业对外投与发展的区域布局指明了方向。另一方面，通过国际产业转移与产能合作，有助于国内劳动密集型、低附加值产业升级为资本、技术密集型产业，通过转移实现企业转型发展，并在国内形成集结算、信息、控制于一体的总部经济。

五、全球流动性收紧致金融动荡增大

始于 20 世纪末 21 世纪初的全球经济失衡成为世界流动性过剩的重要催化剂，并造成了投资过快增长、资产泡沫积聚、资本流动冲击等风险。金融危机后，出于救助金融危机、刺激经济增长、降低融资成本和稀释外债成本等多重目的，美、欧、日三大经济体同时采取了宽松的货币政策。2014 年美国开始终止量化宽松，加之私人部门提供流动性不足及美联储加息预期，流动性紧缩成为全球货币新常态。

全球流动性收紧致金融动荡增大对中国对外投资与发展的影响包括：一方面，全球经济失衡再平衡过程所带来的国际经济和金融的不稳定性逐步加大，随着美联储加息周期的正式启动，在一定程度上会促使资本向美国回流，加之新兴经济体的资本过度流入与投资风险溢价低估，我国对外投资将面临金融动荡，境外投资汇率风险犹存。另一方面，随着人民币加入 SDR 篮子，人民币国际化进程不断加快，这为人民币跨境使用、国内金融机构提供人民币跨境金融服务，确立我国在人民币结算、清算、金融市场和海外融资领域的领先地位提供了良好条件，为中国对外投资与发展创造了重大机遇。

六、对外投资成为经济全球化必然产物

曾几何时，中国还是一个物资匮乏、技术落后、外汇短缺的贫穷国家，但如今却已经成为全球第一大外汇储备国、第一大吸引外商直接投资国、第三大对外投资国，昂首挺胸地站在了世界舞台上。2014 年，中国对外投资实现了"出超元年"的历史性突破，对外直接投资（OFDI）首次超过利用外商直接投资（IFDI），成为资本净输出国。

由资本输入国到资本输出国的转变，对中国而言是一个重要的风向标。它是中国发展到一定阶段的必然选择，是匹配中国经济体量的必要条件，是中国迈向贸易强国的重要举措，是推动人民币国际化进程的重要保

障,是实施"一带一路"国家战略的重要抓手,也是中国产业机构调整和优化升级的重要推动力。

1. 资本输出是中国发展到一定阶段的必然选择

国际经验表明,衡量一国经济影响力最重要的指标不是向全球输出多少产品,而是向全球输出多少资本,并通过这些资本深刻影响全球的经济规则和贸易格局。

从历史发展来看,美、日、英等国家成为经济大国的重要特征都是对外经济从以商品输出为主过渡到以资本输出为主。19世纪下半叶,英国出于国家战略和解决国内资金过剩的需求开始大规模输出资本,通过直接投资和贷款控制他国铁路、矿权和财税权,继而通过金融资本迅速实现全球扩张,强化了其世界大国地位。"二战"之后,美国为配合国内产业结构调整,将钢铁、纺织等传统产业转移到日本和德国,开展大规模的资本和技术输出。同时,通过"布雷顿森林体系"的建立和"马歇尔计划"的实施,最终确立了其世界经济霸主的地位。"二战"之后的日本,通过出口廉价商品换回了大量的外汇,贸易顺差连年扩大。20世纪60年代末期,日本实施自主创新和产业升级,在此过程中日本企业积极开展海外投资、不断开拓国际市场,快速成长为仅次于美国的第二号经济大国。20世纪70年代初以后,日本资本输出进入了急速扩张时期。1972年日本资本输出净流量为50亿美元,到1984年达到569.18亿美元,比1972年增长了近10倍。

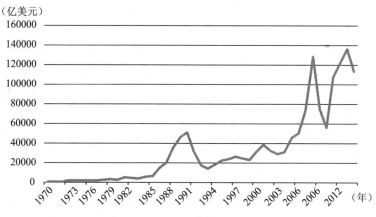

图 2-5　日本对外直接投资流量

2. 资本输出是匹配中国经济体量的必要条件

从经济体量来看，2010 年中国 GDP 总量首次超过日本，成为世界第二大经济体，但若要发挥经济大国的影响力，资本输出是必然的选择。虽然中国目前已成为资本净输出国，但对外投资净值与作为世界第二大经济体的经济体量尚不对称。2014 年中国对外直接投资流量占 GDP 的比重为 1.12%，而美国、日本、德国为 1.93%、2.47%、2.91%，2012 年世界对外投资流量占 GDP 的比重为 2.49%，均远高于中国。根据联合国贸易与发展委员会的统计，中国在 2013 年所吸收和输出的直接投资占总固定资产形成的比例均低于 3%，而全球平均为 8%，发展中国家平均为 9% 和 5%，东南亚也在 5% 左右。从体量上和中国经济可比的美国来看，即便美国历史上积累了大量的直接投资存量，但 2013 年其吸收和输出的直接投资比例也占其固定资产形成比例的 6% 和 10%。因此，从经济体量的角度来看，未来中国对外投资还有巨大的潜力。

3. 资本输出是中国迈向贸易强国的重要举措

从对外贸易来看，毋庸置疑，中国是世界贸易大国。早在 2012 年中国贸易总额就已经超过美国，成为世界第一大贸易国。虽然中国是名副其实的贸易大国，但还远远称不上是贸易强国。贸易强国必然是一个经济高度发达的国家，一个积极参与国际分工、竞争优势明显的国家，一个直接投资规模较大的国家。长期以来，中国产品以劳动密集型、资源易耗型和中低端技术制造品为主，产品缺乏核心竞争力，附加价值低，主要依赖数量和价格优势参与国际竞争，而且服务贸易发展滞后，且对全球主要国家或地区形成了连续的贸易顺差现象。因此，中国作为贸易大国，距离世界贸易强国的地位还有很大的距离。由输出商品转向输出资本，标志着中国由贸易大国转向贸易强国迈出了重要一步。

4. 资本输出是推动人民币国际化进程的重要保障

从人民币国际化进程来看，资本对外输出是人民币国际化的尖兵，是一种货币制度国际化安排不可缺少的步骤。作为国家财富的表征以及参与全球资源配置的符号代表，一国货币的国际地位直接关乎其在全球顶层分工中的实际地位。美元作为世界第一大储备货币，给美国带来了诸多好处，它让美国不用担心汇率波动对商品和资金流通的干扰，而且可以通过开动印钞机换来实实在在的商品。人民币要成为国际储备货币，首先就要实现人民币的国际化。人民币的国际化已经是中国的既定战略。

从国际经验来看，美元依托全球货币汇率制度安排成为国际储备货币；欧元通过区域一体化让渡货币主权形成区域共同体单一货币；日元则通过外汇自由化、贸易自由化、金融市场自由化等一系列自由化成为储备货币。人民币国际化的实现路径有很多，但是距离目标实现还有很长的路要走。资本输出则是实现人民币国际化的尖兵利器。当境外的人民币达到一定规模时，就会被广泛用作储备货币。

人民币国际化成为中国对外投资加速发展的重要推手。随着人民币国际化步伐的加快，对外投资的汇率风险将进一步降低。随着产业和资本通过"一带一路"走出国门，人民币国际化也将加速前行的步伐。人民币将成为中国与"一带一路"沿线国家贸易和投资的主要结算货币。中国金融数据统计报告显示，2014 年跨境贸易人民币结算业务累计发生 6.55 万亿元，直接投资人民币结算业务累计发生 1.05 万亿元，而 2009 年跨境人民币结算金额仅为 35.8 亿元。

5. 资本输出是实施"一带一路"倡议的重要抓手

新时期，"一带一路"上升为国家战略。"一带一路"强调相关各国要打造互利共赢的"利益共同体"和共同发展繁荣的"命运共同体"，努力实现区域基础设施更加完善，安全高效的陆海空通道网络基本形成，互联互通达到新水平；投资贸易便利化水平进一步提升，高标准自由贸易区网络基本形成，经济联系更加紧密，政治互信更加深远；人文交流更加广泛深入，不同文明互鉴共荣，各国人民相知相交、和平友好。

从"一带一路"倡议的路线方针来看，基础设施互联互通是"一带一路"互联互通建设的重点，而资金互通是基础设施互通的重要保障。"一带一路"战略的实施将成为中国资本输出的战略载体。

"一带一路"沿线涵盖中亚、南亚、西亚、东南亚和中东欧等地区的60多个国家，这些国家大多数都是新兴经济体和发展中国家，总人口约44亿，经济总量约21万亿美元，分别约占全球的63%和29%。"一带一路"沿线国家在基础设施建设和资金方面具有强烈的需求。根据亚洲开发银行估计，至2020年间，亚洲各经济体的内部基础设施投资需要8万亿美元，区域性基础设施建设另需3000亿美元，融资缺口巨大。我国有外汇储备、设备和技术的优势。亚洲基础设施投资银行、金砖国家开发银行和丝路基金的主要任务都是为了基础设施和"一带一路"建设提供资金支持，将成为中国对外资本输出的重要抓手。

此外，依托"一带一路"实施资本输出，对于化解过剩产能，实现产业升级具有重要的战略意义。借助"一带一路"，通过产业转移的方式来实现产能转移，既能化解国内钢铁、水泥、平板玻璃等过剩产能，又能为"一带一路"沿线国家基础设施建设提供必要的投入品。中国的劳动密集型产业和资本密集型产业可以依次转移到"一带一路"沿线国家，带动中国以及"一带一路"沿线国家产业升级和工业化水平提升，构筑以中国为雁首的"新雁行模式"。

6. 资本输出是中国产业转型升级的重要推动力

根据产业成熟度、产业可转移度以及产业关联度等选择标准，可以把国内适合和需要走出去的产业分为三类，即长线型产业、短线型产业、优势型产业。

对于产能富余或过剩的长线型产业（如纺织、轻工、机械、电子、原料药、建材、电信设备、建筑等），需要通过对外投资向海外转移，寻找新的发展空间和市场，或实现国外生产国外销售，防范和规避国外近年来对中国出口商品实行的频繁的限制措施。

对于生产量满足不了国内需求的短线型产业，如资源和能源产业（如石油、天然气、铁矿、铝矿、有色金属等），需要延长与克服短腿，加大海外投资力度，控制和开采海外资源，作为除购买海外资源以外的第二条国外资源补给途径，满足发展经济和改善人民生活而导致的不断扩大的需求。

对于优势型产业，这类产业以劳动密集型或劳动与资本密集结合型产业为主（如化工、石化、石油、钢铁、电信设备、船舶制造等），技术与管理比较成熟，相对于东道国已有比较优势，借助海外投资拓展市场，建立海外生产经营网络，既可以延伸、利用和巩固已有优势，又可以培育和增强新的优势。

中国企业对外投资可以实现国内外产业布局的协调，实现国内外产业的互补、互动和相互促进。

第 3 节

中国对外投资发展历程

一、对外投资发展周期理论

世界著名国际投资专家邓宁利用国际生产折中理论，结合发展中国家的投资实际，提出了投资发展周期理论。该理论认为发展中国家对外直接投资的动力和能力一方面取决于该国所拥有的所有权优势①、内部化优势②和区位优势，另一方面也取决于其经济发展阶段。根据人均国民生产总值，邓宁将国家的国际直接投资划分为五个阶段：

第一阶段：人均 GNP 在 400 美元以下，只有少量的外国直接投资进入，几乎没有对外直接投资。处于这一阶段的国家，经济发展水平较低，技术落后，资本短缺，基本不存在对外直接投资的条件，但由于自然禀赋等条件，可能存在外资流入的现象。

第二阶段：人均 GNP 在 400~1500 美元之间，利用外资量有所增加，本国对外直接投资量仍较少，净对外直接投资额为负值。处于这一阶段的

---

① 所有权优势，又称垄断优势或厂商优势，是指一国企业拥有或能够得到的而他国企业没有或无法得到的无形资产、规模经济等方面的优势。

② 内部化优势是指企业在通过对外直接投资将其资产或所有权内部化过程中所能拥有的优势。也就是说，企业将拥有的资产通过内部化转移给国外子公司，可以比通过交易转移给其他企业获得更多利益。

国家，经济迅速发展，基础设施趋于完善，经济结构进行调整，政府对外资有支持政策，这些都吸引了外资的大量流入；同时，这些国家对先进技术有了一定程度的掌握，为了寻求更好的投资机会，投资者开始进行对外直接投资，但整体规模远远小于国内吸引外资的规模。

第三阶段：人均 GNP 在 1500～4000 美元之间，在利用外资进一步增长的同时，对外直接投资大幅增长，其发展速度可能超过引进外国直接投资的速度，但净对外直接投资额仍为负值。这个阶段的对外直接投资取决于各国资源禀赋的差异，以及各国对于利用外资和对外直接投资的政策差异。

第四阶段：人均 GNP 在 4000 美元以上，对外直接投资增长速度高于引进外国直接投资的速度，净对外直接投资额转为正值。处于这一阶段的国家，由于拥有强大的所有权优势，在对外直接投资中试用内部化战略，以确保与东道国企业的竞争。

第五阶段：与第四阶段类似，外向型对外直接投资额依旧超过内向型 FDI，但绝对值开始下降。而且，此阶段受经济发展阶段的影响程度大大减弱，而更多地取决于发达国家之间的交叉投资。

二、中国对外投资发展阶段

根据邓宁的国际直接投资阶段理论，结合我国人均 GNP 的实际情况，我国对外直接投资大致符合邓宁的阶段划分。

表 2-1　1991—2014 年我国对外投资和吸收外资情况及人均 GNP

年份	对外直接投资流量（亿美元）	吸引外资流量（亿美元）	对外净直接投资（亿美元）	人均 GNP（美元）
1991	10	43.7	-33.7	350
1992	40	110.1	-70.1	390
1993	43	275.2	-232.2	410
1994	20	337.7	-317.7	460

年份	对外直接投资流量 （亿美元）	吸引外资流量 （亿美元）	对外净直接投资 （亿美元）	人均 GNP （美元）
1995	20	375.2	−355.2	530
1996	21	417.3	−396.3	650
1997	26	452.6	−426.6	750
1998	27	454.6	−427.6	790
1999	19	403.2	−384.2	840
2000	10	407.2	−397.2	930
2001	69	468.8	−399.8	1000
2002	27	527.4	−500.4	1100
2003	28.5	535.1	−506.6	1270
2004	55	606.3	−551.3	1500
2005	122.6	603.3	−480.7	1760
2006	211.6	630.2	−418.6	2050
2007	265.1	747.7	−482.6	2490
2008	559.1	924.0	−364.9	3070
2009	565.3	900.3	−335.0	3650
2010	688.1	1057.4	−369.3	4300
2011	746.5	1160.1	−413.6	5000
2012	878	1117.2	−239.2	5870
2013	1078.4	1175.9	−97.5	6740
2014	1231.2	1195.6	35.6	7380
2015	1456.7	1356	100.7	7820

注：对外直接投资流量数据来源于对外直接投资统计公报；吸收外资流量数据来源于 Wind 数据库；人均 GNP 数据来源于世界银行网站（以现价美元计）。

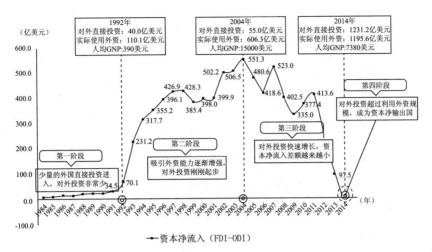

图2-6 中国"走出去"的发展阶段

1. 初步发展阶段（1979—1992 年）

1979 年，国务院颁布了 15 项经济改革措施，其中第 13 项明确规定"允许出国办企业"。这是新中国成立以来第一次将对外投资作为一项政策确定下来，由此拉开了我国对外投资的序幕。1979—1992 年，我国人均GNP 均低于 400 美元，属于邓宁国际直接投资阶段理论的第一阶段。该阶段我国对外直接投资刚刚起步，投资规模较小，前期以发展中国家和港澳地区为主，后期开始逐步进入发达国家。投资领域主要集中在承包建筑工程、资源开发、交通运输等领域。另一方面，吸收外资量呈现缓慢增长的趋势，对外净直接投资为负数。

1979—1985 年的 7 年间，我国政府共批准在国外开办非贸易性的合资、合作、独资企业 180 家，中方投资 1.77 亿美元。这些企业分布在 40多个国家和地区，涉及的领域主要有资源开发、加工生产装配、承包工程、金融、保险、航运服务和中餐馆等。这些国外企业的建立，对于扩大我国对外经济技术合作领域，探索新的合作方式起到了积极的作用。由于这批企业多属于非贸易性企业，因此，这一时期的国外投资标志着我国非贸易性国外投资的起步和发展。

1986—1992 年，我国国外直接投资有了较快的发展，主要表现在参与国外投资的国内企业类型增加，不仅对外经贸企业到国外投资，而且工业企业、商贸企业、科技企业以及金融、保险企业等也参与到国外投资中；国外投资领域进一步拓展，在服务业、工农业生产加工、资源开发等多个行业都有国外企业设立。截止到1992年底，国外非贸易性企业达到1360家，贸易性企业达到2600家，中方投资总额达到40多亿美元；大型项目增多，有的项目中方投资超过了1亿美元，例如，首钢在秘鲁铁矿项目中投资达1.2亿美元。分布的国家和地区更加广泛，到1992年底，我国企业已在世界上120个国家和地区设立了国外企业。

2. 稳步发展阶段（1993—2004 年）

1993年至2004年，我国人均GNP从410美元增加到1500美元。随着我国对外开放的区域不断扩大，对外投资和利用外资水平都有不同程度的提高，属于邓宁国际直接投资阶段理论的第二阶段。这一阶段我国主要还是以吸收外资为主，年流量从275.2亿美元迅速增加到606.3亿美元，这对我国吸收国外先进的技术、管理经验和企业运作方式等起到了积极的作用。对外直接投资则保持平稳，增量较小，这与当时国家对于对外投资的较为收紧的审批体制是分不开的。

自1993年起，由于整个国民经济中存在着经济发展过热、投资结构不合理、物价上涨过快等现象，中央政府开始实行宏观调控，促使经济软着陆。与此相适应，我国对外投资业务也进入了清理和整顿时期，这六年中我国对外直接投资为12.78亿美元，批准设立国外企业1500家左右。通过对以往国外投资经验教训的总结和对我国企业国际竞争力现实状况的分析，在这一阶段后期，我国政府提出了发展国外投资的新战略方针：鼓励发展能够发挥我国比较优势的对外投资，更好地利用两个市场、两种资源；组织跨行业、跨部门、跨地区的跨国经营企业集团；在积极扩大出口的同时，要有领导、有步骤地组织和支持一批有实力、有优势的国有企业走出去，到国外办厂，主要是到非洲、中亚、中东、东欧、南美等地投资办厂。

从1999年开始，为了推动出口贸易的发展，加快产业结构的调整，向国外转移国内成熟的技术和产业，我国政府提出了鼓励有实力的国内企业到国外投资，通过开展境外加工装配，就地生产就地销售或向周边国家销售，带动国产设备、技术、材料和半成品的出口。

2001 年我国加入了世界贸易组织后，在外国企业和产品进入中国市场的同时，我国企业应抓住国际经济环境改善的良机，扬长避短，走出去发展壮大自己，提升中国企业的国际竞争力。

3. 快速发展阶段（2005—2013 年）

2005—2013 年，我国人均 GNP 超过 1500 美元，属于邓宁国际直接投资阶段理论的第三阶段。2011 年，我国吸收外商直接投资达到了 1160.1 亿美元，我国不断增强的经济实力、稳定的政治局势和安定的社会环境都为外国企业对华投资提供了良好的投资环境。由于投资体制改革后效应以及不断完善的投资政策，对外直接投资也不断发展，2013 年我国对外直接投资流量达到了 1078 亿美元，是 2004 年的近 20 倍。

4. 升级发展阶段（2014 年至今）

2014 年，中国对外投资实现了"出超元年"的历史性突破，对外直接投资（OFDI）首次超过利用外商直接投资（IFDI），成为资本净输出国，实现由资本输入国到资本输出国的重大转变。这既是中国迈向世界经济大国的重要标志，也是中国由对外贸易大国迈向对外贸易强国的重要标志，更是中国在全球范围内配置资源、积极影响全球金融和经济格局的重要标志。

第 4 节

中国对外投资发展现状及前景

近年来，中国对外投资与发展呈现出流量增长高速化、存量规模跳跃化、投资主体多元化、投资产业多样化、投资地域集中化、投资方式并购化的新特征。同时，中国对外投资也存在着存量规模仍然较小、产业结构有待优化、金融体系和资本市场对海外投资支撑不足、投资主体竞争力有待提升等问题，对外投资主体仍然面临着税务遵从、地缘政治、汇率波动、并购财务等风险。

一、投资现状

1. 对外投资快速增长

2000—2016 年，我国 ODI 流量由 10 亿美元增至 1961 亿美元，年均增长 37.9%，显著高于同期全球 1.4% 的平均增速。2016 年，我国 ODI 流量排名第二，仅次于美国（2990 亿美元），占全球的比重由 2000 年的 0.1% 提高至 2016 年的 11.7%。

我国 ODI 存量由 2002 年的 299 亿美元增至 2016 年的 1.35 万亿美元，年均增长 30.8%，高于同期全球 8.2% 的平均增速。2016 年，我国 ODI 存量超过法国、瑞士，在全球各个国家（地区）中排名第 6 位。

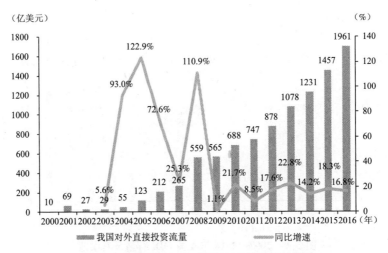

图 2-7　2000—2016 年我国 ODI 流量及其增速

数据来源：我国商务部公布的历年《中国对外直接投资统计公报》。

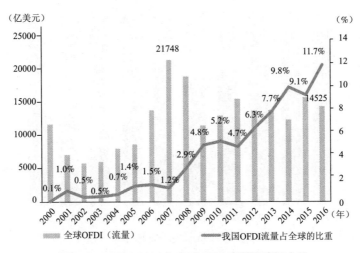

图 2-8　2000—2016 年全球 ODI 流量及我国占比

数据来源：世界银行官方网站。

2. 民营主体占比逐渐扩大

非国有企业逐渐成为我国对外直接投资的主力军。非国有企业对外投资占比由 2006 年的 19% 提高至 2015 年的 50.4%。2015 年我国对外投资企业达 2.02 万家，有限责任公司是对外投资占比最大、最为活跃的群体。

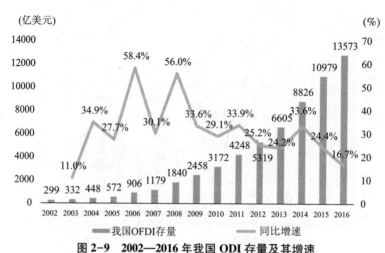

图 2-9　2002—2016 年我国 ODI 存量及其增速

数据来源：我国商务部公布的历年《中国对外直接投资统计公报》。

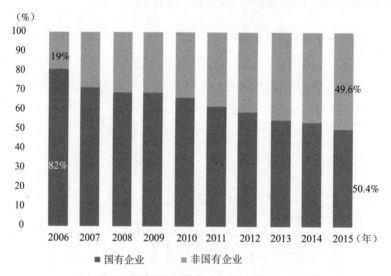

图 2-10　2006—2015 年我国国有企业和非国有企业 ODI 存量占比

数据来源：我国商务部公布的历年《中国对外直接投资统计公报》。

3. 发达省份是我国对外投资主力

2016 年末，地方企业对外直接投资存量达 5028.3 亿美元。其中，东部地区地方企业对外投资存量占比全国地方企业对外投资存量的 81%。广东是对外直接投资存量最大的省份，其次为上海、北京、山东、江苏、浙江、天津、辽宁、福建、湖南等。

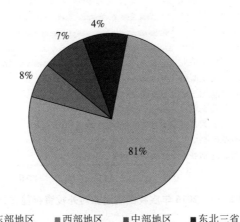

■ 东部地区　　■ 西部地区　　■ 中部地区　　■ 东北三省

图 2-11　2016 年末地方企业对外直接投资存量地区比重构成

数据来源：我国商务部《2016 年度中国对外直接投资统计公报》。

4. 自贸区成为对外投资主要通道

自贸试验区在资本项下可兑换、自由贸易账户、合格境内个人投资者等优惠政策方面先行先试，在项目备案、换汇等方面更加便捷高效，使得对外投资更加便利，成为所在城市对外投资的重要通道。天津自贸区对外投资额占全市对外投资额的比重超过 80%，上海自贸区对外投资额占全市的 70%，前海自贸区对外投资约占深圳市的 1/3。

5. 制造业对外投资占比逐渐提高

制造业逐渐成为对外投资的新焦点。2006—2016 年，我国制造业对外投资占当年 ODI 流量的比重由 5.3% 提高至 14.9%。2016 年，我国制造业对外投资流量为 290 亿美元，年末存量为 1081 亿美元。我国制造业对外投资主要行业分布在汽车制造、计算机通信和其他电子设备制造、专用设备制造、化工及纺织服装等。

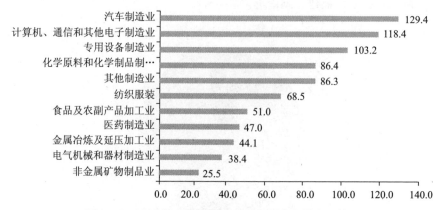

图 2-12　2016 年底我国制造业对外投资存量占比情况

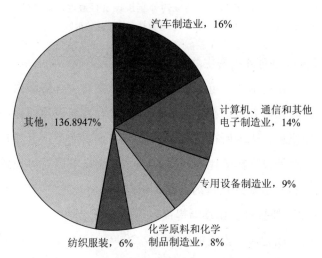

图 2-13　2016 年底我国制造业对外投资流量占比情况

　　从制造业细分产业门类看，我国制造业对外投资在全球的布局可以分为三种类型。一是投资于欧美及澳洲的高端制造业，主要包括汽车、电子信息、生物技术、物联网、无人机、医疗，以及与高端制造业相关联的创意设计、科技研发等。二是投资于亚洲南美及俄罗斯的我国强竞争力制造业，主要包括家电、手机、工程机械、精细化工、服装鞋帽、电信、钢铁等。三是转移至非洲的我国优势产能，主要包括纺织服装、制革、家具、建材、造纸，以及农副产品加工、光伏、轧钢等。

6. 跨国并购活跃制造业最受青睐

我国跨国并购投资快速扩张，十分活跃。我国跨国并购交易金额快速扩大，由 2004 年的 30 亿美元提高至 2016 年的 1353 亿美元，年均增长 37.4%。直接投资是我国跨国并购资金的主要来源，2016 年，我国跨国并购直接投资 864.8 亿美元，占当年跨国并购交易金额的 63.9%，占当年 ODI 流量的 44.1%。

图 2-14　我国跨国并购交易额及并购直接投资占 ODI 流量比重

数据来源：我国商务部公布的历年《中国对外直接投资统计公报》。

制造业是我国跨国并购的第一大行业。我国跨国并购涉及的行业领域不断拓展，2016 年跨国并购涉及 18 个行业大类，其中，制造业持续成为最大并购行业。2016 年，我国制造业跨国并购交易 200 起，交易金额高达 301.1 亿美元，占当年并购总金额的 22.3%。

表 2-2　2016 年我国跨国并购行业分布

行业类别	数量（起）	金额（亿美元）	金额占比（%）
制造业	200	301.1	22.3
信息传输/软件和信息技术服务业	109	264.1	19.5
交通运输/仓储和邮政业	21	137.9	10.2

续表

行业类别	数量（起）	金额（亿美元）	金额占比（%）
电力/热力/燃气及水的生产和供应业	17	112.1	8.3
金融业	13	97.9	7.2
租赁和商务服务业	77	95.3	7.0
房地产业	59	92.7	6.8
采矿业	29	75.0	5.5
住宿和餐饮业	15	54.7	4.0
文化/体育和娱乐业	22	44.1	3.3
批发和零售业	82	28.2	2.1
科学研究和技术服务业	53	24.5	1.8
卫生和社会工作	4	8.1	0.6
农/林/牧/渔业	33	6.7	0.5
教育	10	4.7	0.3
水利/环境和公共设施管理业	8	3.3	0.2
居民服务/修理和其他服务业	6	2.1	0.2
建筑业	7	0.8	0.1
总计	765	1353.3	100.0

二、存在的问题

从全球视角看中国企业的对外直接投资，中国对外投资的存量和质量均相对较低，截至 2015 年底，中国对外投资存量为 10978.6 亿美元，占全球的 4.4%，占美国同期存量的 18.4%。并存在对外投资的审批监管制度有待完善，财税金融支持有待加强，服务保障体系有待健全等多方面问题。从发展水平看，中国"走出去"仍处于初始发展阶段，要达到真正的高级阶段还需要一个长时间的升级过程。

1. 国际话语权地位有待提升

规则制定话语权有待提升。中国是国际经济规则体系的后来者，国际经济规则对中国经济的约束程度与中国影响国际经济规则的能力之间存在严重的不对称性。一是积极参与国际经济规则的意识有待转变。当前，无论是认为"先学习运用后参与制定"，将"学习运用"与"参与制定"隔离开来的观点，还是畏惧困难、回避现实的想法，都是从国内的视角，看到的只是我国面临的问题，而不是从全球的角度，把握国际经济规则的本质所在，因此亟须统一认识、转变观念。二是缺少积极参与全球经济治理的中长期战略规划。虽然有关部门在采取积极行动参与全球经济治理，但是仍然缺乏一个统揽全局的战略规划。三是参与国际规则制定的专业人才培养有待提升。参与国际规则制定需要大量的专业人才从事国际问题的研究、参与国际组织的工作和管理，但是我国在这方面较发达国家的差距很大。

中国标准话语权有待提升。中国标准"走出去"还没有达到在标准领域全面构建中国国际话语权的层次，在"走出去"的过程中还存在着不少障碍。一是"中国标准"的国家形象没有深入国外市场，国外市场对中国标准不知晓、不接受、不认同。二是在长期的对外工作中，更多的是适应国际市场的标准要求，较少推广自身的技术标准。在国际标准领域，多为国际标准的被动"接受者""使用者"，主动"参与制定""主导制定"的机会不多。三是一些国家基于对中国的误解或者对中国崛起的担心，采取各种手段来掣肘中国标准的国际化工作。

2. 审批监管制度有待完善

"备案为主、核准为辅"的管理制度较过去已经有了较大完善，但仍存在一些问题，制约了境外投资的快速发展。

多部门重复审批。商务部和发改委均具有境外投资的备案和核准权，其中商务部注重国家安全、经济利益、国际条约和行业敏感等内容；发改委更加注重投资规模和产业政策等内容。由于核准标准和备案管理方式的差异，企业在申报境外投资项目时需要提交大量资料，但同时也涉及较多重复性审批内容，往往给企业增加较大成本。

审批周期仍较长。事前备案制下的企业备案流程通常需要至少 7 个工作日，核准则需要至少 20 个工作日，考虑到企业资料准备、用汇登记、贷款程序及收购项目的额外要求等因素，境外投资国内审核阶段通常需要一至几个月时间。虽然，事后备案制将大幅缩减企业实施投资前的备案时间，但最新政策暂无关于核准时间的调整及收购项目简化审批的办法，部分境外收购或竞标项目仍需事前向发改委审批，并留足至少7个工作日的审批时间。过长的投资审批周期不利于企业对境外投资机遇的把握。

事后管理体系不健全。目前，境外投资的事后管理体系仍不健全，制度仍以指导为主，与境外投资审批管理机制和政策支持体系等衔接不紧，对企业的监管、约束和处罚的作用还不强。也未能充分发挥包括企业组织、商协会和管理部门的协同监督管理作用。这既不利于监管企业海外运营的全面情况，也不利于提升我国企业的国际化水平和国际形象。

3. 财税金融支持有待加强

财政扶持力度有待加强。一是财政资助的范围过于狭窄。我国对外投资的财政资助，无论是直接投资还是间接投资，主要针对大型国有企业，中小企业政府扶持力度相对不足。二是财政资助缺乏灵活性。我国对外投资财政资助往往采取直接补贴形式，由于受制于专项财政资金限额，直接财政补贴往往难以达到应有的支持力度和形成可持续的效果。三是境外经贸合作区财政支持力度较弱。虽然国家给予境外经贸合作区一定的财政支持，但由于发展境外经贸合作区的投资额比较大，投资周期比较长，且企业境外融资难度较大，现有支持规模难以满足境外经贸合作区长期运营管理的需要。

税收征管服务有待强化。一是对外投资税收政策的系统性与竞争力有待加强。国内现行对外投资税收政策散落在各税种、各项业务征管法规中，制定时多从该税种或者业务的局部考虑，绝大多数未考虑对外投资相关因素，较重的税收负担和繁复的遵从要求使境内企业在部分对外投资项目竞争中处于劣势。二是对外投资税收征管的合法性与合理性有待提高。税务部门尚未基本掌握企业境外投资涉税基础信息，以传统方式与手段管理对外投资企业的观念尚未真正转变，缺乏与国际税收管理相适应的税收征管方式，缺乏对重大海外税务风险预警的能力，缺乏对重大跨境避税行为的有效监管，税务人员业务素养总体落后于对外投资企业财税及专家团队。

4. 金融服务能力严重滞后

金融机构"走出去"严重滞后。目前我国在 186 个国家和地区投资了近 3 万家企业，而银行仅在 50 多个国家和地区开设了 1000 余家海外分支机构，且主要集中在发达国家和地区，无法满足我企业在发展中国家和地区巨大的金融服务需求。此外，金融机构的国际化程度较低。全球 100 强金融跨国公司中尚无中国企业，中国金融业海外并购占比不及各国平均水平的 1/4。

跨境金融服务不够丰富。在融资服务方面，间接融资以国内银行贷款为主，境外发债、国际银团、海外并购贷款少；直接融资规模小，企业境外上市、境外资产证券化不多；海外项目担保方式单一，多为主权担保、全额担保；以专项投资基金、风险投资基金等形式吸引社会资本参与规模有限。此外，金融机构也未能很好满足企业境外投资过程中对国际资金结算、境内外资金统筹管理、风险规避等金融服务的需求。

金融监管措施形成制约。一是主权担保、全额担保要求，外保内贷、外保外贷存在政策障碍，贷款展期、拨备计提等风险缓释政策较严，都在一定程度上制约了银行为企业境外投资提供金融支持。二是大型国有商业银行开展离岸业务尚处起步阶段，规模和综合业务优势无法充分发挥，既不利于满足境外投资企业的金融服务需求，也不利于母公司对其境外投资企业经营活动的监管。三是金融机构在跨境双边和多边净额结算、跨境名义资金池、非贸易项下的资金跨境汇划或集中等业务方面都还在探索之中，在合法合规为客户提供优质跨境资金管理服务方面还有很长的路要走。四是金融机构"走出去"面临比非金融企业更严格的内部审批要求，全球金融危机后一些国家对设立外资银行实施更趋严格的市场准入和监管约束，金融机构海外投资布点受到一定制约。

5. 境外投资结构有待优化

资源类投资比重较大。截至 2013 年底，能源资源领域的对外投资总额（包括对外直接投资和通过境外企业再投资）达 3084 亿美元，占对外投资总额的 46.7%。2008 年以来发生的境外并购交易中，能源及矿业类占 70%以上。这与发达国家对外投资早期阶段情形十分相似，如美国 1914 年在能矿领域的投资占对外投资总额的 40% 以上，到 2011 年这一比重降至 4.5%；日本 1972 年和 1974 年，矿产投资占总投资比重高达 40% 和 33%，到 1986—2007 年间则降至 2%~3%，2008 后这一比重回升并稳定在 10% 左右。

制造业投资比重偏低。从发达国家看，其对外投资都经历过制造业投资速度加快、比重提升的阶段，如日本 1973 年制造业对外投资占比就达到 34%，1991 年以来一直在 40% 以上；韩国 1990 年代以来一直保持在 50% 以上；美国在 1982 年时达到 42%；德国 1995 年境外加工制造业资产占境外资产总额的 44%。截至 2014 年底，中国制造业对外投资存量占比为 8.0%，这与我国制造业大国地位不符，也表明我国制造业企业不具备投资理论所说的"特定垄断优势"，如技术、专利、品牌、管理、整合资源的能力、以自身为核心的价值链等。我国企业在国际分工体系中基本处于被动从属地位，所具备的规模优势和低成本优势无法复制到东道国，尚不具备在全球主动布局的能力。

投资方式结构相对不优。中国企业的国际化需要一个学习和经验积累的过程。改革开放初期，外商对华投资 70% 通过合资方式，独资比例约为 15%。30 年后，独资比例上升到 75%。中国企业的对外投资和并购刚刚起步，独资及绝对控股比例约占 70%，追求一步到位的投资。投资或并购后，由于对目标市场和企业经营、技术、市场、法律缺乏了解，公司国际化经营人才不足，经常出现对投资企业失去控制和主动权。

6. 服务保障体系有待健全

目前，我国国内还没有建立起一整套适应企业"走出去"的服务保障机制，在促进"走出去"战略的公共服务机制、人才培养机制、中介服务机制等方面，远不能适应企业"走出去"的要求，也没有形成事实"走出去"战略的整体合力。

公共服务体系建设不到位。首先，系统获取国际投资环境、市场、项目信息的渠道不通畅。虽然国家已颁布了境外投资规划、国别指南等宏观指导政策，但在提供投资国有关投资、经营、用工等法律信息服务、投资机会推荐等企业具体操作信息上仍然薄弱，已有对外投资信息网站提供的信息缺乏系统性、针对性、全面性，不能完全满足企业需要。其次，地方政府对已有的投资环境和市场、项目信息推广力度不够。出台的相关政策及整理出来的对外投资信息通常在政府相关部门网站公布了事，在多部门对外投资监管体系下，对外投资企业难以及时获取各部门公布的相关信息。同时，由于信息缺乏系统性，各地商务部门公布的有关外经信息淹没在大量的外经贸信息中，查找困难，与有关对外投资促进的网站链接不醒目。此外，经验介绍、项目推介、政策宣讲等传统的信息推广方法也较少应用，少数几次的政策宣讲则因参与者过少而起不到较好的宣传效果。

国际化人才对外储备不足。对外直接投资的企业，需要了解各个国家对国外投资的监管重点、标准及程序，熟悉东道国的政治制度、民族理念。既需要懂得中国企业管理经验，还要熟悉国外语言和商业模式；既要善于利用国外技术人才，也要尽快培养自主创新型人才队伍。我国企业严重缺乏具有国际交流语言、了解国际商务规则、掌握国际市场信息的专业人才，以及国际型经济技术"智库"人才，难以适应国外投资环境和国际市场环境。

缺乏中介机构的有力支持。目前，我国本土中介机构的服务水准远未达到提供我国对外投资服务的要求：不仅数量少，业务范围有限，而且在运营模式、业务规范、诚信和行业自律等方面存在一系列的问题。近年来，我国企业大型的对外投资项目几乎全部聘请有外资背景的投资银行担任财务顾问，而聘请外资中介机构可能存在泄密风险及立场不一致等问题。因此，我国企业对外投资需要中介机构提供完善的服务和支持，进行有效的引导与协助。

7. 风险防控能力有待强化

境外投资法律法规体系有待健全。目前，我国尚未建立专门的海外投资保护法，而是以行政法规和规章的形式对审批、税收和外汇管理等少数几个方面进行了规定，而且这些行政法规和规章一般由一个或几个部委制定，缺乏系统性，不利于进行海外投资的投资者把握和遵循，也不利于国家的监管和保护。

境外投资风险决策机制有待完善。一是决策盲目，没有建立必要的决策风险分析和控制程序。二是决策实施过程失控，缺乏事中的监督和控制程序。在投资环境和企业具体情况发生变化时，未及时采取有效的补救措施，导致投资风险进一步恶化。

境外对外投资绩效有待提升。中国对外投资表面风光，但实际运营中却困难重重。对外投资项目亏损、绩效偏低等现象不容忽视。以矿业投资为例，截止到 2013 年中国海外购矿已突破百例。但是，在购矿规模不断扩大的同时，八成项目却出现亏损，部分项目甚至濒临失败，境遇堪忧。相比之下，美国和英国 2010 年从事海外收购的失败率仅为 2% 和 1%。2011年 6 月，中国铁建股份有限公司投资沙特轻轨项目亏损达 41.48 亿元人民币；2009 年底，中国中化集团公司在海外投资的 3 个油气田项目，累计亏损 1526.62 万美元。此外，TCL 并购法国汤姆逊电视机业务、阿尔卡特的手机业务也均以失败告终。

三、面临的风险

1. 税务遵从风险

在税收制度方面，除部分不发达国家外，大部分国家的税收政策一般都比较透明，但是对 "走出去" 进行境外投资的企业而言，这些国家的税收执法相对严厉，企业在经营过程中，需特别提高自身的纳税遵从度，主动提高税收风险管理水平，注重日常税收申报，赢得较好的税收遵从评价，奠定处理其他涉税事项的基础。

在关税征管方面，关税政策的调整周期短，变化速度快，会给产品进口和销售带来较大的持续影响。例如，由于需要保护民族工业的发展，部分国家取消了免税进口商品散件的关税优惠，从而使企业产品无法与当地的生产厂商站在同一起跑线上竞争。如何化解类似货物与劳务税政策变化，是此类企业境外投资经营需要重点关注的税收问题。

在转让定价遵从方面，因其 "买进卖出" 的行业特性，很容易通过关联交易将销售利润调剂、留存至所得税低税负国家（地区），虽然不会对企业的营销策略产生较大影响，但是企业有可能会面临东道国税务当局的反避税调查风险，特别是在对分销行业尤为关注的欧美发达国家。

2. 地缘政治风险

在经济全球化、世界多极化、区域一体化的今天，国际地缘政治、各国政党的左右倾向、文明冲突、宗教、种族等这些政治和社会因素错综交错，影响着国际安全。国际货币基金组织 2015 年 4 月 18 日也发出警告，汇率波动和地缘政治问题成为全球主要风险。中国对外直接投资的目的地主要是发展中国家，其中许多国家正处于社会和经济结构转型时期，政治动荡、商业环境并不成熟，安全和发展方面普遍存在不确定性，地缘政治风险将成为中国海外投资所面临的常态。政府为了维护社会的稳定，增加就业，促进当地经济的发展，就会遵循"优帮劣、强管弱、富助贫"的原则，并实施政府干预行为，致使一些对外投资项目偏离了实现企业资产最优组合的目标。这从中国企业在希腊、墨西哥、斯里兰卡等国家的投资或投标项目所遭遇的政治风险便可窥见一斑。

3. 汇率波动风险

近年来，国际油价暴跌、卢布暴贬、美国退出量化宽松政策等一系列事件导致国际金融市场风起云涌、变幻莫测，令中国的资本输出面临更大的风险和挑战。国际货币基金组织 2015 年 4 月 15 日发布的最新半年期《全球金融稳定报告》指出，2014 年 10 月以来全球金融稳定风险上升，而且从发达经济体转向新兴市场，从银行转向影子银行，从偿付风险转向市场流动性风险。全球经济复苏缓慢且不均，各国货币政策分化，导致金融稳定风险加剧。

汇率波动是中国资本输出面临的一个重要风险点。对外投资和海外资产运营都涉及本外币交换问题，对外投资规模越大，面临的汇率风险就越大。2013 年，新兴经济体金融市场一度出现动荡，汇率大幅度贬值。巴西雷亚尔、印度卢比、印尼盾、南非兰特和俄罗斯卢布分别贬值 13.3%、11.0%、20.8%、19.1% 和 7.1%，日本对美元贬值 17.6%，人民币和欧元呈现小幅升值。而 2014 年，欧元兑美元贬值 13.63%，人民币贬值 2.54%，日元升值 13.69%。彭博社所追踪的 20 种新兴市场货币关键汇率指数在 2014 年累计下跌逾 10%，到 12 月已经跌到 2003 年 4 月以来的最低水平。

4. 并购财务风险

在中国企业海外并购过程中，存在着两类突出的财务风险。一是融资风险，主要是指资金能否按时足量到位、融资方式是否适应并购动机、现金支付是否会影响企业的正常生产经营、杠杆收购的偿债风险等。二是流动性风险，企业病后由于支出大量现金，债务负担过重，导致现金短缺，并缺乏短期融资，致使无法维持正常的生产经营活动，采用现金支付方式并购企业，流动性风险表现尤为突出。

四、发展前景

通过分析我国对外投资的驱动因素和政策的转变，结合我国对外投资的现状，我们认为对我国对外投资有三个发展趋势：一是我国对外投资流量将在波动中上升；二是制造业在对外投资的比重将不断提高；三是民营主体在对外投资中将越来越占据主导地位。

1. 我国对外投资流量将在波动中上升

通过对世界主要经济体对外投资案例的研究，我们发现一国的对外投资流量与其经济发展水平是高度相关的，经模拟分析，全球对外投资流量与全球人均 GDP 的相关系数约为 0.89。另外，ODI 存量占全球的比重及本国 GDP 占全球的比重，以及 ODI 流量占本国固定资产投资的比重也有一定的相关性。

从 ODI 存量占全球的比重及本国 GDP 占全球的比重来看，美国、德国、日本等发达国家的 ODI 存量占全球的比重及本国 GDP 占全球的比重基本相当；英国、法国、荷兰、加拿大、瑞士等国的 ODI 存量占全球的比重大于本国 GDP 占全球的比重。而中国的情况则正好相反，2016 中国 ODI 存量占全球的比重为 4.9%，中国 GDP 占全球 GDP 的比重为 14.8%，说明我国对外投资还有相当大的提升空间。

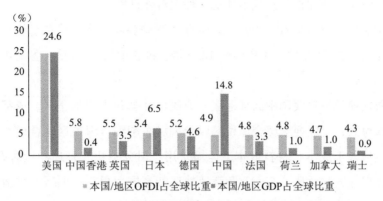

图 2-15　2016 年主要国家 ODI 存量与 GDP 存量占世界的比重

从 ODI 流量占本国的固定资产投资的比例来看，发达国家的 ODI 占本国固定资产的比重平均在 9%，发展中国家平均为 5%，全球平均为 8%，2016 年中国 ODI 流量占本国的固定资产投资的比例仅为 2%，远远低于世界平均水平。从 ODI 流量占国内投资的比例来看，我国对外投资也存在很大的空间。

从以上分析可得我国对外投资规模目前还处于较低水平，未来增长空间大。但我国对外投资不会呈现一直高速增长的趋势，资本净流出的情况并非一旦出现就不可逆转，从美国、英国等发达国家的经验来看，资本净流出和净流入的现象是交替存在的。

从我国 2017 年上半年对外投资同比下降 44% 的情况来看，基本可以判断 2017 年全年对外投资将同比大幅下降，2017 年我国将从资本净流出国家又转变为资本金流入国。由于 2017 年对外投资受政策影响，情况特殊，但从长远来看，预计我国对外投资仍将在波动中上升。

2. 制造业在对外投资的比重将不断提高

从我国对外投资的行业分布来看，制造业占比从 2007 年的 4.9% 上升到 2016 年的 14.9%，10 年内提高了两倍，但这一比重仍将会不断提高，主要有以下几个方面的原因：

（1）我国制造业面临生产成本和交易成本持续上升的压力

我国制造业长期面临生产成本和交易成本不断提高的压力，将使得更多的传统制造业加快寻求成本洼地,加大对外投资。

①从生产成本来看,1995—2016 年,我国各项成本和税负都增长:土地出让金增长 78.8 倍;工资增长 12.6 倍;税收增长 21.6 倍,各类规费增长 33.1 倍。

根据项目组对我国中西部地区工业园区如郑州出口加工区、成都高新综合保税区、重庆西永综合保税区以及武汉东湖综合保税区综合成本的分析,包括人工成本、材料成本、运输费用、财务费用、管理和销售费用、税收成本等,并对比了东南亚和南亚地区如泰国罗勇工业园区、越南铃中工业园、柬埔寨西哈努克港经济特区等园区的综合成本,结果显示中国中西部地区园区的综合成本约为东南亚和南亚地区的 2 倍。

②从交易成本来看,由于我国出口占世界比重已达到世界最高水平①,主要贸易国家提高了对我国出口产品的贸易壁垒,贸易摩擦事件不断,针对中国出口产品的贸易救济调查案件居高不下,导致我国出口比重较大的产品不得不转移到东南亚和非洲等具有贸易税收优惠的国家生产,再出口到主要贸易国家,以规避出口配额和高额的关税。据世界贸易组织统计,中国是连续 21 年遭遇反倾销调查最多的国家,全球有约 1/3 的调查针对中国。2016 年,中国产品遭遇贸易救济调查 119 起,涉案金额 143 亿美元,案件数量和金额分别增长 36.8% 和 76%。遭遇调查行业主要集中在钢铁、纺织服装、光伏、轮胎等重点出口产品上。2017 年,全球贸易保护主义再度升温,美国财政部将中国列入"汇率操纵国"观察名单,美国对中国发起"301 调查"。对华发起贸易救济调查的主要国家和地区包括美国、印度、巴西、欧盟和巴基斯坦等主要贸易国。

---

① 2016 年中国商品出口额占全球商品出口的比重为 13.8%,达到世界最高水平。个别产品如纺织服装出口占全世界的比重达到 35%,钢铁出口占全世界的比重达到 16%。

图 2-16 2010—2016 年中国遭遇的贸易救济调查情况

表 2-3 美国对中国和东盟、非洲的关税待遇差距

美国主要进口产品关税分类		
进口货物	最惠国待遇（中国）	普惠税（东盟、非洲）
棉、纺织类	棉花	4.7%	0%
	面料（平均）	10%	0
	成衣（平均）	11.4%	0
钢铁类	生铁（平均）	1.5%	0
	不锈钢	0	0

与中国相比，东南亚和非洲等地则可以享受美国和欧盟等发达国家的普惠税待遇和其他单独的税收优惠，并且没有出口配额限制。美国对非洲撒哈拉以南国家制定了 AGOA 法案，欧盟面向最不发达的 50 个国家和地区制定了 EBA 法案，都体现了发达国家对欠发达地区的优惠待遇。

（2）国内产能过剩行业去产能压力仍然较大

根据工信部公布的 2016 年过剩产能行业，以及各行业的行业运行报告来看，大部分过剩行业的产能利用率在 60%～70% 之间，距离 80% 的合理的产能利用率还有较大的距离。其中钢铁过剩产能约 1.8 亿吨，水泥过剩产能为 2.9 亿吨，去产能压力仍然很大。

为化解过剩产能，为过剩企业提供新的生存空间和就业机会，国务院出台了《国务院关于推进国际产能和装备制造合作的指导意见》国发〔2015〕30号等传统产业对外投资的指导意见，明确我国传统优势产业要加快对外力度，加强境外资源开发，推动境外投资，强化国际产能合作。

（3）境外经贸合作区的建设为制造业"走出去"提供了平台载体

截至2017年8月，我国在44个国家和地区在建境外经贸合作区99个，累计投资323.8亿美元。目前，大部分园区处于招商阶段，而中国企业是主要的招商对象。

（4）从世界经验看，我国制造业对外投资也还有较大的提升空间

发达国家对外投资都经历过制造业投资速度加快、比重提升的阶段。日本1973年占比达到35%，韩国1990年以来一直保持在50%以上，美国1982年达到42%，德国1995年境外制造业资产占境外资产总额的44%。

3. 民营主体在对外投资中将越来越占据主导地位

一方面，针对国有企业在对外投资中出现的一些问题，如投资项目的财务分析审核缺位，境外工程企业变相融资等问题，国家有关政策收紧了国有企业的对外投资，财政部在2017年6月出台了《国有企业境外投资财务管理办法》。该《办法》明确对国有企业境外投资项目的立项审批要严格审查，特别是对境外投资项目的投资可行性的审查，并实行境外投资审批终身负责制，对审批额度也进行了相应的限制；该《办法》还制定了动态管理和长期跟踪的财务管理机制，对不达标的项目，要对相应负责人问责和处理。

另一方面，对外投资项目中制造业的比重越来越大，而能走出去的制造业基本都是竞争性行业，在这些行业中，民营企业更具竞争力和活力。因此民营主体在对外投资中将越来越占据主导地位。

第 5 节

对外投资对国内经济的影响

我国对外投资涉及主体众多,对外投资行业覆盖三次产业,投资地域覆盖 180 多个国家和地区,对国内经济的影响非常广泛,为深入分析对外投资对国内经济的影响,本报告主要聚焦于制造业领域,重点分析对外投资对我国对外贸易的影响,对产业结构的影响,对国内就业的影响,对科技进步的影响和对国际收支的影响。

一、对国际贸易的影响

母国的对外投资会对东道国的产业发展产生影响,母国将成熟的技术和设备投资与东道国,会加速东道国的产业发展速度,增加东道国在该产业的一个或几个环节的产能,并且母国的投资人会与在东道国的企业建立贸易和合作关系,从而重构母国与东道国的产业链分工,改变母国与东道国的贸易结构,对母国的对外贸易产生影响,包括对对外贸易的拉动效应和替代效应。

结合发达国家对外投资对对外贸易影响的案例分析,在本次研究中我们发现对外投资对一国的对外贸易的影响不能一概而论,要根据对外投资方式(垂直型、水平型)、行业特性、行业发展阶段,进行分类研究。本次研究选择了四种典型行业,分别研究了该行业对外投资对该行业对外贸易的影响,研究的结论是:部分行业的对外投资已经由拉动该行业出口开始转变为对该行业的出口替代,且替代效应将逐步加强;部分行业在未来几年将出现出口替代效应;部分进口依赖性行业通过对外投资获取了关键技术将逐步实现进口替代,并拉动出口;还有个别特殊行业,其对外投资对该行业的对外贸易基本不形成影响。

1. 部分行业已出现由出口拉动转为出口替代的拐点

经过 10 多年的对外投资,我国部分行业对外投资对出口的影响已经由拉动效应逐步转变为替代效应。下面以纺织服装行业为例,分析对外投资对该行业出口的拉动和替代效应,纺织服装是我国制造业对外投资排名第6 位的行业,且属于我国典型的传统优势产业。

(1) 纺织行业对外投资情况

对外投资快速增长,截至 2016 年底,纺织行业对外投资存量为 68.5亿美元,其中 2016 年投资 16.4 亿美元,保持了较高的对外投资流量。我国纺织服装行业对外投资属于垂直型,对外投资的产业链分散在世界各地:

·上游原料:美国、加拿大、澳洲和东南亚;

·纺织机械:收购瑞士欧瑞康纺织机械制造商;

·品牌设计:收购英国、日本、法国和意大利品牌;

·制造基地:在东盟、印度、孟加拉国、巴基斯坦等地投资棉纱和成衣制造厂,在非洲的纺纱和成衣项目正在增加;面料生产环节由于属于资金和技术密集型环节,对外转移较少。

表 2-4 中国纺织服装企业海外投资案例

产业链	投资企业	投资地	投资项目
原材料	山东如意	澳大利亚	卡比棉田农场
	富丽达	加拿大	纽西尔溶解浆
纺织机械	江苏金昇	瑞士	欧瑞康

续表

产业链	投资企业	投资地	投资项目
创意与品牌	雅戈尔	英国	SMART 和 XINMA
	中银绒业	英国	邓肯纱厂
	万事利	法国	MARCROZIER
	山东如意	日本	瑞纳株式会社
制造基地	山东如意、天虹、百隆、华孚、新大东、裕纶	东盟、非洲	设立棉纺厂和服装厂

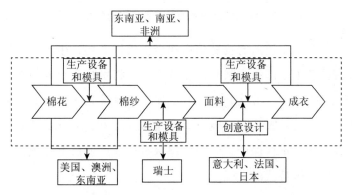

图 2-17 我国纺织服装业各产业环节对外投资情况

（2）对外投资对纺织行业出口的影响

中国纺织服装行业对原材料、纺织机械、创意设计等环节的对外投资，均属于拉动出口的投资行为。而对于对东南亚和南亚地区国家投资的生产基地，一方面对出口有拉动效应，另一方面又会产生替代效应，且逐步转变为替代效应。本书选取了中国纺织服装行业对外投资较大的东南亚和南亚九个国家①进行分析。

①对外投资对出口的拉动效应。中国纺织业对亚洲国家的投资，多采用两头在外的加工贸易方式，料件来自中国，出口主要面向欧美，故增加了中国对东道国的出口。首先，中国对这 9 个东道国的投资主要环节为棉

———————

① 9 个国家分别为印度、孟加拉国、巴基斯坦、越南、印尼、菲律宾、泰国、柬埔寨和缅甸。

纱和成衣制造，并对这 9 个国家出口面料和成衣，以及纺织机械设备，9 个东道国为中国提供棉纱，同时也对中国出口服装。

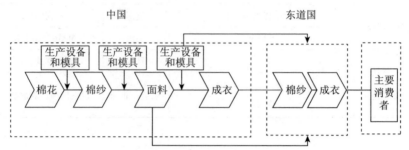

图 2-18   我国纺织服装业各产业环节对外投资分布

从中国与 9 个东道国的贸易结构和金额可以看出，中国纺织服装行业的对外投资拉动了中国纺织服装行业的出口，特别是面料和纺织机械的出口。2016 年中国对 9 个东道国的出口总额为 234.8 亿美元，其中面料出口额为 214.3 亿美元，服装出口额为 20.5 亿美元。可以看出，面料作为核心环节保留在国内，不仅保证了中国纺织服装行业产业链的完整性，也延缓了中国纺织服装被替代的进程。

而从世界范围看，中国的纺织服装行业在十几年的时间里快速增长，出口额占全球的比重达到 35%。

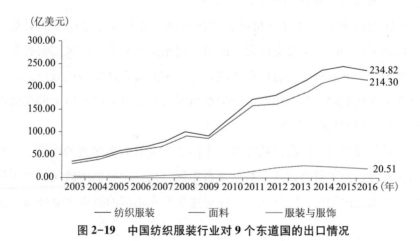

图 2-19   中国纺织服装行业对 9 个东道国的出口情况

②出口替代效应开始显现。在经历了十几年的拉动效应后，中国纺织

服装对外投资带来的替代效应开始显现，本书从三个拐点分析了 9 个东道国对中国纺织服装的替代效应。

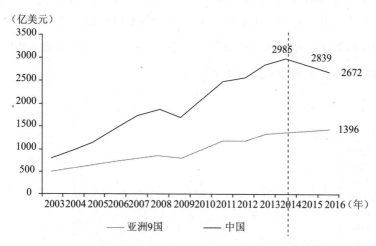

图 2-20　2003—2016 年中国与亚洲 9 国纺织服装出口额

拐点 1（2014 年）：中国纺织服装出口连续两年负增长，而亚洲 9 国继续保持正增长。中国纺织服装业在 2014 年达到 2985 亿美元的顶峰，2015 年开始负增长，下滑到 2839 亿美元，2016 年继续下滑到 2672 亿美元。扣除世界纺织服装出口衰退性因素后，我国纺织服装出口在 2015 和 2016 年仍然负增长。

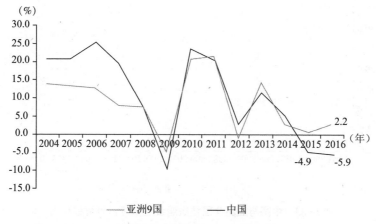

图 2-21　2003—2016 年中国与亚洲 9 国纺织服装出口增长率

而亚洲 9 国在面临全球纺织服装出口衰退的情况下，仍然保持正增长，其出口额合计已达到 1396 亿美元，达到中国出口额的一半。

拐点 2（2015 年）：中国对亚洲 9 国的净出口开始下降。随着东道国产能的提高和部分原材料的本土化，东道国的净出口逐渐增加，2015 年开始中国对亚洲 9 国的净出口开始下降。

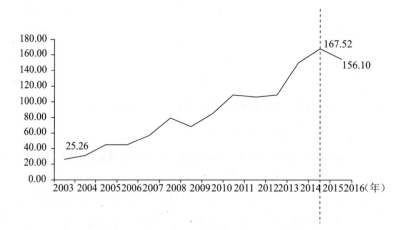

图 2—22　2003—2016 年中国对亚洲 9 国纺织服装净出口额

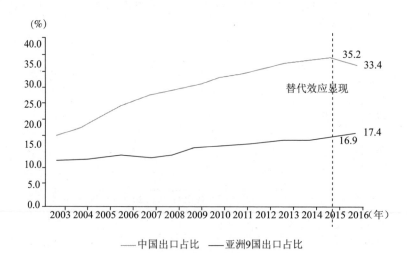

图 2-23　中国与亚洲 9 国纺织服装出口额占世界的比重

拐点 3 (2015 年):中国出口占世界的比重下降,亚洲 9 国占比继续提高,替代效应开始凸显。2003—2015 年,中国纺织服装占世界的比重从 17.3%增加到 35.2%,2106 年下降到 33.4%。2003—2016 年,亚洲 9 国纺织服装出口占世界的比重从 10.8%一直增长到 17.4%。

③出口替代效应将逐步增强。亚洲 9 国对中国的纺织服装出口替代效应将逐步加大,主要有三方面的原因:一是亚洲 9 国国内固定资产投资继续高速增长,产能将继续扩张;二是中国纺织业对外投资继续提高(2016 年为 16.4 亿美元),且纺织机械继续保持稳定的出口(30 亿美元),将持续提高东道国产能;三是随着原产地原则的要求越来越严格,将从布认证转为从纱认证,甚至从棉认证,将使得中国纺织服装其他环节加速向亚洲 9 国转移。

2. 部分行业未来几年将出现出口替代效应

面对国内以钢铁为代表的过剩行业,国家出台了鼓励对外投资的政策,加大对外投资和海外生产基地的建设。以钢铁行业为例,《关于推进国际产能和装备制造合作的指导意见(2015)》提出,在资源条件好、配套能力强、市场潜力大的重点国家建设炼铁、炼钢、钢材等钢铁生产基地。

在去产能的压力和鼓励对外投资的政策引导下,钢铁行业对外投资的方式将发生转变,由过去的垂直型为主向以水平型为主转变,即由过去仅对外投资个别环节转变为建设全生产链的钢铁生产基地。对外投资方式的转变,使得境外生产基地形成完全自给的能力,减少从国内的进口,对我国钢铁行业出口形成一定的替代效应,下文以钢铁和手机行业为例,分析该类行业对外投资对国内出口的影响。

(1) 钢铁行业对外投资的出口替代效应分析

第一,钢铁行业国内发展情况。我国钢铁行业发展面临两个问题,一是产能过剩严重,二是出口面临贸易壁垒的阻碍。

①产能过剩严重。2011—2015 年粗钢产量高位运行,产量占世界的比重超过 50%,产能利用率却呈下滑趋势,按照 2016 年钢铁产能、产能利用率和产能利用率预期指标计算,2016 年我国过剩产能为 1.8 亿吨。

②贸易壁垒提高，出口开始下滑。2015年钢材出口达到峰值，出口占世界比重达16%。面对中国钢铁出口的增长，美国、欧盟等国家和地区发起了对中国钢铁出口的贸易救济调查，美国商务部裁定将对向美出口CTL板的中国厂商征收68.27%的反倾销税和251%的反补贴税，对向美出口不锈钢板带材的中国厂商征收63.86%和76.64%两档反倾销税以及75.6%和190.71%两档反补贴税。在此背景下2016年中国钢材出口下降3.5%，2017年上半年同比下降29.7%。

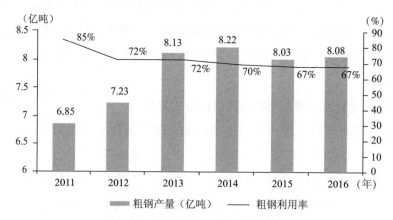

图 2-24　我国粗钢产量和产能利用率

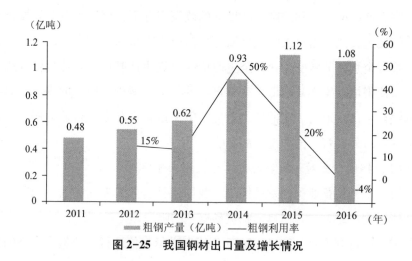

图 2-25　我国钢材出口量及增长情况

第二，钢铁行业对外投资情况。我国钢铁业对外投资经历了两个阶段：第一阶段（2003—2014 年），垂直型，以资源获取为主。一是控制上游矿产资源，包括澳洲、巴西、加拿大、蒙古等国家（2006—2014 年中国企业海外铁矿权益投资累计超过 250 亿美元）；二是在东南亚、非洲、巴西等当地市场需求较大的地区设立轧钢厂。第二阶段（2015—2017 年），水平型，布局全生产链基地。由于贸易壁垒和生产成本上升，近三年在我国钢铁主要出口地布局生产基地，依靠当地铁矿石、煤炭资源和劳动力资源建设全生产链钢厂。

表 2-5　中国钢铁业对外投资案例分析

投资企业	投资地	投资环节	备注
中钢集团	澳大利亚、喀麦隆、南非、津巴布韦、印尼	铁矿	—
宝钢集团	巴西、澳大利亚	铁矿、轧钢厂	—
武汉钢铁	加拿大、澳大利亚、利比里亚、巴西	铁矿	—
鞍山钢铁集团	印度尼西亚、澳大利亚	铁矿、轧钢厂	—
北京首钢	新加坡、马来西亚、韩国、奥地利、秘鲁	铁矿	收购布吉森矿业公司 40%股份
唐钢集团	澳大利亚、老挝	铁矿	参股老挝第一钢铁公司
河北钢铁集团	南非	铁矿、钢厂（全流程）	预计 2018 年投产，产能 500 万吨
马钢集团	哈萨克斯坦	钢厂（全流程）	预计 2018 年投产，产能 100 万吨
青山集团	印尼	钢厂（全流程）	预计 2020 年投产，产能 350 万吨
南钢股份	印尼	钢厂（全流程）	2017 年投产，产能 100 万吨
永诚铸业	印尼	钢厂（全流程）	预计 2018 年投产，产能 200 万吨

从上表可以看出，中国钢铁行业对外投资的方式已经开始转变，以河北钢铁为代表的国内大型钢铁企业开始在铁矿、煤炭资源丰富、市场前景广阔的东南亚和非洲国家建设全生产链的钢铁生产基地。

第三，钢铁行业对外投资对出口的影响。由于钢铁业对外投资方式发生转变，在中国钢铁的主要出口国建设全生产链制造基地，使部分东道国具备了从采选矿、冶炼到轧钢的全生产链能力，虽然在海外生产基地建设期间增加了东道国对中国钢铁生产设备和钢材的进口，但未来随着新建钢厂的投产，将同时减少东道国对中国粗钢和轧钢的进口量，形成一定的出口替代效应。替代的出口量与海外全生产链生产基地的产量有直接的关系，从目前的投资情况来看，预计未来5年，在南非、印尼等地新建的钢铁生产基地将对我国钢铁业形成约1000万吨的出口替代。

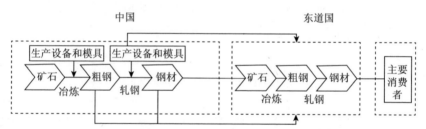

图 2-26 水平型对外投资使东道国具备了钢铁业全生产链

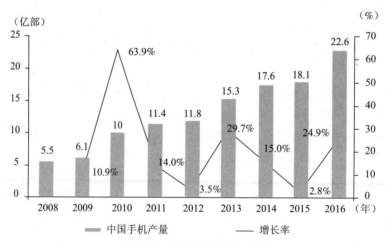

图 2-27 中国手机行业产量

（2）手机行业对外投资对出口的替代效应分析

第一，中国手机行业生产和出口情况。中国手机在世界范围内具有绝对的生产和出口主导能力。2016年，世界手机前五大销量品牌中，中国品牌占了三个。2016年，中国生产手机21亿部，占全球产量的74.7%，其中智能机15亿部。2015年，中国生产出口8.3亿部。

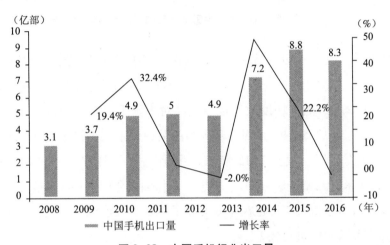

图 2-28　中国手机行业出口量

第二，快速增长的印度市场。从中国手机市场分布情况来看，大部分地区已经饱和，而以印度为代表的新兴市场成为中国手机主要的海外增长点。2015年，印度约13亿人口仅有78%的人拥有手机，且功能机和智能机的比例分别为65%和35%；2012—2017年，以安卓为代表的智能机系统使用率逐步提高，表明印度智能机市场快速增长。

第三，中国手机正在快速占领印度市场。从中国手机品牌在印度市场的存量来看，VIVO、OPPO、小米、联想等中国品牌手机占比仅11%，但从2017年一季度的出货量来看，这4个品牌的中国手机占印度市场的比重达到44%，说明中国手机正在快速占领印度市场。

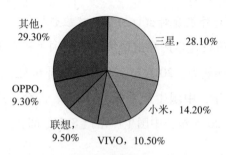

图 2-29　2017 年一季度中国手机品牌占印度市场的比重

第四，印度政府以贸易壁垒手段倒逼中国手机在印布局生产基地。面对中国品牌手机的强势进入，印度政府不甘心仅仅成为中国手机的出口地。从 2012 年开始，印度政府逐步提高对中国手机整机的进口关税，到 2015 年已达到 12.5%①。面对逐步提高的关税，中国手机企业逐步在印度设立整机装配厂，截至 2015 年底，中国主要品牌手机厂商如 VIVO、OPPO、小米（与富士康合作）、联想（与伟创力合作）均在印度设立了制造基地，部分手机代工厂也在印度设立了 100 多条手机生产线，为中国和其他国家品牌手机进行代工。

在中国手机厂商在印度设立整机生产基地后，印度继续提高贸易壁垒，2016 印度对从中国进口的 4 种配件（电池、充电器、耳机、数据线）征收 29.441% 的综合税率，倒逼中国手机厂商将零部件生产环节逐步向印度转移，意图通过中国手机的转移达到印度具备全产业链的目的。可以预见，随着对零部件关税的不断提高，部分零部件生产环节也会逐步向印度转移，这将对我国手机行业产生一定的冲击。

第五，手机行业对外投资对国内手机出口的影响。首先，中国手机行业的对外投资，改变了手机行业的出口结构，从之前的整机出口转变为整机与零部件出口，并且整机出口数量逐渐下滑，零部件则逐渐上升，这可以从中国近 4 年对印度出口情况得到印证。

随着中国手机厂商在印度整机装配基地产能的扩大，手机整机出口将

---

① 孟加拉国政府也提出 2018 将整机进口税由 5% 上升到 10%，同时将零部件关税由 10-25% 下降到零关税，以此来倒逼中国手机厂商在孟加拉设立整机装配基地。

逐渐被完全替代。而未来随着中国手机零部件生产环节的转移，中国手机零部件的出口也将出现被替代的情况。

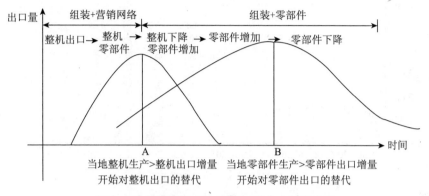

图 2-30　中国手机整机及零部件出口替代曲线

3. 部分行业将逐步减少国内进口，促进国内出口

我国先进制造业对外投资目前大部分属于战略性投资，投资的主要目的是获取核心技术，投资地主要为德国、瑞士、荷兰、美国等掌握核心技术和具有精密制造能力的国家。该类型的投资通过获取核心技术，降低核心技术和关键零部件的对外依赖性，并逐步进行进口替代，并扩大该行业的出口。该类型对外投资以机器人行业为典型。

（1）我国机器人行业发展瓶颈

中国机器人市场规模逐年上升，但中国机器人使用密度仍然低于世界平均水平，说明中国机器人市场潜力巨大。

但中国机器人行业面临着核心技术被少数国外机器人企业掌握①，技术高度依赖进口的发展瓶颈。2016 年中国机器人进口 5.22 万台，进口金额 8.8 亿美元，核心零部件高度依赖进口，且中国机器人企业大部分从事的是技术含量低的系统集成环节。

---

① 机器人的核心部分包括控制系统、伺服电机和减速器，目前控制系统由日本发那科掌握，伺服电机由日本安川掌握，减速机由德国库卡公司和瑞士 ABB 公司掌握。

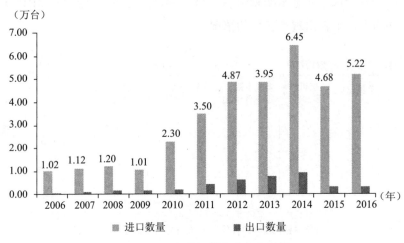

图2-31　中国机器人进出口数量

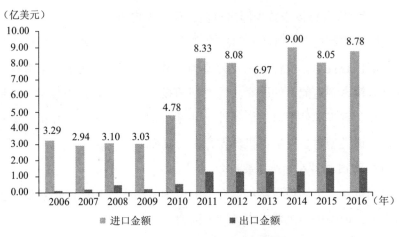

图2-32　中国机器人进出口金额

（2）我国机器人行业对外投资情况

为解决我国机器人发展瓶颈，减少机器人进口依赖，2015年开始，中国机器人企业开始大规模并购国外机器人企业，近3年机器人行业并购金额接近90①亿美元，其中美的并购德国库卡的并购额达51亿美元。

---

① 数据来源于机器人行业协会。

表 2-6 2015—2017 年中国机器人跨国并购案例

时间	投资人	并购标的	并购金额（亿美元）
2017	美的	德国库卡（四大家族之一）	51
		以色列 Servotronix（运动控制）	—
2016	浙江万丰科技	美国帕斯林	3
2016	安徽埃夫特	意大利 EVOLUT、CMA（工业机器人）	—
2016	南京埃斯顿	意大利 Euclid Labs SRL（软件）	—
2015	东方精工	意大利弗兰度集团40%的股份	—
2015	华昌达	美国 DMW（系统集成）	—
2015	中国中车	英国 SMD 公司（深海机器人本体）	—

（3）对外投资对机器人行业进出口的影响

以美的为代表的中国机器人企业通过对外投资，取得了国外先进机器人企业的核心技术，随着技术的获取，核心零部件的生产本土化生产将得以实现，从而减少中国机器人核心零部件进口依赖。不仅如此，核心技术的获取使得中国机器人产品更具竞争力，并将逐步拉动中国机器人行业的出口。

4. 个别特殊行业的对外投资基本不影响对外贸易

以水泥行业为代表的特殊行业，由于其产品单位重量价值低，直接出口的经济性较差，且生产链短，一般在境外当地就能实现配套生产，其对外投资基本不影响国内产品的进出口。

以水泥行业为例，我国水泥行业年产量24亿吨，产量占世界的比重达到60%。但由于1吨水泥的价格仅为275元，运输经济性差，不适合出口。我国水泥及水泥熟料出口量很低，2016年出口水泥及水泥熟料仅0.17亿吨，占我国水泥产量的比重仅为0.7%，海外市场全部由境外投资建设的水泥企业占有。

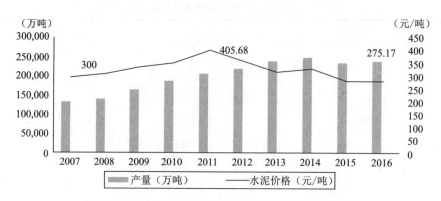

图 2-33　2007—2016 年中国水泥行业产量及水泥价格

由于国内水泥产能过剩，中国水泥企业加大了对外投资力度。截至2016 年，我国境内企业涉及海外水泥生产及销售的核准企业共 77 家，其中，具有生产线或拥有水泥建设项目的约 24 家，海外建立的生产线共计约32 条，合计产能约 37000 万吨，这些产能主要分布在中国工程承包主要业务所在国家和地区。

从以上分析可以得出，中国水泥市场和境外水泥市场是两个基本独立的市场，中国水泥企业对外投资仅仅拉动了中国水泥装备业的出口，对中国水泥产品的出口基本不产生影响，但通过对外投资中国水泥企业占领了海外市场，并为中国工程承包提供了支撑。

二、对推动就业的影响

对外投资对就业的影响可以从对外投资对对外贸易和技术创新及产业升级的影响来分析。对外投资对母国的出口形成互补和替代效应，水平型对外投资对母国的就业产生直接的替代效应，但在对外投资过程中会增加母国装备的需求，扩大母国产品海外影响，带来就业；垂直型对外投资带来的主要是互补效应，因为垂直型对外投资往往通过控制原材料来降低母国的生产成本，而且与东道国形成互补的产业链，增加了东道国对母国的中间产品和生产设备的需求，从而促进母国就业，但垂直型对外投资转移出去的环节对母国的就业会形成一定的影响。对外投资促进技术创新和产业升级，其正面效应是获得核心技术后，提高了母国的效率、降低了生产成本、增加了母国产品的竞争力，将扩大生产和出口，从而带来就业，但另一方面技术创新将传统技术淘汰、机器换人，并将低端劳动环节转移至国外，降低了对中低端劳动力的需求。

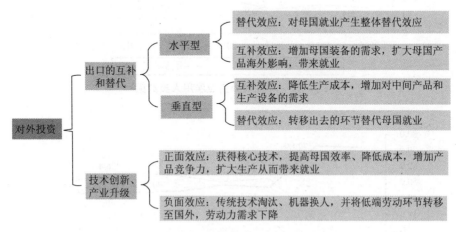

图 2-34 对外投资对就业的影响机制

1. 对外投资带来 200 万海外就业机会

首先，对外投资在国外建设研发中心、生产基地、销售中心等境外机构，境外机构将雇用一部分国内员工，从而带来海外就业机会，其中包括直接就业和海外劳务派遣，共计 200 万个就业岗位。

（1）直接就业机会

我国境外机构雇用人数不断增长，从 2010 年的 110 万人增长到 2016 年的 286 万人。从雇用的中方和外方人员的比例来看，2016 年雇用中方人员 152 万人，占比为 53.1%，雇用外方人员为 134 万，占比 46.9%。

从雇佣外方人员的地区与对外投资基本吻合：东盟是最主要的分布地区，外方雇员达 28.3 万，其次为美国 9.1 万，俄罗斯 2.2 万，澳洲 2 万。

图 2-35　中国境外企业雇用人员数量

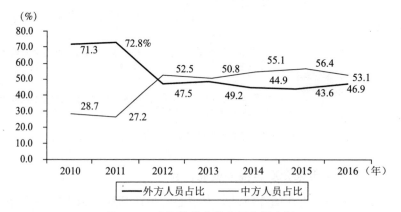

图 2-36　中国境外企业雇用人员比例

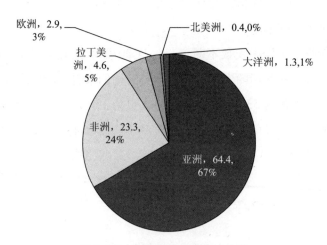

图 2-37　中国劳务派遣地区分布

（2）劳务派遣

2016 年，我国对外劳务合作派出各类劳务人员 49.4 万人，其中承包工程项下 23 万人，劳务合作项下派出 26.4 万人。劳务派遣主要集中在建筑业、制造业和交通运输业。

表 2-7　中国劳务派遣行业分布

行业	在外劳务人员（万人）	占比（%）
农林牧渔	5.7	5.9
制造业	15.3	15.8
建筑业	45.1	46.5
交通运输业	10.2	10.5
计算机服务和软件业	0.3	0.3
住宿和餐饮业	5.2	5.4
科教文卫体业	0.7	0.7
其他	14.4	14.9
合计	96.9	

2. 对外投资替代了部分行业的就业

对外投资对国内就业的影响主要表现在两方面，一方面转出环节对国内就业的替代效应明显，而未转出环节受到转出环节的拉动会促进未转出环节的就业稳定。以纺织服装为例，由于纺纱环节的大量转移，造成我国纺织业就业人口下降，而面料和服装环节的转移相对要少，其就业影响也相对小。

（1）转出环节对国内就业形成了直接的替代效应

由于我国棉花和棉纱价格均高于国际价格，中国纺织行业在东南亚地区投资转移了大量纺纱厂，中国纺纱环节由自给转为主要依靠从东道国进口，纺纱环节的大量转出，对该环节造成了明显的就业替代。2007—2016年，全国纺织行业从业人数从 631 万减少到 429 万，减少了 32%。

图 2-38　2003—2016 年中国纺织业从业人员

（2）未转出环节与境外转出环节互补，稳定了国内环节的就业

同样以纺织服装行业为例，我国服装、服饰业中的面料环节基本未对外转移，转移环节为成衣制作，由于面料环节继续保持对东道国的稳定出口，稳定了面料环节的就业，使得整个服装、服饰业的就业相对稳定。2007—2016 年，服装、服饰行业从业人数从 451 万减少到 423 万，仅减少 6%，相对平稳。

图 2-39　2003—2016 年中国服装、服饰业从业人员

以鲁泰纺织为例，鲁泰纺织股份有限公司是全球最大的色织布生产企业，产能约占全球中高端色织布产能的 20%。2013 年公司开始大规模对外投资：

·2013 年 12 月，投资 800 万美元在柬埔寨设立从事衬衣加工和销售的全资子公司，此后追加 1200 万美元将产能提高至 600 万件；

·2014 年 7 月，投资 100 万美元在缅甸设立从事衬衣加工和销售的全资子公司；

·2015 年 5 月，投资 15000 美元在越南设立 6 万锭纺纱及年产 3000 万米色织面料生产线项目；

·2014 和 2015 年分别在美国和香港设立从事批发零售业的全资子公司。

从鲁泰纺织的海外投资项目可以看出，海外投资的环节主要为成衣、纺纱环节，与国内的织布环节形成了良好的互补，促进了国内织布环节的就业，这也可以从该公司员工数量的增长得到印证。2008—2015 年鲁泰纺织员工总人数保持在 16800 左右，随着海外基地逐步投产，对国内的织布需求开始显现，2016 年公司员工人数增长到 22445，同比增长 33.43%。随着海外基地产能的不断释放，国内就业人数还将继续增加。

3. 国内总体就业形势良好

（1）总体就业人数不断增加

2001—2016 年，全国整体就业人数从 7.2 亿增加到 7.7 亿；年新增就业人数保持在 1300 万左右，城镇登记失业率小幅下降。

（2）就业结构不断调整优化

随着产业结构的不断调整，三次产业就业比例也逐渐发生变化，第一产业就业人数持续下降，第二产业就业人数在 2011 年开始下降，第三产业则一直保持增长；从总体就业人数来看，第三产业就业人数的增长大于一、二次产业就业人数的下降，服务业的发展吸纳了一、二产业下降。

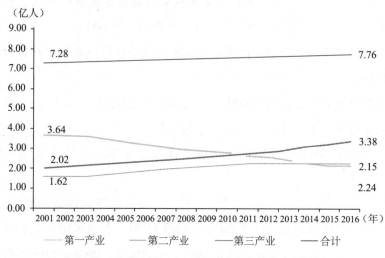

图 2-40　2003—2016 年中国三次产业从业人员数量

图 2-41　2005—2016 年中国制造业从业人员

（3）制造业就业人口相对稳定

制造业就业人口总体稳定，从 2005 年的 3210 万增长到 2013 年的 5258 万人。但 2015 年出现小幅下滑，制造业占第二产业和全部就业人口的比重在 2015 年开始下降。

三、对国际收支的影响

对外投资对国际收支的影响主要体现在两个方面。一方面，近年来对外投资的增长推动中国国际收支由双顺差向"经常项目顺差、资本和金融项目逆差（不含储备资产）"的基本平衡转变，我国国际收支开始呈现新的格局；另一方面，近年来对外投资的快速增长成为我国储备资产规模下降的因素之一，虽然从引起外储下降的金额来看对外投资对外储的影响因素中排名第四[①]，但还是应引起警惕。

1. 对外投资对国际收支再平衡的影响

自 20 世纪 90 年代末以来，中国的国际收支出现了持续的国际收支"双顺差"格局，和全球主要大国相比，中国如此长时间的双顺差极其罕见。2014 年，中国经济主动适应新常态，中国国际收支经常账户顺差、资本和金融账户（不含储备资产）逆差的出现，改变了我国国际收支长期以来的"双顺差"格局。

国际收支格局的新变化导致外汇储备规模的下降，带来至少三个方面的宏观影响。一是在货币政策操作方面，通过外汇占款渠道投放基础货币的作用趋弱，使央行获得了主动调节基础货币的能力。二是在央行资产负债表结构方面，外汇储备资产作为中国人民银行资产绝对主体的格局逐渐发生改变，由资产负债货币结构不匹配带来的货币错配风险得到部分释放。三是在国际投资头寸表结构方面，初步实现了"藏汇于国"向"藏汇于民"的转变，对外金融资产负债表主体错配的矛盾开始得到缓解，对外投资收益收入与对外负债支出收益率之差有所缩小。

---

① 2016 年，我国国际收支平衡表中主要差额：其他投资差额-3035 亿美元，服务贸易差额-2442 亿美元，证券投资差额-622 亿美元，直接投资差额-466 亿美元；另外，2016 年净误差与遗漏为-2227 亿美元

专栏 1：国际收支双顺差的经济福利效应

过去十余年时间内，国际收支双顺差对中国经济增长以及增强中国经济应对国际负面冲击的能力等功不可没。但与此同时，双顺差也给中国带来了巨大的福利损失。

一方面，国际收支双顺差的福利损失可以用四个以著名国际经济学家命名的问题加以概括。"多恩布什问题"指发展中国家通过持续的经常账户顺差不断借钱给发达国家是荒谬的，因为发展中国家的投资回报率应该更高。"威廉姆森问题"指发展中国家通常缺乏先进的技术与机器设备，因此会通过引入 FDI 来获得外汇资金，并利用这些外汇资金去进口发达国家的技术与机器设备。这意味着发展中国家应该面临经常账户逆差与资本账户顺差的组合。中国的双顺差意味着中国未能将资本账户顺差转化为经常账户逆差，换句话说，中国引入 FDI 的目的似乎不是为了进口先进的技术与机器设备。"克鲁格曼问题"指随着未来美元有效汇率的贬值，中国的外汇储备将遭受巨大的资本损失。"罗高夫问题"指由于政府债务问题日益沉重，未来美国政府面临很强的激励去通过提高通货膨胀率来稀释自身债务，而这将导致中国对美国国债的投资面临巨大损失。

另一方面，国际收支双顺差的福利损失与央行的冲销行为有关。过去 10 余年内，中国央行通过冲销既避免了人民币名义汇率的过快升值，又将通货膨胀率控制在很低水平上。然而，这一成功的冲销行为背后，是中国政府通过建立央行、商业银行与家庭部门"三位一体"的成本分摊机制，将大部分冲销成本转移给了商业银行与家庭部门。商业银行被迫接受低收益的央行票据以及更低收益的法定存款准备金，而家庭部门则长期面临实际存款利率为负的问题。如果综合计算央行、商业银行与家庭部门承担的冲销成本，则过去 10 年内央行冲销行为造成的福利损失是巨大的。然而，如果央行不进行冲销或冲销不完全，那么外汇储备过快增长将造成国内流动性过剩，引发通货膨胀与资产价格泡沫，从而造成新的福利损失。

2. 国际收支平衡表的变动结构影响

2016 年，我国国际收支继续呈现"一顺一逆"，即经常账户顺差、资本和金融账户（不含储备资产）逆差。具体而言，按美元计值，2016 年，我国经常账户顺差 1964 亿美元，资本和金融账户顺差 263 亿美元，其中，资本账户逆差 3 亿美元，非储备性质的金融账户逆差 4170 亿美元，储备资产减少 4437 亿美元。

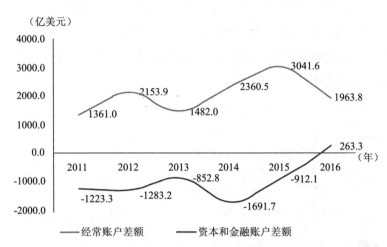

图2-42 2011—2016年中国国际收支经常账户及资本和金融账户差额情况

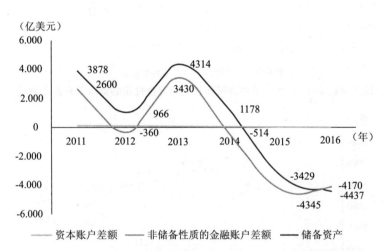

图2-43 2011—2016年中国国际收支资本和金融账户差额情况

从资本和金融账户差额结构来看，近年来，中国资本和金融账户（不含储备资产）逆差的形成主要是由非储备性质的金融账户逆差导致的。2011年至2016年，中国非储备性质的金融账户差额由2600亿美元顺差额变化为4170亿美元的逆差额，并进一步导致了储备资产的快速减少。

从非储备性质的金融账户差额结构来看，直接投资和其他投资净流入的快速降低和净流出的快速增加是导致非储备性质的金融账户逆差扩大的主要因素。2011—2016 年，中国直接投资由 2317 亿美元顺差额变化为 466 亿美元逆差额，证券投资由 196 亿美元顺差额变化为 622 亿美元逆差额，金融衍生工具由收支平衡变化为 47 亿美元逆差额，其他投资由 87 亿美元顺差额变化为 3035 亿美元逆差额。

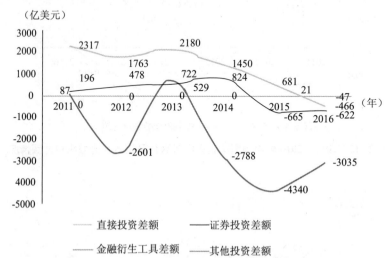

图 2-44　2011—2016 年中国国际收支非储备性质的金融账户差额情况

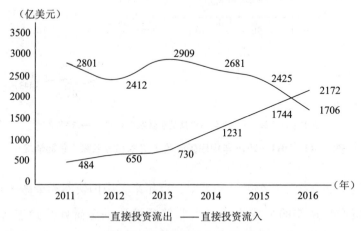

图 2-45　2011—2016 年中国国际收支直接投资流入和流出情况

从直接投资结构来看，直接投资流出规模的快速增加和直接投资流入规模的快速减少是导致直接投资顺差额减少并出现逆差的双重因素。

2011—2016 年，中国直接投资流入规模由 2801 亿美元降低至 1706 亿美元，中国直接投资流出规模由 484 亿美元增长至 2172 亿美元。从国际收支平衡表的统计来看，直接投资流出规模在 2016 年第一次超过流入规模，并带来直接投资逆差效应。

从国际收支平衡表主要项目差额变动规模来看，2011—2016 年，导致储备资产降低的主要变动因素分别为其他投资、直接投资、服务贸易和证券投资。2016 年，其他投资、直接投资、服务贸易和证券投资差额分别较 2011 年减少 3122 亿美元、2783 亿美元、1974 亿美元和 818 亿美元。对外投资规模的快速增加和利用外资规模的快速减少对于国际收支顺差，尤其是对外汇储备规模减小带来的负面影响值得警惕。

四、对科技进步的影响

研究表明，对外投资可以通过逆向技术溢出效应带动母国的技术进步，并为投资国的长期经济增长做出贡献。逆向技术溢出是由于对外投资流向东道国的人力资本、研发投入等要素通过各种渠道（包括设立研发机构、跨国并购和技术合作等形式）导致技术扩散，促进了全要素生产率的增长。逆向技术溢出效应主要包括海外研发溢出机制、经营成果反馈机制、内部整合机制、研发费用分摊机制 4 种作用机理。

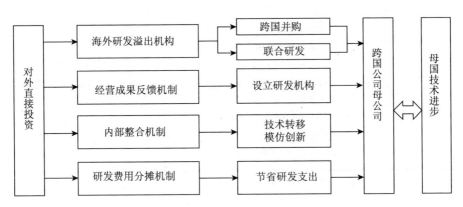

图 2-46　对外直接投资逆向技术溢出效应作用机理图

1. 海外研发溢出机制的影响

（1）作用机理

海外研发溢出机制是指投资母国通过对行业领先企业、技术密集度高的国家（地区）的直接投资，获得逆向的技术溢出，从而促进母国的技术进步。这种机制发挥作用主要是通过跨国并购、与东道国企业联合研发等形式来实现的。通过并购直接获得先进技术，相当于使外部技术内部化，不但可以降低研发成本，而且可以使企业直接获得被并购企业的研发资源，并将其运用到母公司的研发中，可以在短时间内提高企业的自主研发与创新能力。

（2）案例分析——中国化工并购先正达

中国化工自 2006 年以来，先后收购了法、英、德、意、以色列等国 9 家行业领先企业，2017 年 6 月，中国化工完成对瑞士先正达 94.7% 股份的收购，收购价格 430 亿美金，溢价约 20%。中国化工并购先正达也成为中国史上最大的海外并购案。

表 2-8　瑞士先正达公司基本情况

项目	内容
经营规模	世界 500 强第 234 位，员工 2.5 万，遍布 90 个国家，2016 年销售额 128 亿美元（下滑 4.7%）
行业地位	全球农化和种子行业龙头企业，综合实力名列行业第三，农药和种子的市场占有率分别为 20% 和 6%
经营范围	为食物生产、供应和加工的各环节提供更加卓越、安全和环保的创新解决方案
专利数量	生物育种方面拥有技术垄断优势和特别专利，农作物种子产权保护 615 个，专利 13,000 多项

表 2-9 收购资金主要来源

资金来源	金额（亿美元）	提供资金的机构
自有资金	50	子公司中国化工农化公司出资
银团授信	190	包括中信银行、兴业银行、浦发银行及 6 家外国银行
永续债	180	中国银行 100 亿美金，兴业银行 10 亿美金，国新控股 70 亿美金
优先股	20	Morgan Stanley 提供，2020 年到期、利率为 5%
合计	440	包括部分并购后的运营资金需求

中国化工并购先正达可以带来四个方面的积极影响。一是形成中美欧"三足鼎立"局面，中国化工企业跻身全球农化行业第一梯队；二是通过国际并购，中国化工获得了先正达的 600 项种子资源及 13,000 项技术专利，使其在世界领先的农化及种子技术领域拥有了大量的自主知识产权，尤其是解决了蛋氨酸、有机硅深加工等核心技术；三是中国目前的耕地只有约 10% 是有效率的，中国化工的并购为中国寻求确保未来的粮食补给带来了机遇；四是中国化工获得了具有全球竞争力的知名品牌以及全球营销网络，同时还获得了相关产品全球市场，尤其是西方发达国家的市场份额。

2. 经营成果反馈机制的影响

（1）作用机理

经营成果反馈机制是指跨国公司的海外子公司，即跨国公司的海外研发机构，通过充分利用当地的自然禀赋，并加强与当地科研院所的合作，充分把握行业的技术前沿，调整子公司的研发方向，并将研发成果迅速向国内转化、继而投入生产使用环节。

（2）案例分析——华为公司设立海外研发中心

从逆向技术溢出的经营成果反馈机制来看，华为公司是通过在海外设立研发机构并将研究成果向国内母公司转化进而获取先进技术溢出的典型案例。

目前，华为在国外已经建立了 16 个研究所，分布在美、英、德、法、俄等国家。早在 1999 年，它就已经在俄罗斯设立了数学研究所，吸引顶尖

的俄罗斯数学家来参与华为的基础性研发。进入 21 世纪后,华为设立海外
分支机构、吸引人才的力度进一步增大。设置在德国慕尼黑的研究所目前
已拥有将近 400 名专家,研发团队本地化率近 80%。2016 年,华为在这方
面新交出的"成绩单"包括 5 月份新设立迪拜研究中心(满足中东和北非
地区业务的需要),以及 6 月份在法国新设立的数学研究中心。后者是华
为继俄罗斯研究所之后,在加强基础科学研究方面的又一重要举措。通过
与当地研究机构的紧密合作,可以挖掘法国的基础数学资源,为华为在 5G
等领域的基础算法研究进一步打下扎实的基础。

研发全球化是市场资源和人才资源共同作用的结果,以华为欧洲研究
所为例,通过把研究机构靠近德国电信、法国电信、沃达丰等运营商客
户,可以充分了解其需求并开展联合创新,从而打造真正具有市场竞争力
的产品。同时,也可以充分配置当地的人才资源,利用欧洲的研发人才来
开展这方面的研究。

3. 内部整合机制的影响

(1)作用机理

内部整合机制是指跨国公司希望通过并购的方式获取海外公司的控制
权进而获取其核心技术,但是由于可能会受到股权收购协议以及东道国相
关的法律政策的保护等措施的制约,所以只能在完成收购后通过企业内部
部门的一系列整合而形成对先进技术的消化吸收,进而形成自身的研发体
系。在股权收购协议的框架下,跨国公司母公司与其并购的海外子公司通
过内部整合机制成功实现了技术转移、模仿与创新,促进了母公司的技术
进步。

(2)案例分析——万向集团并购内部整合技术

万向集团是通过内部整合机制实现逆向技术溢出并促进母公司技术进
步的典型案例。其通过收购 Rockford、PS、UAI 等技术领先企业,通过内
部整合的方式完成对先进技术的消化吸收,形成了一套符合企业发展战略
的研发体系与团队。

通过跨国并购,万向从一家替国外厂家 OEM 的中国制造型企业转变
为一家具有国际影响力的跨国公司。它的并购面从欧洲延伸到美洲,涉及

到全球在该领域最为杰出的公司和很多大公司的一级供应商。逆向技术溢出是并购的重中之重，万向所并购的企业在专利技术等方面具有很强的实力，例如舍勒是全球拥有万向节技术专利最多的企业、洛克福特是翼形万向节传动轴的发明者和全球最大的一级供应商。通过并购，万向不仅拥有大量的产品专利、先进的检测技术中心，还拥有了一支非常优秀的研发队伍，然后以模仿和逆向工程将这些技术溢出到国内，即可实现国内母公司的技术升级。

4. 研发费用分摊机制的影响

（1）作用机理

研发费用分摊机制是指跨国公司的母公司通过对外投资的形式使得其与东道国企业共同分摊研发费用，而母公司不用承担所有的研发支出，从而使母公司节省部分研发费用用于其核心项目的费用支出的一种作用机制。

从理论上来讲，研发费用分摊机制的实现途径主要有以下两种方式：一是利用投资国企业的资源禀赋分摊部分研发费用，从而降低跨国公司母公司的研发成本；二是利用更广阔的市场以及更大的销售量来降低单位产品的研发费用，从而降低母公司的研发成本。研发费用分摊机制主要是通过投资于广大的发展中国家，投资于这些国家扩大了产品的销售市场，从而有助于分摊研发费用。

（2）案例分析

中国企业在对外直接投资中，比较重视在市场经济发达国家建立联合实验室来分担研发费用，如海尔与美国 DOW、MO-TOROLA 和巴西的 EMBER-ACO 等著名跨国公司组建技术联盟。华为与 Texas Instruments、Motorola、IBM、Intel、Agere Systems、Sun Microsystems、Altera、Qualcomm、Infineon 和 Microsoft，成立了联合研发实验室。海尔、华为等公司通过与东道国组建技术联盟或联合实验室，研发投入由双方共同承担，同时也能做到优势互补，资源合理配置，减轻单一企业集团的研发负担。

五、对产业结构的影响

对外投资对国内产业结构调整的影响主要体现在通过发挥资源补缺、传统产业转移、新兴产业促长等方面的效应而带动的国内产业结构的调整和升级。

1. 资源补缺效应

（1）传导机制

当国内获取资源成本太高或者根本不能获取，而通过进口贸易又受到国际供求关系和市场价格的影响时，则对外投资就成为获取这些资源以克服本国自然禀赋不足，支持国内产业结构调整的重要途径。当以对外投资为依托，获取必需的资源，使国内产业逐步由厚、重、粗、大型向轻、薄、短、小型转变后，国内经济的发展减少了对自然资源的依赖，产业结构调整就回避了自身资源的缺陷，而能发挥技术、管理知识等软性资源优势，资源瓶颈逐步消失，产业结构则能在投入资源更新变化的基础上，进一步向高级化方向发展，形成经济发展与产业结构调整互动的良性循环。

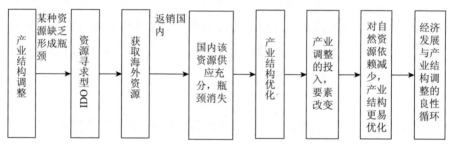

图2-47 资源补缺效应的传导机制

（2）案例分析

以纺织服装为例，2010—2016年，国际主要棉花价格普遍低于国内价格水平，最高价格差达30%。为平抑原料价格，中国企业积极投资海外农场降低原材料获取价格，并在东南亚设立棉纺厂，获取价格较低的棉纱等中间产品。与此同时，纺纱环节的对外投资一定程度上也带动了行业的技术升级，提升了创意设计水平和品牌价值，对于纺织服装行业的影响具有积极的促进作用。

2. 传统产业转移效应

（1）传导机制

产业结构的调整和升级，必然伴随新兴产业的兴起和传统产业的逐步衰退，生产要素要从传统产业转移到新兴产业中，这其实是一个要素重新组合的过程。如果生产要素不能及时从传统产业中转移出来，势必使人、财、物不能转移到新兴行业中，削弱了产业升级的物质和技术基础，延缓产业升级的速度。但是，各国出于不同的原因，传统产业的退出都会遇到退出壁垒。这些退出壁垒最主要来自生产设备及人力资本的专用性和沉没成本，另外还有政策和法律的原因。在产业退出壁垒一时难以消除从而阻碍本国产业结构调整的情况下，通过对外投资的方式，向海外转移尚可利用的传统产业生产能力，使传统产业在一国市场顺利退出而不至于造成大的社会和经济上的负面影响，则既能释放出沉淀生产要素用于支持新兴产业的发展，又能获取高于国内的海外投资收益，极大地促进本国产业结构的升级。

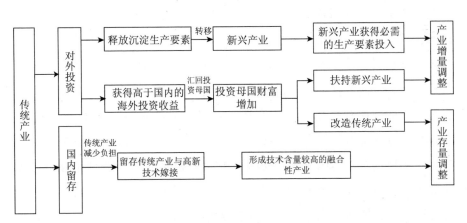

图2-48 传统产业转移效应的传导机制

（2）案例分析

以钢铁行业为例，钢铁行业的对外投资主要通过三种方式优化国内产业结构。一是转移过剩产能、腾出产业用地。按照2016年钢铁产能、产能利用率和产能利用率预期指标计算，2016 年我国过剩产能为 1.8 亿吨，向海外投资使转移企业得到新的发展机会。钢铁产能对外投资所腾出的产业用地，一方面企业通过积极引进先进技术水平，可生产各种高规格、附加值大的管线用钢、耐候钢、汽车用钢等系列产品；另一方面，企业通过调整产业用地结构，利用钢铁厂遗址积极打造文化创意产业园，创造出新的盈利模式。二是带动上游设备及工程承包出口、促进技术升级。钢铁产业对外投资，有力地推动了成套设备出口、规划设计、工程承包。以产能 1060 万吨的越南河静钢铁厂建设项目为例，该项目由中冶集团承担了从工程总体规划设计、总体咨询服务，到主要设备供货、主要工程施工，以及调试和维保工作。共实现 33.5 亿美元的出口额，其中设备、钢结构等货物贸易 24.5 亿美元，工程咨询、设计、项目管理等服务贸易 9 亿美元。

3. 新兴产业促长效应

（1）传导机制

新兴产业的成长是与国内生产要素的充足供应、有效的市场需求和必要的技术依托等因素分不开的，而对外直接投资，尤其是对发达国家技术寻求型的投资，是促进新兴产业良性成长的极为有效的途径。一是通过对外投资，转移国内的部分传统产业，使一部分生产要素转移到新兴产业中，从而为新兴产业的发展腾出更大的空间，新兴产业因而拥有更为丰富的物质和技术基础，有利于自身的成长和国际竞争力的提高。二是技术寻求型对外投资使得投资国企业在技术、管理知识等方面能更直接、快捷地与发达国家进行交融、沟通和相互反馈（特别是在打破技术先进国对技术的垄断和封锁方面有更为现实的意义），再通过有效的传递机制，迅速传递到母国内，能极大提高国内技术研发能力和管理水平，加快产业升级的步伐。三是通过对发达国家的直接投资，引进外国的消费理念和消费模式，在一定程度上引导国内消费者对高新技术产品的需求，通过强烈的国内有效需求支持新兴产业的发展。

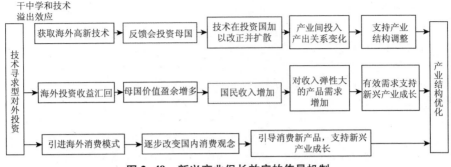

图 2-49 新兴产业促长效应的传导机制

（2）案例分析

进入 21 世纪以来，中国机器人市场增长迅猛，中国机器人保有量呈现指数级增长态势，并由 2001 年的 0.16 万台增长至 2014 年的 18.94 万台，年均增速达 40.6%，表明中国机器人市场需求快速增长。从世界机器人使用率来看，2016 年中国机器人密度为 49 台/万人，远低于发达国家水平，也低于全球 69 台/万人的平均水平，市场潜力巨大。

从国内市场份额来看，目前，国外机器人企业占据了我国机器人市场 85% 的市场份额，仅那科、安川、库卡和 ABB 四家公司就抢占了我国约 65% 的市场份额。由于缺乏关键核心技术，国内机器人产业大部分处在做系统集成的阶段，毛利率仅约 10%。

从中国机器人进出口结构来看，中国机器人进出口逆差明显，且高度依赖进口。2006—2016 年，中国工业机器人进口数量由 1.02 万台增长至 5.22 万台，年均增速达 17.7%，中国工业机器人进口金额由 3.29 亿美元增长至 8.78 亿美元，年均增速达 10.3%。从进出口产品结构来看，中国工业机器人进口金额为 1.63 万美元/台，中国工业机器人出口金额为 0.5 万美元/台，可以看出，中国主要进口高端产品，出口低端产品。

2015 年以来，中国机器人行业加大对外投资力度，对全球行业领先企业进行并购投资。2016 年，中国机器人行业跨境并购金额达 89.3 亿元。2017 年，美的以 60% 的溢价比率收购德国库卡 90% 以上的股份。机器人行业的加速对外投资，有利于打破技术垄断，促进机器人行业跨越式发展，推动智能制造。

第 6 节

中国对"一带一路"沿线国家投资

改革开放 30 多年来，中国已经走过了利用外资解决外汇与资本"双缺口"问题的发展阶段。近年来，随着贸易顺差、资本项下顺差双顺差的出现，以及储蓄总额超过资本形成总额，已经形成了双盈余。可以说，中国利用外资阶段和目标已经发生了重大转变，国家战略正在加快进行从"引进来"到"走出去"的重大转折。

全球产业转移背景下，预计未来 10 年，我国对外直接投资总额累计将达到 1.5 万亿美元以上，有望从第三大对外投资国成为世界第二大对外投资国。产能过剩、资源短缺、劳动力成本上涨等因素约束，迫切要求企业进一步开拓国际市场，转换经济结构，转移优质过剩产能。

"一带一路"作为中国首倡、高层推动的国家战略，对我国现代化建设和屹立于世界的领导地位具有深远的战略意义，也为企业"走出去"开展对外投资与经贸合作指明了方向。

"一带"突出向西开放，重点是中亚 5 国和俄罗斯，东北经中亚、俄罗斯至欧洲，西北经西亚至地中海，西南经东南亚至印度洋。新亚欧大陆桥、中伊土、中巴、孟中印缅、中新、中蒙俄这 6 个经济走廊构成了一带的骨架。

"一路"则突出建立海洋强国，重点是东南亚国家、非洲大陆，沿海经南海到印度洋、延伸至欧洲,沿海过南海、经印尼到达南太平洋,从日韩经白令海峡延伸到俄远东国家。西哈努克、雅加达、比通、新加坡、皎漂、瓜达尔、关丹、吉大、索纳迪亚、汉班托塔、科伦坡、亚丁、吉达、塞得作为重要的海外战略支点,构成了一路的骨架。

其中,新亚欧大陆桥经济走廊依托新亚欧大陆桥自我国江苏和山东沿海,经哈萨克斯坦、俄罗斯,抵达波罗的海沿岸。主要节点城市包括连云港、青岛、日照、郑州、西安、兰州、西宁、银川、乌鲁木齐,以及阿斯塔纳、莫斯科等。

中伊土经济走廊,自我国新疆乌鲁木齐,经哈萨克斯坦、吉尔吉斯斯坦、塔吉克斯坦、乌兹别克斯坦、土库曼斯坦、伊朗、土耳其,抵达波斯湾、地中海沿岸。

中巴经济走廊自我国新疆喀什,经巴控克什米尔地区,纵贯巴基斯坦,抵达瓜达尔港,连通印度洋。主要节点城市包括喀什、阿克苏,以及伊斯兰堡、拉合尔、卡拉奇等。

孟中印缅经济走廊自我国云南昆明,经缅甸、孟加拉国、印度,抵达孟加拉湾沿岸,连通印度洋。主要节点城市包括昆明,以及密支那、曼德勒、达卡、加尔各答等。

表 2-10 "一带一路"沿线国家主导产业

国别	地区主导产业	重点合作产业
泰国	农业、渔业、橡胶制造业、旅游业	光伏、医药、装备制造、旅游业、金融业、物流业
菲律宾	农业、旅游业、渔业	纺织、水稻种植、远洋渔业
柬埔寨	农业、旅游业	纺织、水稻、育种
老挝	农业、旅游业	矿场资源深加工、农业种植基地
马来西亚	制造业、农业、旅游业、天然橡胶产品	精密仪器制造、橡胶种植、文化旅游业、金融业、物流业
缅甸	农业、林业	石化、家电、矿产资源加工
文莱	石油天然气业	石化、矿产资源加工

续表

国别	地区主导产业	重点合作产业
新加坡	服务业、石化、航运、物流、旅游业、高科技	物流业、金融业、高端新型电子、医疗设备、新材料、节能环保、海洋工程装备、金融、物流、信息服务
印度尼西亚	制造业、旅游业、农业	造纸、汽车、家具、家电、矿资源加工、橡胶种植、远洋渔业
越南	石化、农业、旅游业	医药、育种、渔业、旅游

中新经济走廊自我国云南昆明和广西南宁，分别经老挝、越南、柬埔寨，连通泰国、马来西亚，抵达新加坡。主要节点城市包括昆明、南宁，以及万象、河内、金边、曼谷、吉隆坡、新加坡等。

中蒙俄经济走廊自我国天津、大连，经蒙古国、俄罗斯，抵达波罗的海沿岸。主要节点城市包括北京、天津、大连、沈阳、长春、哈尔滨，以及乌兰巴托、伊尔库茨克、叶卡捷琳堡、莫斯科、圣彼得堡等。

通过对基础设施互联互通、经贸合作、投资合作、能源资源合作、金融合作、人文交流合作、生态环境合作、海上合作这八个重点合作领域进行直接投资，中国企业能够转移过剩产能，进一步扩大市场规模，实现产业优势互补。

2006年以来，境外园区建设发展稳步推进，随着"一带一路"倡议的实施，中国企业在"一带一路"沿线国家广泛布局，境外园区建设运行顺畅，为我国"走出去"企业搭建了良好的海外运作平台，也为相关东道国的社会经济发展做出了贡献。

一、数量分布

具有境外经贸合作性质的69个园区项目分布在33个国家，其中在"一带一路"沿线国家建设的项目有48个，分布在18个国家。

通过确认考核的13个国家级境外经贸合作区分布在越南、泰国、柬埔寨、巴基斯坦、赞比亚、埃及、尼日利亚、埃塞俄比亚、俄罗斯、匈牙利等 10 个国家，其中在"一带一路"沿线国家建设的项目有 10 个。

表 2-11 13 个国家级境外经贸合作区

序号	合作区名称	所在地区/国家
1	泰中罗勇工业园	东南亚/泰国
2	柬埔寨西哈努克港经济特区	东南亚/柬埔寨
3	越南龙江工业园	东南亚/越南
4	巴基斯坦海尔-鲁巴经济区	西亚/巴基斯坦
5	赞比亚中国经济贸易合作区	非洲/赞比亚
6	埃及苏伊士经贸合作区	非洲/埃及
7	尼日利亚莱基自由贸易区	非洲/尼日利亚
8	埃塞俄比亚东方工业园	非洲/埃塞俄比亚
9	俄罗斯乌苏里斯克经济贸易合作区	东欧/俄罗斯
10	中俄托木斯克木材工贸合作区	东欧/俄罗斯
11	俄罗斯龙跃林业经济贸易合作区	东欧/俄罗斯
12	中俄（滨海边疆区）现代农业产业合作区	东欧/俄罗斯
13	匈牙利中欧商贸物流合作园区	东欧/匈牙利

二、形态类别

根据商务部、财政部颁布的《境外经济贸易合作区确认考核和年度考核管理办法》［商合发（2013）210 号］，国家重点支持的合作区有加工制造、资源利用、农业产业和商贸物流四种类型。

加工制造型园区：以轻工、纺织、机械、电子、化工、建材为主导产业；

资源利用型园区：以矿产、森林、油气等资源开发、加工和综合利用等为主导；

农业产业型园区：以谷物和经济作物等的开发、加工、收购、仓储等为主导的农业产业型园区；

商贸物流型园区：以商品展示、运输、仓储、集散、配送、信息处理、流通加工等为主导。

表 2-12　境外经贸合作区主导产业

类型	合作区名称	主导产业
加工制造型	泰中罗勇工业园	汽车、摩托车配件产业链、新能源新材料、机械电子等
	柬埔寨西哈努克港经济特区	轻纺服装、机械电子、高新技术等
	越南龙江工业园	电子、机械、轻工、建材、生物制药、橡胶、人造纤维等
	巴基斯坦海尔-鲁巴经济区	轻工建材、加工制造
	埃及苏伊士经贸合作区	新型建材、石油装备、高低压电器
	尼日利亚莱基自由贸易区	加工制造、商贸物流、石油仓储
	埃塞俄比亚东方工业园	轻工业
	俄罗斯乌苏里斯克经济贸易合作区	轻工、家电、木材加工
资源利用型	赞比亚中国经济贸易合作区	铜钴开采、冶炼和加工利用（谦比希分区）
	中俄托木斯克木材工贸合作区	林地抚育采伐、木材加工、商贸物流
	俄罗斯龙跃林业经济贸易合作区	木材采伐、初加工和精深加工
农业产业型	中俄（滨海边疆区）现代农业产业合作区	农产品生产加工、仓储物流、农业生产配套
商贸物流性	匈牙利中欧商贸物流合作园区	商贸、物流

三、总体情况

从带有境外经贸合作性质的园区项目来看，截至 2015 年 9 月底，69 个合作区建区企业累计完成投资 67.6 亿美元，其中基础设施投资 34.2 亿美元，实际平整土地 376.6 平方公里。入区企业 1088 家，其中中资控股企业 688 家，累计实际投资 99.2 亿美元。合作区累计总产值 402.1 亿美元，缴纳东道国税费 12.9 亿美元，解决当地就业 14.9 万人。

从国家级境外经贸合作区来看，13 个合作区累计投资 59.3 亿美元，其中，建区企业累计投资 17.5 亿美元；入区企业 361 家（其中中资企业 295 家），累计投资 41.8 亿美元；建区企业和入区企业总产值 190.3 亿美元，上缴东道国税费 7.7 亿美元，为当地创造就业岗位 3.97 万个，并已在境外形成了一定产能：年产铜精矿及制品 212 万吨、水泥 46.7 万吨、钢材 40 万吨、木地板 80 万平方米、成衣 1712 万件、各类鞋 2116.8 万双、各类家电 62 万台、汽配产品 1060.5 万件等。

·第三章·　企业"走出去"与
　　　　　国际产能合作

Chinese Enterprises "Going Out" under OBOR

第 1 节
企业"走出去"的概念及内涵

一、企业"走出去"的概念

从微观层面来讲,"走出去"是企业的国际化经营战略。当前对于企业国际化经营的概念界定,国内外还未形成一致意见。综合国内外学者的观点,本书认为,企业"走出去"进行国际化经营主要是指企业利用自身优势走向国际市场、利用国外资源开展跨国经营,获取发展条件和持续竞争优势的企业跨国经营活动。

企业"走出去"进行国际化经营是一个动态的、不断变化的过程。

从地域范围看,企业"走出去"进行国际化经营的行为具有从本国—邻近异国(地区)—多国(地区)—全球的发展趋势,企业的市场空间越来越大。

从经营方式看,企业"走出去"进行国际化经营的行为具有从"三来一补"—代理营销、贴牌生产—海外自建营销体系、生产体系和研发体系—跨国并购—合作研发与生产的方向演进,企业跨国经营的自主性越来越强。

从经营层次看,企业"走出去"进行国际化经营的行为具有从营销体系国际化—生产体系国际化—研发体系国际化方向演变的趋势,企业产品的附加值越来越高。

二、企业"走出去"的内涵

企业"走出去"进行国际化经营实质上是企业的经营视野、经营范围、管理水平乃至发展战略理念,真正摆脱了国内市场的局限而跨越国界的渐进发展过程。因此,根据企业跨国经营地域范围、经营方式和经营层次的演化特征,可以发现国际化经营往往率先从无自主品牌出口开始,然后依次经历自主品牌国际营销、跨国直接投资和全球化经营四个阶段。

无品牌国际营销阶段主要包括"三来一补"、无品牌销售两种形式,其特点是企业没有独立自主的品牌,或没有依靠自己的品牌进行国际化营销。

自主品牌国际营销阶段主要包括代理销售或自建营销体系两种形式,其特点是企业不仅生产产品,而且要依靠自主品牌进行国际化经营。

跨国直接投资阶段不再仅仅局限于营销体系的国际化,而是逐渐通过跨国投资自建、共建、并购、参股、委托加工等形式实现了生产和研发的国际化。

全球化经营阶段特点是企业开始将国外子公司在当地从事的经营活动作为其整体价值链的组成部分来看待,根据企业的整体利益重新安排公司在世界各地的职能,将产品研发、生产和销售进行全球一体化布局。

图 3-1 企业"走出去"的四个阶段

第 2 节

国际产能合作的开展基础

一、国际产能合作背景

国际产能合作,即产业与投资合作,就是在一国发展建设过程中,根据需要引入别国有竞争力的装备和生产线、先进技术、管理经验等,充分发挥各方比较优势,推动基础设施共建与产业结构升级相结合,提升工业化和现代化水平。

从深层次的内涵来说,我国开展国际产能合作的核心是"合作",不是简单地把产品卖到国外,而是发挥相关国家的比较优势,将产业整体输出到不同的国家去,帮助这些国家建立更加完整的工业体系、制造能力,核心在于通过国际产能合作把产品的贸易、产品的输出推进到一个产业的输出和能力的输出上来。

2014 年底,国务院总理李克强在访问哈萨克斯坦期间,与哈方总理围绕"中哈产能合作框架协议"达成初步共识,并就基础设施、住房等 10 多个领域签订了一份价值 180 亿美元的产能合作大单。"中哈产能合作框架协议"催生了国际间一种包容性的全新的合作模式,成为我国"国际产能合作"的起点。此后,国际产能合作作为中国总理务实外交的"新名片",从中亚区域扩展到南美,以及法国、英国等发达国家,在世界各地落地生根。

2015 年 5 月，国务院发布了《关于推进国际产能和装备制造合作的指导意见》，阐述了开展国际产能合作对于当前中国经济和产业发展的重要意义，明确了主要目标及实施策略，国际产能合作正式上升为国家战略。

从国家战略的层面来说，开展国际产能合作，是实现中国经济提质增效升级的重要举措，有利于培育对外开放新优势，推动形成优进优出开放型经济新格局，使中国经济与世界经济在更高层次上深度融合。

从政治外交的层面来说，开展国际产能合作，帮助发展中国家构建更加完善的工业体系、增强制造能力，增加当地就业和税收，实现合作共赢，有利于巩固我国与相关国家的友好关系、促进双边合作。

从企业发展的层面来说，开展国际产能合作，积极主动适应国际投资贸易规则，面向全球主动配置资源，有利于提高企业的跨国经营水平与市场把控能力，有效提高企业的核心竞争力。

总体而言，不论是在宏观上支撑国家"走出去"战略的实施，还是微观上提高我国企业的跨国经营能力，开展国际产能合作均具有相当的现实意义。

二、产能合作需求旺盛

许多发展中国家尤其是"一带一路"沿线国家人口众多、国土面积广阔，能源资源丰富，正处于城镇化和工业化进程中的初期阶段，经济发展面临着资本短缺、外汇不足、技术缺乏、投资环境落后、发展路径不明等一系列瓶颈制约，与我国 80 年代改革开放之初所面临的困境较为相似，当前急需寻找到一条摆脱贫困、实现工业化和现代化的发展道路。大多数"一带一路"沿线国家和地区与中国存在着发展阶段落差和产业互补性，为中国开展国际产能合作提供了发展空间。

专栏 1 "一带一路"沿线国家城市化进程和工业化进程情况

（一）城市化进程

美国地理学家诺瑟姆于 1979 年提出各国城市化过程的轨迹为 S 形曲线的理论，并将其分为三个阶段：城市化水平较低，发展速度较慢的起步阶段。人口向城市迅速集聚的加速阶段。进入高度城市化以后城市人口比重的增长又趋于缓慢甚至停滞的成熟阶段。从人口城市化率分布情况来看，"一带一路"沿线国家多处于城市化起步阶段，按照城市化进程的一般规律，这些国家将进入城市化加速阶段，农村人口将大量涌入城市，城市的用地规模不断增加，劳动力也逐步从第一产业向第二、三产业转移。

（二）工业化进程

根据美国经济学家钱纳里关于工业化发展阶段的划分理论，各国的工业化进程一般可划分为三个阶段：前工业化阶段、工业化实现阶段和后工业化阶段。

三、产能合作主要区域

在政府的支持和促进下，中国企业对外投资合作快速发展。中国对外投资体制的改革，以及商务部出台的《境外投资管理办法》（2014 年）和国家发展改革委员会的《境外投资项目核准和备案管理办法》（2014 年）等，极大地便利了中国企业的对外投资合作。2015 年 5 月，国务院发布了《关于推进国际产能和装备制造合作的指导意见》，正式将国际产能合作提升至国家战略。可以预见，中国企业推进国际产能合作的领域将进一步拓宽、合作步伐将进一步加快。

另一方面，中国政府倡议共同建设"一带一路"，为中国企业提供了更多的国际产能合作机遇。2015 年 3 月，国家发改委、外交部、商务部联合发布《推动共建丝绸之路经济带和 21 世纪海上丝绸之路的愿景与行动》，进一步有力支持企业进行国际产能合作。"一带一路"、南南合作等重大举措为开展国际产能合作提供了坚实基础和更广阔的发展空间。

表 3-1　中国国际产能合作开展一览

时间	地区	要点	详细内容
2015 年 6 月	欧洲	国务院总理李克强访问欧洲，签署总额近 700 亿美元的 70 余项合作协议及合同，"超级推销"中国装备产能	在法国签署近 50 项协议，总金额近 500 亿美元
			在比利时签下近 200 亿美元合作协议
2015 年 5 月	拉美	李克强总理访问拉美，提出产能合作"33"模式，成立 300 亿美元中拉产能合作基金，与拉美四国均签署产能与投资合作谅解备忘录，并签署 70 余项合作文件	与巴西签署双边产能领域 35 项合作文件
			与哥伦比亚签署双边产能领域 12 项合作文件
			与秘鲁签署双边产能领域 10 项合作文件
			智利成为拉美第一个获得 500 亿元人民币 RQFII 额度的国家
2015 年 5 月	俄罗斯	国家主席习近平访问俄罗斯，中俄签署加强产能与投资合作的谅解备忘录	推动基础设施、装备制造、建材、矿业、石油化工、汽车、农业等领域的投资与产能合作
2015 年 3 月	亚洲	哈萨克斯坦总理马西莫夫访华，与李克强总理共同见证中哈加强产能与投资合作备忘录的签署	两国签署开展钢铁、有色金属、平板玻璃、炼油、水电、汽车等广泛领域产能合作的 33 份文件，项目总金额达到 236 亿美元
		印度尼西亚总统佐科访华，双方同意深化基础设施与产能合作	鼓励中国、印尼企业在铁路、公路、港口、码头、机场等基础设施领域，在电力、光伏、钢铁、有色金属、造船、建材等产能领域开展交流与合作

时间	地区	要点	详细内容
2015 年 3 月	亚洲	印度尼西亚总统佐科访华,双方同意深化基础设施与产能合作	同意就比通经济特区等项目保持密切沟通,深入探讨具体合作设想和方式
			签署《中印尼基础设施与产能合作谅解备忘录》和《中印尼雅加达—万隆高铁合作谅解备忘录》
2014 年以来	亚非	中国在一些国家开展国际产能合作试点,在哈萨克斯坦、印度尼西亚、埃塞俄比亚三国推进最快	—

四、产能合作主要领域

新中国成立尤其是改革开放以来,制造业持续快速发展,建成了门类齐全、独立完整的产业体系,有力推动工业化和现代化进程,显著增强综合国力,支撑我世界大国地位。中国产品的市场适用性强、生产工艺传授性好、产业门类广泛、产业链条齐全、生产制造经验丰富等,能够满足国内外市场多种层次的需求。

中国以拥有 39 个工业大类、191 个中类、525 个小类,成为全世界唯一拥有联合国产业分类中全部工业门类的国家。2014 年,中国装备制造业产值规模超过 20 万亿元,出口额达 2.1 万亿元人民币,占全球比重 1/3,稳居世界首位。中国 220 余种工业产品产量位居世界第一,其中既有钢铁、水泥、平板玻璃、工程机械、电解铝、家用电器、纺织等传统产业产品,也有多晶硅、光伏电池、风能设备等新兴产业产品。这些不仅能够有力支持中国对外开展铁路、公路、航空、电信、电网和能源管道等领域互联互通战略的需要,在对外产能合作中还可以延长产业链和价值链,发挥产业前后向联系效应。

表 3-2 GB2011 制造业细分大类与 ISIC/Rev4 细分大类比较

GB/T 4754-2011		ISIC/Rev4	
大类序列	大类名称	大类序列	大类名称
13	农副食品加工业	10	食品制造
14	食品制造业	11	饮料制造
15	酒、饮料和精制茶制造业	12	烟草制品制造
16	烟草制品业	13	纺织品制造
17	纺织业	14	服装制造
18	纺织服装、服饰业	15	皮革和相关产品制造
19	皮革、毛皮、羽毛及其制品和制鞋业	16	木材、木材制品及软木制品的制造（家具除外）、草编制品及编织材料物品制造
20	木材加工和木、竹、藤、棕、草制品业	17	纸和纸制品制造
21	家具制造业	18	记录媒介物的印刷及复制
22	造纸和纸制品业	19	焦炭和精炼石油产品制造
23	印刷和记录媒介复制业	20	化学品及化学制品制造
24	文教、工美、体育和娱乐用品制造业	21	基本医药产品和医药制剂制造
25	石油化工、炼焦和核燃料加工业	22	橡胶和塑料制品制造
26	化学原料和化学制品制造业	23	其他非金属矿物制品制造
27	医药制造业	24	基本金属制造
28	化学纤维制造业	25	机械设备除外的金属制品制造
29	橡胶和塑料制品业	26	计算机、电子产品和光学产品制造
30	非金属矿物制品业	27	电力设备制造
31	黑色金属冶炼和压延加工业	28	未另分类的机械和设备制造
32	有色金属冶炼和压延加工业	29	汽车、挂车和半挂车制造
33	金属制品业	30	其他运输设备制造
34	通用设备制造业	31	家具制造
35	专用设备制造业	32	其他制造业
36	汽车制造业	33	机械和设备的修理和安装

续表

GB/T 4754-2011		ISIC/Rev4	
大类序列	大类名称	大类序列	大类名称
37	铁路、船舶、航空航天和其他运输设备制造业		
38	电气机械和器材制造业		
39	计算机、通信和其他电子设备制造业		
40	仪器仪表制造业		
41	其他制造业		
42	废弃资源综合利用业		
43	金属制品、机械和设备修理业		

专栏2 我国三类制造业具有明显国际竞争优势

我国制造业门类齐全、链条长，增加值占全球23%，是制造业第一大国。以轻工、家电、纺织服装为主的传统优势产业，以电力设备、工程机械、通信设备、高铁和轨道交通为主的装备制造优势产业，以钢铁、电解铝、水泥、平板玻璃为主的产能过剩优势产业，在规模、技术、人才等方面，具有明显国际竞争力。

（一）传统优势产业

一是轻工，轻工业规模大、产业链完整、生产配套能力强，在国际市场上有较强竞争优势。家具、鞋类、珠宝首饰、塑料制品、箱包、玩具等占全国出口总额10%。二是家电，我国已成为全球家电生产、消费和出口大国，技术水平基本与发达国家同步，核心零件与外观设计均达世界先进水平。家电产量占世界比重70%，出口占25%。三是纺织服装，我国是世界上最大的纺织服装生产和出口国。纺织服装占全国出口总额13%。近年纺织服装企业面临劳动力成本上升、国内外棉花差价大等问题。

（二）装备制造优势产业

一是电力设备，我国电力设备制造产业体系完善，火电、水电、风电等部分产品达到世界领先水平，连续十多年居世界首位。二是工程机械，工程机械生产规模全球第一，产销量占全球近一半。中联重科、三一重工、徐工集团已成为国际知名企业。三是通信设备，通信设备制造业规模优势明显，程控交换机、数字程控交换机、移动通信基站设备、电话单机、移动电话产销量均居全球前列。四是高铁、轨道交通，高铁、轨道交通等铁路装备产业集中度较高，中车占据国内95%的市场份额。内燃机车、电力机车、城轨、地铁车辆等出口70多个国家和地区。

（三）产能过剩优势产业

一是钢铁，作为全球第一大钢铁生产和出口国，2014 年我国粗钢产量占全球一半。我国达到国际先进质量水平认定的钢材产品有 500 多个。二是电解铝，产量全球第一，2014 年占全球 52%，产能利用率不足 80%。生产技术已经步入世界先进水平行列，具备技术输出、设备成套出口和项目总承包能力。三是水泥，2014 年我国水泥产量占世界水泥总量近 60%，实际产能利用率不到 70%。该行业集中度与世界大型企业差距缩小，前 10 大水泥集团产量占比已经达到 36%。四是平板玻璃，作为是世界最大的平板玻璃生产、消费和出口国，中低端产能过剩严重，光伏玻璃、节能玻璃和电子显示玻璃等高附加值产品发展慢。五是船舶，我国船舶产量全球第一，产能利用率不到 70%，80% 的船舶供出口，以散货船、集装箱船、油船为主，2014 年占国际市场 20%，仅次于韩国。

第 3 节

国际产能合作的主要挑战

一、国际竞争日趋激烈

高铁、核电等技术、资金密集型产业，既是中国对外产能合作的重点发展领域，也是发达国家的传统"阵地"。以高铁市场为例，目前，全球俨然形成"中日欧"三雄逐鹿局面。在印度高铁公司的全球招标中，中国公司牵头与印度本地企业组成的联合体，经过与德、法等国企业的激烈竞争，于 2015 年 9 月获得授标函，承担新德里至孟买高速铁路的可行性研究工作。为将新干线技术推向海外市场，日本专门成立了国际高铁协会，以减少日企间各自为政的弊端。从印尼的雅万高铁到新马高铁，日本在东南亚展开了强大的高铁推销攻势。

核电是敏感技术，更是出口国和接受国长期合作的项目，各国在抉择时都非常慎重。法国、俄罗斯等核电强国海外经验丰富，都在不遗余力地开拓国际市场，中国核电走出去仍需一个渐进的过程。南非目前电力供应紧张，政府计划建设更多核电站，招标金额高达 800 亿美元，已吸引中国、法国、俄罗斯、美国等多国公司参与。南非能源部长明确表示，竞标成功与否关键还看实力。

二、属地风险影响进程

有的国家区位优势明显、资源丰富、要素成本低、市场潜力大，但国内政治因素复杂，存在诸如分裂势力猖獗、部族矛盾与民族矛盾交织、党派斗争激烈等问题，往往导致政局不稳、安全堪忧。有的国家市场则存在规制薄弱、法律形同虚设、经济政策高度不确定等问题。而基础设施建设是我国对外产能合作的重要内容，相关建设一般投资较大、周期较长，一旦受到上述政治、经济风险因素干扰，往往导致项目停滞或出现其他波折，损害企业的经济利益。2014 年，中国公司曾遭遇中标墨西哥高铁项目又被取消的意外事件，原因是反对党质疑招标时间太短、对参与企业不公平，政府迫于压力不得不临时变卦。中国参与的东南亚国家基建项目大多经历一番曲折，泰国宪法法院 2014 年 3 月判决已获国会通过的基础设施建设项目违宪，中泰两国达成的"大米换高铁"计划随之暂停。

三、政策差异造成障碍

拉美、中亚、东南亚不同地区国家，在产能合作方面的法律、环保理念、劳工保护措施各不相同。比如在工程项目采购方面，一些国家规定关键零部件要遵从本地采购原则，项目技术标准方面要求更多地采用欧美标准。在环境保护方面，实施项目不但要进行环境影响和社会影响评估，向当地社区提交并征求意见，获得各级主管部门的批准，还要受到国际组织的严密监督。而在劳工权益保障方面，有些国家的宪法赋予工人罢工的权利，禁止降薪，对加班设定更为苛刻的条件，解雇员工要付出更高的补偿。这些规定对发挥中国产能优势是一种很大的制约和考验。一些中国企业在调研不充分的情况下仓促出海，忽视相关规定，则会在产能合作过程中出现种种问题延误项目开展，造成企业利益损失，甚至对国家形象造成负面影响。

四、负面舆论造成干扰

一些国家或集团担心中国影响力随着合作项目的实施而增长，会对合作项目设置一些障碍或从舆论上进行"引导",夸大、渲染甚至扭曲合作过程中出现的正常问题。例如,泰国媒体对中泰铁路合作进行了密集追踪报道,夹杂着一些诸如中国提供的贷款利率太高等抱怨,称日本对泰利率(2%以下)低于中方(2.5%~3%)。而真实情况是日元贷款利率表面上低一些,但背后的代价是必须从日本进口设备,昂贵的设备费用加上项目建设和后期维护费,整个项目开支将更加巨大。中国进出口银行提供的是美元贷款,基础利率本身就高于日元贷款利率。少数西方媒体刻意渲染中国投资拉美基础设施,可能带来环境和社会风险。英国《观察家》称,横跨南美大陆的两洋铁路,将大面积穿越亚马孙原始热带雨林,势必威胁到雨林和雨林中生存的原著部落。上述不实报道加深了当地民众对合作项目的误解,使项目承接国政府在决策时不得不有所顾忌。

第 4 节

企业"走出去"产能合作策略

一、贸易组织方式升级策略

改革开放以来，我国紧紧抓住经济全球化、第三轮国际产业转移带来的重要机遇，大力发展加工贸易，主动融入全球产业价值链分工体系，实现了制造业的跨越式发展与升级。近年来，随着原材料、工资和土地成本的增加，中国"三来一补"加工贸易的优势逐渐削弱，加工贸易的组织方式亟须进行深层次转换。而世界其他国家日益严格的贸易壁垒及其与我国贸易摩擦升级，也要求我国改变进入对方市场的贸易方式。

推动加工贸易组织方式由进料加工向带料加工升级，大力开展境外加工贸易，既是新时期我国对外经贸合作的新着力点，也是我国推动开展国际产能合作的重要基础。"带料加工"业务对我国开展国际产能合作将产生两方面的积极作用，一是面向欧美市场发展带料加工业务可以充分吸收并利用对方先进的技术与管理、丰富的资金及资源，发挥自己的比较优势，促进我国产业升级。二是面向发展中国家开展带料加工业务可以充分利用对方廉价的劳动力、原材料等资源要素，带动国内设备、零部件等出口，并进一步推动产业能力的输出。

二、工程承包模式升级策略

随着国际工程承包市场竞争的激烈，国际工程发包方对承包商的综合服务能力要求越来越高。EPC（设计—采购—施工）、PMC（项目管理总承包）等一站式服务的交钥匙工程模式以及 BOT（建设—经营—转让）、PPP（公私合作模式）等带资承包方式成为国际大型工程承包的主流方向。这些承包方式不仅要求承包方承担项目的设计、施工以及运营，还要求承包商承担项目所需融资等服务。

然而，在以往中国企业参与国际基础设施建设过程中，工程承包商普遍缺乏对工程项目全生命周期管理的经验和能力，只重视工程承包项目的开发建设，忽视十分重要的运营和维护环节，工程承包项目建成后往往交由其他国家运营管理。由于建设和运营脱节，大量的工程项目在移交后因为后续的运营和维护不善，不仅没有实现预期的经济和社会效益，反而得到一些负面反馈。

因此，推动国际产能合作升级需要着眼于产业链及输出形式的升级，充分利用资金及技术优势，推动工程承包由工程建设向建营一体化升级。以运营为主体，通过运营需求指导建设，明确建设要以运营为导向、为运营服务，整合并输出中国资金、技术、标准、设计、施工、咨询、运营维护、管理服务为一体的全产业链服务，推动"走出去"由工程承包向实业投资、工程承包、运营管理服务、智力和标准"合力输出"转型，形成综合优势。

表 3-3　国际工程承包模式分类

分类	名称	主要内容
传统施工总承包模式	DBB 模式（设计—招标—建造）	国际上比较通用的一种传统工程承发包模式，强调工程项目的实施必须按照设计—招标—建造的顺序进行，只有一个阶段结束后另一个阶段才能开始。在这种模式下，业主与设计机构签订专业服务合同，设计机构负责提供项目的设计和施工文件，然后业主通过竞争性招标将工程施工任务交给报价和质量都满足要求且最具资质的投标人来完成
交钥匙工程总承包模式	DB 模式（设计—建造）	业主在项目管理阶段邀请一位或者几位有资格的承包商，提出要求或者提供设计大纲，由承包商或会同自己委托的设计咨询公司提出初步设计和成本概算。业主和 DB 承包商密切合作，完成项目的规划、设计、成本控制、进度安排等工作。根据工程项目的不同类型和不同需要，业主也可能委托自己的顾问工程师准备更详细的设计纲要和招标文件，中标的承包商将负责该项目的设计施工
	EPC 模式（设计—采购—施工）	一个总承包商或者承包商联营体与业主签订承揽合同，并按合同约定对整个工程项目的设计、采购、施工、试运行等工作进行承包，实现各阶段工作合力交叉与紧密融合，并对工程的安全、质量、进度、造价全面负责，工程验收合格后向业主移交，业主或业主代表管理工程实施
	PMC 模式（项目管理总承包）	指一国政府或其授权的政府部门通过一定程序并签订特许协议将专属国家的特定的基础设施、公用事业或工业项目的筹资、投资、建设、营运、管理和使用的权利在一定时期内赋予本国或外国居民企业，政府保留该项目、设施以及其相关的自然资源永久所有权；由企业建立项目公司并按照政府与项目公司签订的特许协议投资、开发、建设、营运和管理特许项目，以营运所得清偿项目债务、收回投资、获得利润，在特许权期限届满时将该项目、设施无偿移交给政府

分类	名称	主要内容
融资类承包模式	BT 模式 （建设—移交）	指政府或其授权的单位经过法定程序选择拟建的基础设施或公用事业项目的投资人，并由投资人在工程建设期内组建 BT 项目公司进行投资、融资和建设；在工程竣工建成后按约定进行工程移交并从政府或其授权的单位的支付中收回投资
	BOT 模式 （建设—经营—移交）	—
	BOO 模式 （建设—拥有—经营）	承包商根据政府赋予的特许权，建设并经营某项产业项目，但是并不将此项基础产业项目移交给公共部门
	BOOT 模式 （建设—拥有—经营—转让）	私人合伙或某国际财团融资建设基础产业项目，项目建成后，在规定的期限内拥有所有权并进行经营，期满后将项目移交给政府
	PPP 模式 （公私合营）	适用于基础设施、公用事业和自然资源开发等大中型项目，是一种政府与企业共担风险的经营模式

三、产能合作形式升级策略

完备的工业体系和制造能力成为我国开展国际产能合作的比较优势。中国装备制造业从 2009 年起连续成为全球装备制造业第一大国，总体规模约占全球总量的 1/3，其中中国机床产量占世界的 38%，造船完工量占世界的 41%，发电设备产量占全球 60%；中国高铁运营里程居世界第一；中国在钢铁、有色、建材、电力、铁路、机械等领域都具有较强的装备制造、建设和运营管理能力。

"走出去"升级战略要着眼于全球，不仅同发展中国家直接开展产能合作，将自身优质产能和装备与发展中国家的需求结合起来，降低其采购成本，支持其工业发展，也要同发达国家开展第三方合作，通过合资、合作（如企业合作网络、战略联盟、企业集团）等方式联合起来，购买他们的核心技术、关键零部件和一些节能环保设备，使其扩大海外市场，实现三方共赢。

开展国际产能三方合作，必须提升具有激励兼容、真实信息揭示和资源优化配置特征的机制设计能力，提升调整利益关系和改变交易结构的商业模式创新能力，重视掌控分歧和文化融合，使得国际产能合作切实惠及全球。

表3-4　公司间合作方式

名称	主体	模式
企业合作网络	企业和经济组织间	通过组织间的彼此协调来完成合作，并通过网络来获得资源，使自己有可能克服自身的局限，实现企业的经营目标
战略联盟	包括生产商、科研院所、政府部门、供应商、上下游企业等，还可能包括昔日、甚至目前的对手	战略联盟的主体之间的合作，有时是全面的，但更多的时候是基于某一特定的目的，在某一方面所进行的合作
企业集团	多个法人企业通过一定纽带，具有多个层次的，并允许跨行业、跨部门、跨所有制、跨国所组成的大型经济联合组织	为了进一步提高企业合作的效率而产生，出于将外部合作内部化的目的，寻求一个在企业联合体内部完成企业间合作的过程

四、产能合作体系升级策略

产能合作是中国经济"走出去"的最新形式，也是中国深度参与全球化、塑造全球工业价值链的支点，所涉合作项目均呈现投资规模大、周期长、经济效益见效慢、资金回收时间长等特点，是一项综合的系统性工程，需要整体推进。国际产能合作不仅要求"走出去"企业进行转型升级，还要求政府综合性服务的转型升级及境外园区平台的转型升级。

专栏3 因地制宜匹配优势产业和重点合作国家

我国优势产业总体处于世界中游水平，可按"承上启下"原则，分类施策，开展国际合作。对发达国家，可主动对接、融合核心技术、品牌、专利服务等高端要素，着力向全球价值链高端攀升。对发展中国家，可以"一带一路"沿线、非洲和拉美为重点，构建产业链上下游错位的国际分工格局。还可推动"三方合作"，与发达国家共同开拓发展中国家市场。

（一）传统优势产业

1. 轻工。重点在印度尼西亚、越南、泰国、印度、孟加拉国等国投资设厂，建设好越南龙江工业园、尼日利亚广东经贸合作区等，转移部分低端制造环节。通过并购在美欧发达地区，建设营销网络、售后服务和品牌运营中心。加快俄罗斯乌苏里斯克等经贸合作区建设，扩大对土库曼斯坦、哈萨克斯坦等周边国家投资。在罗马尼亚等中东欧国家投资设厂，规避贸易壁垒。

2. 家电。印度、巴基斯坦、越南、泰国、墨西哥、土耳其等国人力成本低、消费市场大，中亚及沙特、阿尔及利亚等阿拉伯国家市场潜力较大，可重点投资建设生产基地，转移加工组装环节。鼓励向巴基斯坦海尔-鲁巴经济区、中国-印尼经贸合作区等境外经贸合作区集中。引导企业到中东欧及巴西、阿根廷等拉美国家设立生产线，曲线进入欧美市场。引导企业购买国外知名品牌、投资建立营销网络和研发设计中心，弥补行业短板，促进产业转型升级。

3. 纺织服装。鼓励到越南、柬埔寨、缅甸、孟加拉国等东南亚、南亚国家投资设厂，加快柬埔寨西哈努克港经济特区等经贸合作区建设，形成海外生产加工基地。在巴基斯坦、乌兹别克斯坦、澳大利亚、埃及、埃塞俄比亚等棉花产量大且工业基础相对较好的国家建设纺织厂及原料基地。在美欧等发达国家及泰国、俄罗斯等新兴市场，以并购投资为主，建立营销网络、研发设计中心、品牌运营中心。

（二）装备制造优势产业

1. 电力设备。一是中亚五国、俄罗斯、蒙古、泰国、越南、老挝、缅甸、柬埔寨、巴基斯坦等"一带一路"沿线国家，可以产能合作为平台，建立电力输送合作关系。二是南非、埃及、尼日利亚、埃塞俄比亚、乌干达、赞比亚等非洲国家，可鼓励企业积极参与当地电站建设、电网升级改造，带动设备出口。三是巴西、墨西哥、秘鲁、智利、玻利维亚、哥伦比亚、厄瓜多尔等拉美国家，可鼓励开展新能源合作，承建水力、风能、光伏发电工程，带动清洁能源产品和设备出口。

2. 工程机械。一是在印度、俄罗斯、越南、阿联酋、墨西哥、印度尼西亚、泰国、巴西等发展中国家投资建立制造厂和维修网点。二是通过投资并购等方式到美国、德国、意大利等发达国家建设高端液压件、发动机、传动部件等关键零部件的研发和制造基地，设立研发中心。

3. 通信设备。鼓励在印度、巴基斯坦、俄罗斯、肯尼亚、南非、巴西、墨西哥等新兴市场，建立物流基地、售后服务中心，并向投资生产备品备件拓展。扩大与美欧等发达国家电信运营商产品准入合作，加强专利池的共建共享和专利相互授权合作，开拓高端市场。在美欧设立研发中心，利用当地人才，开展研发合作，加强与国际标准认证组织合作。

4. 高铁、轨道交通。一是越南、老挝、缅甸、新加坡、泰国、马来西亚、印度尼西亚、尼泊尔、印度、斯里兰卡、巴基斯坦、蒙古、哈萨克斯坦、俄罗斯等"一带一路"沿线国家，抓好已签协议落实和项目落地，尽快实现早期收获。二是南非、尼日利亚、安哥拉、埃塞俄比亚、肯尼亚、赞比亚、坦桑尼亚等非洲国家，重点跟进和落实南非购买电力机车项目、尼日利亚沿海铁路项目、肯尼亚在建的蒙巴萨-内罗毕铁路项目、埃塞俄比亚-吉布提铁路项目。三是阿根廷、巴西、墨西哥、哥斯达黎加、秘鲁等拉美国家，重点跟进墨西哥高铁项目、两洋铁路项目、哥斯达黎加跨洋货运铁路项目。

（三）产能过剩优势产业

1. 钢铁。一是资源丰富的巴西、澳大利亚、俄罗斯、印度、委内瑞拉、哈萨克斯坦、南非、蒙古、秘鲁、阿尔及利亚、刚果（布）、安哥拉、苏丹、赞比亚、坦桑尼亚等，重点建设海外资源基地，适度发展冶炼和加工环节。二是钢铁需求大的印度尼西亚、马来西亚、哈萨克斯坦、吉尔吉斯斯坦、阿联酋、沙特、埃及等，可通过投资设厂或并购重组建立钢铁生产基地，重点发展中游的钢铁冶炼和下游的深加工环节，依托承包工程向工程建设等钢铁应用领域拓展。

2. 电解铝。鼓励到澳大利亚、斐济、几内亚、印尼、老挝、柬埔寨等铝土矿资源丰富的国家开发矿产资源、投资建设氧化铝项目。鼓励到铝土矿、水电资源丰富的印度尼西亚、能源丰富的俄罗斯、哈萨克斯坦、乌兹别克斯坦等国，探索投资建设电解铝项目。鼓励中铝国际等公司向印度、越南等东南亚国家输出技术，增强对全球电解铝产业链的掌控力。

3. 水泥。一是传统市场沙特、伊拉克等需求稳定，印度尼西亚、缅甸基础设施建设需求旺盛，可鼓励企业加大投资力度。二是俄罗斯、白俄罗斯、巴西、委内瑞拉、尼日利亚、埃及、南非、埃塞俄比亚等国水泥消费量大，宜鼓励企业加快产能转移。三是抓住机遇，迅速填补因拉法基和豪瑞合并为规避反垄断调查而产生的市场空白。同时还可探索通过并购方式进入被跨国集团相对垄断的东南亚国家等市场。

4. 平板玻璃。印度尼西亚、越南、泰国、菲律宾平板玻璃市场需求较大，且具备一定生产能力，可鼓励通过并购投资向这些国家转移产能。独联体国家市场需求增长迅速，可鼓励我企业重点加强与俄罗斯、乌克兰企业投资合作，共同拓展市场。印度、巴西、阿根廷、埃及、安哥拉等国家平板玻璃市场需求大，鼓励企业开展绿地投资。

5. 船舶。选择船运业发达、配套条件好的新加坡、马耳他、巴拿马、马绍尔群岛、巴西、马来西亚、塞浦路斯、巴哈马群岛等国，以建立船舶研发和销售服务基地为主。鼓励企业继续通过投资并购等方式到德国、法国、挪威、芬兰、丹麦等欧洲国家及美国建立设计研发中心、获取专利技术。

　　从企业层面来看，"走出去"企业在国外投资、运营，需要建立涵盖供应生产、渠道建设、品牌维护、研发创新为核心的复杂网络体系，提高自身核心竞争力，增强在全球价值链的地位与水平。此外，企业通过产能合作这种方式大规模走出去还需要有效做好风险防控安排。从政府层面来看，推进国际产能合作，切实提高企业"走出去"的便利化水平，培育新的外需增长点需要做好三方面工作，一是建立健全海外投资风险评估体系和突发事件应急机制，二是注重产融合作发挥金融的引领作用和风险管理功能，三是深化境外投资管理体制改革提高企业"走出去"便利化水平。从园区层面来看，境外经贸合作区作为国际产能合作的重要平台，应以园区开发经营企业为主体，以市场化经营为原则，从布局策略、软硬环境、产业体系、融资服务和社会效益等方面进行升级。

· 第四章 · 企业"走出去"战略与模式选择

Chinese Enterprises "Going Out" under OBOR

第 1 节

中国企业"走出去"的战略选择

一、三大影响因素

1. 目标国的环境因素

目标国家的环境因素包括政治环境、经济环境、社会文化环境、自然环境四个方面。

①从政治环境看，要尽量考虑政局稳定、法制健全、贸易与投资政策较为宽松的国家作为国际化经营的目标国，恶劣的政治环境对任何国际化经营都意味着风险。另外，在政治环境方面还应考虑目标国与我国的关系，与我国保持良好国际交往关系的国家对我国企业的国际化经营更为有利。

②在经济环境方面，要看目标国经济发展水平，属发达国家还是发展中国家，基础设施状况如何，还要考查目标国家的国民生产总值和人均国民收入高低，国际收支状况及汇率是否稳定，这些经济因素将决定进入的行业、方式，以及企业的组织方式的选择等多方面的问题。在经济环境方面，还要考虑目标国家的市场因素。如果目标国家的市场规模较大，或者市场潜力较大，属自由竞争的宽松环境，且生产和营销基础设施较发达，各种生产要素如原材料、劳动力、资金、基础设施等较易获得，则有利于

企业在这些市场开展国际化经营，国际化经营涉足的行业，进入的方式及规模等都有较多的选择。

③从社会文化环境方面来看，如果目标国家的社会文化和我国的社会文化差异较大，则需持谨慎态度，另外文化多元化的国家更容易接受外来进入者。

④从自然环境方面来看，要考虑目标国的距离、自然资源状况人口素质以及地理条件等，这些因素也会影响战略的选择。

2. 国内环境因素

国内因素主要包括本国市场环境因素、生产环境因素、融资环境因素和政府政策因素四方面。

①本国市场因素主要考虑本国市场的竞争压力、本国市场容量、收益，若国内市场竞争异常激烈，市场已趋于饱和，生产出现严重过剩，企业的收益甚微，则企业必须尽快将战场转移到国外，以寻求新的生机和发展。

②生产环境因素是企业在国内获得土地、劳动力、资金等生产要素的环境条件。如果企业能在国外以更低的价格组织到这些要素资源，则将生产转移到国外不失为明智之举。江苏新洋农场在赞比亚以 19 万美元取得了670 公顷（合 10050 亩）土地的使用权，这在中国可得花 4000 多万美元。

③融资环境因素主要是指企业在本国获得融资的条件是严格还是宽松，融资渠道是否广泛，融资的方式是否灵活等。这些因素会间接影响企业的资金实力，从而影响企业对外扩张的规模，对外扩张的方式及对外扩张所选择的市场。有时企业进入某一市场正是看准了某国市场优良的融资环境。

④政府政策一般反映了政府经济发展的战略导向，若政府鼓励出口且有许多配套的优惠政策，则企业在制定国际化经营战略时应尽量加以利用，多在出口方面下功夫；若政府鼓励投资，则以对外投资为重点。另外政府在制定对外发展政策时，对行业和地区也会有所侧重，那么被重点扶持行业和地区就要抓紧时机拓展国外市场。

3. 企业内部因素

企业内部因素主要由企业自身条件所决定，它包括企业的管理因素，企业的技术因素，企业的品牌因素及企业的规模因素。

①企业的管理因素主要是指企业的内部管理能力，先进的管理能力是一种生产力，是企业具备较强竞争力的保证，这样的企业从事国际化经营获得成功的几率更高。若企业在技术方面没有特殊优势，则必须通过管理来弥补不足，从管理中求效益，以增强自己的实力。

②企业的技术因素是指企业技术水平的高低，它直接决定了产品的竞争力。技术复杂，产品价值高，这样的产品为企业对外扩张，占领市场提供了基础。若企业技术研发能力强，拥有核心技术，那么不管是产品出口、工程承包，或还是直接投资方面都能游刃有余，企业在战略选择上也有较大的空间。

③企业的品牌因素，就是要看企业是否具有品牌优势，企业有没有知名的品牌。品牌是对企业声誉和产品价值的承诺，这是企业提高市场份额和产品竞争力的有力武器，它能影响到企业在国际化经营中的营销成本、建设成本，最终影响企业收益。具有国际知名品牌的企业在国际化战略安排上要充分利用这一优势，有时企业战略的制定还得围绕品牌来做文章。

④企业的规模因素是影响国际化战略选择的重要因素。企业的规模决定了企业在行业中的地位，也反映了企业参与竞争的实力，大规模的企业还能获得规模经济效益。因此企业规模的不同决定了企业在选择国际化经营战略时会有不同的选择，如选择不同的目标，不同的区位，不同的经营方式等。

二、四大选择思路

1. 行业选择思路

在考虑我国企业进行国际化经营的产业重点时，应以产业优势为依托，以资源开发为重点，同时兼顾国内产业调整和产业升级的迫切需要，确立以制造业为主，同时加强农业和服务业国际化经营的战略思路。在制造业内又以传统制造业、资源开发业和高新技术业为重点。

我国的制造业在三大产业中占据明显的产业优势。其标志有三：第一，相对规模巨大。2001年，三大产业结构为15.2：51.2：33.6，制造业增加值已占GDP的一半以上，1998年以来我国制造业已连年位居全球制造业第四。[①] 第二，改革开放以来，在开放竞争的市场环境中已基本形成了以劳动密集型产品为主的产业结构，充分发挥了我国劳动力资源丰富的特点，形成了比较竞争优势。第三，制造业中已涌现出大批产权制度明晰，经营管理高效，经济实力雄厚的企业主体。因此，毫无疑问在我国企业的国际化经营中应将制造业作为三大产业中主导产业来加以扶持和引导，制造业国际化经营的成功将极大推动其他产业的国际化进程，提高国际化程度，为实现我国经济现代化奠定坚实的基础。

在制造业内部，传统制造业拥有雄厚的工业基础和技术力量，在国际化经营中具有明显的比较竞争优势，仍应将它作为对外发展的重点行业，其中的冶金、机械、家电、轻工、服装纺织等行业仍应作为主要行业加以支持。一方面，这些产业多属劳动密集型，成本优势较大，具国际竞争实力；另一方面，这些产业很多在国内市场已趋于饱和，生产能力出现过剩，到国外另辟蹊径，已是大势所趋，这也有利于国内产业结构调整和升级。在资源开发业方面，我国的一些大型企业集团也具一定优势。同时资源短缺又是我国国民经济发展的瓶颈，资源开发是我国经济长期稳定持续发展的根本保证，走出去到世界范围内开辟资源，利用资源，充分实现两个市场，两种资源的合理配置势在必行。因此资源开发业也应作为国际化经营的重点行业不容置疑。另一个需要重点关注和投入的是电子通信、计算机软件、精细化工、新材料、生物医药等技术密集型行业。这些新兴的高科技行业的增长势头已远远超过传统制造业，成为我国最大的制造业部门。这些行业向国际市场的拓展和扩大，将大大促进我国产业结构的优化，推动我国产业升级的步伐，其影响是深远的。

我国是一个农业大国，加快农业企业的国际化具有重要的战略意义。

---

① "中国企业'走出去'战略思路与政策建议"课题组. 中国企业"走出去"战略思想与政策建议［J］. 国际经济合作研究，2003（7）：13.

中国这样一个人口大国，人均资源贫乏，抓紧实施农业的国际化经营，到国外建农场及其他农业合作项目，可以带动大量的农业劳动力输出，缓解国内人口压力，提高农业人口素质，同时对于推动农业的发展无疑是很好的尝试。特别是中国加入 WTO 后，农业方面可享受关税降低和最惠国待遇，这对实施农业企业的国际化经营更是难得的机会。

2. 经营主体选择思路

在确定实施国际化经营的主体时，有以下三方面的因素需要考虑：

第一，经营主体规模。企业的经营规模在很大程度上决定了企业主体的竞争实力和比较优势，一般情况下，企业的经营规模与其竞争优势是呈正相关关系的。因此应大力推动大规模企业的国际化经营。从我国的实际情况看，虽然我国企业以小企业数量最多，但目前已形成了一批拥有经济实力的大中型企业群，据国家统计局资料统计，到 2001 年为止，年销售额在 500 万以上的企业总数已逾 16 万家，在我国工业产出中占据主导地位。这些大规模企业具有进行国际化经营的有利条件，有的已在国际化经营中取得了可喜成绩。

第二，经营主体的产权结构及产权制度。首先是企业的产权结构，即企业的所有制形式。在我国原有的计划经济体制下，国有企业长期占据主导地位，国家在政策上大力倾斜和扶持。但随着我国从计划经济体制向市场经济体制的转变，政府政策的放松，非国有经济和私营经济得到了迅猛的发展，民营企业、三资企业和私营企业异军突起，已逐渐成为我国经济中的中流砥柱。按照国家统计局数据计算，截至 2001 年，在我国全部工业增加值中，非国有企业增加值占到 64% 以上，即使在年销售额 500 万以上的企业中，非国有企业增加值也占到 43%，加上国有控股企业中的非国有股，其比重应不低于 55%。因此，我国企业的国际化经营中非国有经济将起到重要作用。另一方面是企业内部制度结构，20 多年改革开放的成果之一就是造就了一大批产权制度明晰、责权分明、经营机制灵活、管理科学高效的微观经济主体。它们有完善的企业管理制度，经营组织结构严谨，机制灵活，并建立了有效的激励约束机制，并拥有能力强、素质高、精明实干的企业家和顶尖的专业技术人才，因此，这部分企业具有明显的所有权优势，起点高，在国际竞争中处于优势地位，更易于捕捉到对外扩张的有利机会。其高效的经营业绩和已取得的经济实力为进一步的国际化经营创造了良好的前提条件，并打下了坚实的经济基础。

第三，经营主体国际化经营的实践经验。我国有部分企业抓住改革开放的先机，以早于其他企业开展了国际化经营的实践，他们对世界市场行情熟悉，营销网络完善，信息交流畅通，经营成果卓著，并积累起国际化经营的丰富经验，构建起国际化经营的整体框架，有的已稳稳地占领了某些国家和地区的市场。这部分企业主体将是重点。

鉴于以上三个因素的综合考虑，在我国企业的国际化经营的主体选择中应将重点放在各类型的大型企业上，积极支持其参与国际化经营；在一如继往支持大中型国有企业的同时，需要更多地鼓励和扶持民营企业、三资企业和私营企业等非国有企业的国际化经营；重点推动产权制度明晰、法人法理结构完善、内部企业制度健全、经营机制灵活的企业主体进行国际化经营，其中又以具有一定国际化经营实践经验，并基本构建起国际化经营框架的企业为重点。这将有助于提高我国企业国际化经营的成功率，提升我国企业在国际上的美誉度，加快我国企业国际化的进程。

3. 区位选择思路

企业国际化经营的初始位置，基本决定了该企业跨国发展与全球战略形成的路线、策略和行为。也就是说，企业国际化经营的初始位置不同，基本决定了跨国发展与全球战略在路线、策略、行为等方面的不同。企业国际化经营所选择的区位是由企业所处行业的国际竞争状况和企业自身技术自主程度以及东道国的综合条件所决定的。我国作为发展中国家，进入国际市场比较晚，我国的企业开始国际化时，其行业的国际市场中已充满了跨国公司，并且这些企业的核心技术主要是从外国引进的，基本属于后发展型跨国公司。在国际化经营的区域选择方面，应将重点放在有利于发挥我国经济比较优势的广大发展中国家和地区，并优先选择我国已取得一定出口规模和对外经济合作基础的国家和地区进行开拓。具体可借鉴以下两种模式：一种是以海尔为代表的"先难后易"式；另一种则是以 TCL 为代表的"先易后难"式。

4. 经营方式选择思路

（1）经营方式选择的两种模式

企业国际化经营的区位选择存在两种模式，其实企业国际化经营的模式选择也有对应的两种：

第一种是"逐渐升级"模式。企业先通过简单易行、投资要求最少的方式——出口（包括直接和间接出口）进入国际市场，然后逐渐从事资金要求高、风险大的海外直接投资等国际化经营活动。一般生产型企业最常见的国际化经营逻辑：纯国内经营——通过中间商间接出口或企业自行直接出口——设立海外销售分部——建立海外分公司跨国生产。这是一种循序渐进的模式，企业有时间积累经验、积累资源（包括物质资源和人力资源），增加企业海外经营能力，增强应对国际市场风云突变的能力，减少决策的失误，降低投资风险。无论是发达国家、新兴工业化国家与地区，中小企业的国际化往往采用这种逐渐升级模式。实践证明，这种方式的成功率也是较高的。就拿海尔集团来说，其在区位选择上采用的是"先难后易"模式，而在经营模式选择上却采用的这种"逐渐升级"模式，它按照"先有市场，再建工厂"的思路来进行经营。在国际化经营的早期，主要依靠出口模式进行积累，其间并用 OEM 方式为国外大企业做贴牌生产，以扩大市场占有率，待市场营销网络建立起来，技术改造顺利完成，以及高素质人才储备就绪后，方进行全方位的国外直接投资。

第二种是"全球启动"模式。企业从成立之初就实施国际化战略，即站在全球高度来组织生产经营活动，进行全球化的技术、资本、生产以及市场的全方位合作，以实现资源的全球最佳配置。这样的企业一成立就是跨国公司，跨国生产和跨国经营并举，从而越过了一般企业国际化发展的许多阶段。比如美国的 LASA 股份有限公司，这是一家销售微处理机标准技术的公司。其创办人有美国人、法国人和瑞士人，资金来自欧洲，经营总部和研究总部设在美国，产品销售部在法国，财务管理部在瑞士，而生产部门则在苏格兰（以利用苏格兰的投资优惠政策）。"全球启动"模式的企业一开始就在世界各地进行直接投资，并将企业"价值链"上的各个环节分别分布在世界范围内最有利的地区，使企业可以有效地利用各种资金资源、研发资源、优惠政策和客户资源，抢先占领世界上最重要的市场。全球启动的企业以高科技企业居多。"全球启动"模式之所以出现是因为80年代以来，交通、通信迅速发展，尤其是互联网技术的突飞猛进和普及，企业家更容易得到海外市场的信息以及从全球范围得到资源。

从我国企业的实际情况来看，绝大部分属中小企业，技术创新能力较弱，而为数不多的大企业乃至巨型企业，大多属于国有企业，体制上存在固有缺陷。而且从国际化经营的阶段来看，多数处于从事国际贸易的国际化经营的初始阶段，因此采取"逐渐升级"方式较为妥当。那些尚未进行国际化经营的企业应以建立海外营销中心为突破口，已建立海外营销中心的企业，则应在此基础上，大量尝试海外加工等生产性投资活动。

（2）经营方式选择应注意的问题

第一，企业在选择出口贸易作为对外国际化经营的方式时，应尽量避免反倾销、环保、特保、技术贸易壁垒等非关税壁垒的限制，这就要求企业开发出技术含量高，有差异有特点、附加值高的产品，大力加强自身产品的比较优势。尤其要改变过去"一窝蜂"地涌入国外市场的无序竞争状态，避免竞相降价的恶性竞争方式，或以低价参与国际竞争的方式，要在产品的质量、服务、研发等方面多下功夫，提高企业知名度，注重品牌的树立。还要加强行业内的内部协调，联合起来，制定有利于行业发展的统一的对外标准，以避免自相残杀的恶性竞争，并协调行业内企业有序地进入国外市场，力求谋取进出口双方的共赢，这样也不会引起进口国的敌对情绪和极端行为。同时，出口贸易方式还要与其他方式有效地结合起来，如到其他国家建立加工基地，将价值链的各个环节在全球范围内来安排，提高产品的国际化程度，这将大大促进出口贸易的发展，使这种方式能更顺利地实施，并取得很好的收益。

第二，应用技术的转让方式，应主要考虑技术转让是否会引起企业核心技术和商业机密的泄漏，从而使自己在竞争中陷入不利。这需要考虑技术的生命周期，可将处于产品生命周期成熟阶段的产品技术或边际产业中的产品技术适时地转移到欠发达地区。最后的技术转让，还应考虑我国产业结构调整的需要，将国内处于相对饱和的产品技术输出，使其继续创造价值，而在国内加紧研制和开发新技术，保持和创造企业的核心技术，打造我国产业的核心竞争力。另外，转让技术时，应尽量考虑带动相关设备和关联产品的出口，以及工程技术人员的对外输出，以获取多方面的收益，并为下一步的国际化经营做准备。

第三，在工程承包的国际化经营中，要加强企业之间的联合，以适应国际工程承包市场的发展特点和方向，打造出有实力的联合体，而不是像过去只是给国外大型承包公司打下手，靠提供廉价劳动力，赚取微薄的劳务费。还应进一步提高人员的素质，工程承包业要求的人才不只是懂技术而是既懂技术，又懂国际化经营，并熟悉国际贸易和对外经济法律的多面手。在对外承包工程的同时，要充分利用这一与国外市场接触的契机，作为了解和渗入当地市场的桥头堡，广泛收集国外市场的信息，了解市场需求，熟悉当地市场环境，寻找其他与当地企业进一步合作的机会，为企业更深入地开展国际化经营做好准备。

第四，在直接投资方式下，应综合考虑当地政府的政策，当地企业的技术水平，以及我国企业面临的资金紧缺的矛盾，立足于发展国家为重点，兼顾发达国家的投资策略。发展中国家经济水平落后，技术和资金都欠缺，劳动力价格低廉，他们对外资大多持欢迎态度，政府一般会制定鼓励外来企业投资的政策，我国加工制造业中具有比较优势的企业适合到这些国家投资建厂。在投资的具体方式上，应多考虑合资或合营方式，出资形式也要多样化，这有利于降低成本，规避风险，减少直接投资中的资金压力。特别是到发达国家投资，更应多采取并购的方式，以取得有用的品牌、关键技术或现成的营销网络，形成优势互补，实现低成本扩张。这样可节省时间，提高效率，迅速地进入目标市场。在行业选择上，应优先考虑资源导向性项目、有自主知识产权的高新技术、家电和轻纺具有比较优势的领域，以及遭受反倾销制裁而丧失国外市场的产品领域。

第五，在开展 OEM 方式的同时，也要重视企业自身品牌的树立。OEM 其实是一种"借船出海"的有效方式。在我国同发达国家的合作过程中，由于技术落后于发达国家，所以采用 OEM 是一种有效吸收国外先进技术和管理经验的捷径，但如果只一味地依赖这种方式，就可能沦为发达国家的加工厂。为防范过度依赖购买方的风险，应采取"一仆多主"，防止海外企业控制上游企业或截断下游渠道，导致我国企业的产品市场逐渐萎缩。但最重要的措施还是企业在做 OEM 的同时，要把贴牌与创牌有机地结合起来，一方面在做 OEM 时注重产品质量，树立产品良好的形象，让国外市场的消费者通过产品质量和性能接受制造者，树立良好声誉，为以后自创品牌奠定基础；另一方面，应注重企业素质全方位提升，加快技术改造和新技术的开发，逐步培养企业的核心竞争力，一边做 OEM，一边以自有品牌打入国际市场，用两条腿走路，以加快国际化进程，创出世界名牌，使自身在国际经营和合作中开辟更广阔的天地。

总之，企业选择国际化经营模式需综合考虑国内外环境，企业所处行业背景及企业自身条件等多种因素，几种模式在企业进行国际化经营的不同阶段可交替使用，互相补充；在不同的环境下扬长避短，充分发挥每种模式的优势，以加速企业国际化经营的进程。

三、发展趋势研判

企业国际化经营已成为当今世界经济发展的必然趋势，并且广泛而深刻地影响着世界经济的发展。改革开放 40 年来，我国经济发展取得了令人瞩目的成就。我国经济蓬勃发展和巨大的市场强烈吸引着越来越多的外商来华投资。与此同时，越来越多的国内企业走出国门到海外创业。企业只有把握好机遇，做出适合自身特点的国际化经营的战略选择，以全球发展的眼光，才能使企业在日益激烈的国际化竞争中立于不败之地，才能使企业更好地参与国际分工和国际合作，使企业持续稳定地发展。战略选择的关键在于是否能够提高企业的竞争力，指导企业走向成功。

我国幅员辽阔，人口众多，地区之间经济发展不平衡。由于企业所处的环境、地域、行业各不相同，再加上每个企业自身的历史、特点、优势各不相同，这就决定了中国企业的国际化经营不可能采取某种全国统一的模式，企业应遵照目前自身的客观条件去选择适合自己特点的国际化经营道路。另一方面，企业的国际化是一个系统工程，它不是一蹴而就的，而是一个长期发展的过程，如果操之过急反而适得其反。

企业必须根据自己的情况有计划、有步骤地合理推进自身的国际化进程。

　　中国要想真正成为世界经济强国，必须缔造一批能与 IBM、GE、丰田等世界级企业抗衡的超级跨国航母，我们希望看到更多海尔走向世界，有更多的中国名牌称雄全球。中国企业国际化经营的成功必定带来中国经济的腾飞，中国综合国力的快速提升，为中国五千年的悠久文明历史谱写新的篇章。

第 2 节

企业 "走出去" 的经营模式

从我国企业 "走出去" 的具体实践来看，企业 "走出去" 进行国际化经营的模式不尽相同，主要分为市场国际化战略模式、技术国际化战略模式、资源国际化战略模式和资本国际化战略模式四种，企业在不同阶段会采取不同模式，也会采取多种模式。

一、市场国际化模式

随着企业实力的不断壮大以及国内市场的逐渐饱和，有远见的企业家们开始把目光投向中国本土以外的全球海外市场。企业市场国际化战略模式主要包括：国内名牌自建销售网络走出国门；收购企业获得海外销售渠道；国内优势企业先建销售网络、再建生产基地，开拓国际市场；自建研发基地，开发适合当地市场产品；国内领先企业并购重组跨国公司业务，整合全球资源，成为跨国公司；全球专业化的 OEM 制造商；工程承包和劳务输出；跨境服务；全球采购与销售；境外设厂。

表 4-1 企业市场国际化战略模式类型

模式类型	主要特点
国内名牌自建销售网络走出国门	企业是国内名牌,有的历史悠久; 主要方式是投资自建销售网络; 目标是扩展国际市场,由国内名牌变为国际品牌,甚至名牌。
收购企业获得海外销售渠道	由于市场结构、消费习惯和文化的差异,企业自建销售网络有时很难迅速融入当地成熟的市场。并购海外下游企业可以迅速获得渠道,但要经历重组整合的考验。
国内优势企业先建销售网络、再建生产基地,开拓国际市场	有了销售网络之后是否投资建立生产基地,主要取决于产品特征。如果产品直接出口有贸易壁垒限制,在当地生产成本更低或更能适应当地市场,那么就有必要在海外生产。企业在海外建生产基地前基本都先建销售网络,这符合企业渐进式国际化的一般规律。
自建研发基地,开发适合当地市场产品	研发国际化目前只是少数企业的国际化模式,但却是中国企业在海外市场实现本地化的最终落脚点。
国内领先企业并购重组跨国公司业务,整合全球资源,成为跨国公司	实行该模式的企业往往是所在领域的国内领先者;并购对象为国际知名跨国公司业务;目标是同时获得技术、品牌、渠道、人力资源等,全球资源整合,开拓包括欧美发达国家在内的全球市场。该模式对企业要求高,又要有市场机会,同时存在整合风险。
全球专业化的 OEM 制造商	贴牌生产是企业产品从国内走向国际的重要桥梁。进行贴牌生产的企业必须在生产技术、工艺流程、企业管理、员工素质、质量控制、生产效率等方面达到国际市场的要求和水准。通过从事贴牌生产,中国企业逐渐掌握了国际竞争规则,在国外建立了信誉,建立了大批量产品外销的渠道。
工程承包和劳务输出	工程承包和劳务输出是我国一些大型建筑企业国际化的基本模式,是自身业务的海外延伸。国际工程承包是一种综合性的国际经济合作方式,是国际技术贸易的一种方式,也是国际劳务合作的一种方式。

模式类型	主要特点
跨境服务	该模式主要发生在网络型行业中,如银行、电信等。受网络经济技术特点的影响,这类企业向海外延伸服务,不仅能扩大客户规模,而且更能提升原有网络的价值。
全球采购与销售	计划经济时代建立的外贸公司都为外贸专营公司,以收取"过路费"为生。这些外贸公司中的部分在改革以后,成功转型,建立起全球采购与销售网络,成为有同时做进口和出口业务及第三国贸易实力的国际贸易商。中国五矿、中粮、中化都是这类公司的代表。
境外设厂	伴随我国进出口贸易总额逐年增长,我国已是遭受贸易保护措施最多的国家。在这种情况下,中国许多企业开始进行以绕开贸易壁垒为目的的海外投资。

二、技术国际化模式

改革开放将近 40 年以来,中国企业多通过与外资企业在国内合资、合作,以"市场换技术"的方式获得技术。随着中国"走出去"进入新的阶段,以高新技术企业为代表的中国企业开始通过主动"走出去"的国际化方式获取技术。技术国际化战略模式主要包括高新技术企业通过跨国并购获得技术以进入新领域,传统企业通过跨国并购获得技术以提高国内市场竞争力,技术型企业境外建立研发机构不断引进新技术、新产品和高新技术优势企业境外建立研发机构,实行研发业务的全球化运作四种模式。

表 4-2　企业技术国际化战略模式类型

模式类型	主要特点
高新技术企业通过跨国并购获得技术进入新领域	在技术要求高、建设周期长、产品生命周期短、成长性好,尤其是技术进步快的行业,企业往往用并购的方式进入新领域。

续表

模式类型	主要特点
传统企业通过跨国并购获得技术提高国内市场竞争力	该模式主要发生在比较传统的行业，如汽车、电力、煤炭开采、机械制造等。尽管技术比较成熟，但市场正在放大和升级，同时竞争激烈。企业掌握先进技术对于提高企业国内竞争力非常有益。
技术型企业境外建立研发机构不断引进新技术和新产品	采用该国际化模式的企业广泛，有传统行业企业，亦有高新技术企业；有优势企业，亦有一般性企业。设立的境外研发机构有信息功能，可以是与境外研发力量合作的平台，亦可以利用当地资源自主进行研发。
高新技术优势企业境外建立研发机构，实行研发业务的全球化运作	在全球化程度日益提高的今天，不同国家和地区各有技术、人才优势的产业，如信息产业。具有一定能力的企业重视用这种模式建立全球研发体系，具体手段包括自建、收购、合资、合作等。华为、中兴等国内通信设备制造企业是该模式的代表。

三、资源国际化模式

随着一些重要自然资源的对外依赖性越来越强，当一般贸易不能满足国内资源需求时，国际化就成为资源型企业的发展战略。石油等战略资源，多元化的资源供给不仅是企业战略问题，也是国家能源战略问题。资源国际化企业的战略目的是获得或控制境外自然资源来满足国内市场需求，提高企业在国内的资源供给能力；引进海外资源，利用国内生产能力，满足国际市场的需求；利用海外资源和海外生产能力，开拓海外市场。

四、资本国际化模式

中国企业在高速成长过程中需要不断补充资本资源。根据企业背景和上市目的的不同，中国企业资本国际化的主要模式有三种：大型国企海外上市融资；民营企业绕道海外上市融资；新技术公司，与海外资本共成长。

表 4-3 企业资本国际化战略模式类型

模式类型	主要特点
大型国企海外上市融资	该模式是中国大型国有企业在特定背景下将改制、融资和国际化结合起来的特殊模式,既包括一些包袱沉重的老国企,也包括一些新国企。常用的上市方式有,境内注册企业在海外上市,最典型的方式是发行 H 股,即在大陆注册的企业直接在香港市场发行股票
民营企业绕道海外上市融资	境外注册企业直接上市的路径:实际控制人先明确哪些业务、资产到海外上市;然后造壳,即在境外如避税岛注册一个或若干相互关联的壳公司;接着实施资产跨境转移,即境内企业将所控制的境内资产从法律上全部转由壳公司控制,然后壳公司将境内资产证券化,在境外上市募集资金;最后,上市公司以外商投资或外债形式将大部分募集资金调回境内使用 海外借壳过程的国际通行途径:先设立海外离岸公司,通过海外离岸公司购买上市壳公司股份,不断增持,主导该上市公司购买国内非上市公司资产,即业务注入上市公司,经一系列操作后,壳公司从资产、业务甚至名称都会变化,实现借壳上市
新技术公司:与海外资本共成长	互联网、新型能源领域的一批新技术公司,往往是在风险投资的支持下成长的,因此其上市和公司成长密切相关:首先,在成长的不同阶段有不同的风险资本参与,这些资本一般倾向上市退出,多种原因使得它们对境外上市尤其青睐;这些公司具有新技术特征,一般都处于新兴行业;这些公司具有特定的商业模式,一般在国外可以找到比较对象,海外投资者容易理解;公司有特定的商业概念,该概念是资本市场尤其是海外资本市场当前的热点,资本市场对其估值较高,但错过了热点周期,公司的市场价值就会大打折扣

第 3 节

企业"走出去"面临的主要挑战

一、全球化发展的跨国经营水平不足

受全球经营战略缺失及全球资源配置能力与经验不足等因素的影响，中国公司在全球范围内进行资产配置、开拓市场等方面较先进跨国公司具有较大差距。

《2014 年世界投资报告》显示，2014 中国 100 大跨国公司的平均跨国指数，不仅远远低于 2014 世界 100 大跨国公司的平均跨国指数 64.55%，而且远远低于 2014 发展中国家 100 大跨国公司的平均跨国指数 54.22%。2014 中国 100 大跨国公司中跨国指数在 30% 以上的只有 11 家，达到 2014 世界 100 大跨国公司平均跨国指数的企业只有 1 家，达到 2014 发展中国家 100 大跨国公司平均跨国指数的企业也只有 2 家，还有 22 家企业的跨国指数没有超过 5%。从跨国指数的角度来看，中国企业的跨国经营水平与世界其他国家的企业相比差距显著。

表 4-4　入选 2014 年发展中和转轨国家排名前 100 位非金融类

跨国公司的中国内地企业国际化指数

	跨国指数（%）	排名
联想集团	50.3	56
中国远洋运输集团	48.9	59
中国中化集团公司	43.3	46
中国电子信息产业集团	26.8	81
五矿集团	25.9	82
中粮集团	19.0	90
中国海洋石油总公司	18.6	91
中信集团	17.1	93
中国石油化工集团	9.3	96
中国铁道建筑总公司	6.1	98
中国移动	3.3	99
中国石油天然气集团公司	2.7	100

二、缺乏适应全球化发展的管控模式

20 世纪 90 年代以来，全球性跨国公司的股权结构呈现出海外股东逐渐增加，国际持股比例不断攀升的整体变化。在公司治理结构方面，很多跨国公司都建立了真正意义上的国际化的董事会；在管理结构方面，不少全球性跨国公司已经从过去的中心辐射式管理调整到全球网络式管理。这种管理结构在集权与分权间取得了有效的平衡和协调，能及时应对变化中的市场。目前，中国的跨国公司基本上还是以母国为中心辐射若干国家子公司的中心辐射式管理，很难适应高度复杂、快速变化的市场环境。

三、缺乏适应全球化发展的责任理念

随着我国对外投资持续快速发展，境外中国企业已成为我国展示国家形象的重要载体、国际社会观察和认识中国的"窗口"，中国企业在境外的行为，不仅直接影响着企业声誉，也关乎国家形象。然而，近年来部分境外投资企业缺乏全球化发展的责任理念，社会责任意识淡薄，眼光短浅，只注重眼前利益，重索取，对环保、公益等当地民生问题关注不够，海外形象亟须进一步提升。随着企业"走出去"进入新的阶段，未来中国企业境外投资不仅要为公司股东负责，也要为企业所处的社会和环境负责；不仅要为本国的社会和环境负责，也要对海外投资目标国的社会和环境负责，即承担全球责任。

四、缺乏投资东道国的风险防控经验

目前，全球许多资源丰富的欠发达地区亟待进行大规模开发，投资前景广阔，但受政治不稳和冲突不断的影响，企业的投资风险较高。中国企业在"走出去"的过程中往往过于依赖执政当局的支持，即只走"上层路线"，导致中国企业对当地的其他利益相关者的了解和重视不足，对投资所在地区的公共关系处理不善，从而很容易在地区冲突和政治矛盾中受到牵连。如中国最大的海外水电投资项目，中国电力投资集团在缅甸的密松大坝项目，由于缅甸内部政治形势变化而在2011年9月底被暂停建设。在高风险地区投资有效地控制风险，已经成为摆在中国企业"走出去"过程中亟待应对的重要课题。

第 4 节

企业"走出去"战略思路

一、企业投资方式升级

1. 投资理念升级：由本土化经营理念向国际化经营理念转变

企业的国际化战略对于大多数国内企业来说是一个崭新的课题，事先没有一整套战略理念作指导，很难具有理性的运作和强有力的控制能力，这也成为近年来中国企业海外投资失败的主要原因。随着中国企业"走出去"进入新的阶段，在向海外投资扩张和开发海外市场的进程中，中国企业需要在实践和总结自身经验的基础上，学习和运用发达国家跨国公司成功的经验和国际通行的游戏规则，同时，要从中国国情与企业发展需要出发，创新中国企业跨国经营的战略管理模式，实现由本土化经营理念向国际化经营理念的升级。

2. 投资动机升级：由全球化配置资源向全球化获取资源升级

当前，全球正处于信息技术深度应用和新一轮技术革命孕育阶段，技术创新渐趋活跃，企业"走出去"不仅要获取"硬资源"，缓解企业生产要素瓶颈，更要在全球范围内获取先进技术，增强配置各种创新要素的能力。因此，为实现"走出去"战略的升级，中国企业需要不断提升集聚全球创新要素、整合全球资源进行国际化生产经营活动的能力，努力在全球价值链分工条件下由"被整合者"向"整合者"转变，由被动的参与全球价值链向建立自己的区域及全球价值链转变。

3. 经营方式升级：由营销体系国际化向研发生产国际化演进

随着企业跨国经营水平的提高，企业跨国经营的自主性越来越强，创新"走出去"模式，合理、合法地从投资国和东道国获取更多利润成为企业关注重点。目前，中国多数企业通过建立海外营销体系拓展"走出去"市场，尚处于"走出去"的初级阶段。随着"一带一路"倡议的推进及我国国际装备产能合作的升级，中国企业亟需拓展"走出去"经营方式，推动建立境外生产体系和研发体系，进一步降低生产经营成本，提高国际市场的把控能力，通过研发的国际化实现产品的国际化，并最终实现品牌的国际化。

二、企业责任行为升级

1. 责任对象升级：由对股东负责向对各利益相关方负责升级

创造利润、回报股东是企业最根本的责任。然而，任何企业的发展都离不开包括员工、客户、政府、社团组织等各利益相关方的投入和参与。中国企业在海外经营，处于陌生的文化、社会、政治环境中，更加需要追求利益相关方的整体利益而不是仅股东收益，这样才能更好地与当地人民和谐相处，从而实现长远发展。

2. 责任领域升级：由仅承担经济责任向平衡经济、社会和环境价值升级

中国企业海外经营必须摆脱重短期效益、轻长期效应，重经济风险、轻社会和环境风险，重政府关系、轻社区关系的国内经营思维，适应国际化经营中普遍强调的平衡经济、社会、环境价值的理念，在为当地拉动经济增长、创造就业税收的同时，积极履行更为广泛的社会和环境责任，为当地创造社会和生态效益。

3. 责任层次升级：由仅承担必尽应尽责任向更多承担愿尽责任升级

中国企业应从可持续发展的角度出发，在保证履行经济责任和法律责任、保障各利益相关方利益的基础上，积极进行包括慈善救助、医疗教育、公共服务、社区活动等在内的公益性活动，将责任行为层次由尽履行必尽和应尽责任升级至更多的履行愿尽责任，从而实现企业在海外的差异

化竞争优势，真正实现扎根当地。

三、政府服务行为升级

1. 加强政府服务水平

进一步加强对国际投资趋势的分析，做好全球投资需求的规模、领域和国别研究，为企业开拓国际市场提供精准信息和有效辅导。指导各类投资主体逐步熟悉国际投资惯例，提高国际化经营能力，增强海外投资运营和管理水平。提供典型案例、对外投资合作国别指南等更多的公共服务产品，供企业在开展国际化经营中参考借鉴。

2. 规范经营发展秩序

根据不同国家情况，采取不同的投资合作方式，除国家从外交和战略需要出发直接决策的重大项目，其他对外投资合作项目都要具备经济可行性，确保合作双方互利共赢。要求各类投资主体依法合规经营，重信守约，确保商品和服务质量，避免盲目决策和无序竞争，对于违反规定的，要采取限制措施。完善尽职调查规则，要求企业及时发现风险和制订预案，对于没有及时发现风险和制订预案，造成重大损失的，都要追究责任。制订科学合理的企业海外绩效考核体系，综合评价经营利润、质量效益和形象建设等指标。

3. 推动传递正面形象

积极支持我国海外企业塑造正面形象，着力推动我国主流媒体境外布局，加强与当地媒体合作，借助"外嘴"传递我国企业正面信息，拓展企业有效发声渠道。同时，加大舆情监测力度，及时回应不实报道，避免对我国海外企业和国家形象造成不良影响。在对外经济合作中增加民生领域的援助和投入，造福当地人民，在基层民众中为我企业正面形象塑造打下基础。驻外使领馆通过演讲、发表文章、接受采访和访谈、媒体座谈会、经贸论坛等多种方式，介绍我国企业参与当地经济建设和创造就业机会等情况，在当地营造良好舆论氛围。指导海外企业结合境外投资建设项目的重要节点，通过新闻发布、媒体采访、网络互动等主动开展宣传，答疑解惑，提升海外企业形象认知度。

4. 指导履行社会责任

要求海外企业尊重当地历史、文化、宗教和风俗习惯，开展属地化经营，主动履行社会责任。引导企业把海外形象建设纳入企业发展总体战略考虑，积极展示企业正面形象，加强对"走出去"人员的教育培训，提高对外交往的沟通技巧和能力。指导各类投资主体与当地利益相关方以及所在国政府、社团、民众和媒体积极互动，妥善处理关系，塑造正面形象。要求海外企业建立境外危机处理内部工作机制，树立危机公关意识，妥善处理各种危机。

·第五章· 　境外经贸合作区与
　　　　　　"走出去"

Chinese Enterprises "Going Out" under OBOR

第 1 节

境外经贸合作区的定义及内涵

在全球经济一体化的时代背景下，国际化战略已经成为各国企业发展壮大的必然选择。无论是要素资源的全球性利用、生产环节的全球性布局，还是市场份额的全球性争夺，都是企业增强核心竞争力的重要方向。境外经贸合作区作为"走出去"的一项重要制度安排，是我国企业海外经营的避风港。

一、设立背景

中国境外经贸合作区（Chinese Oversea Economic and Trade Cooperation Zones）指在政府统筹指导下，国内企业在境外建设或参与建设的基础设施较为完备、产业链较为完整、辐射和带动能力强、影响大的加工区、工业园区、科技产业园区等各类经济贸易合作区域。作为一种政府支持下的企业对外直接投资行为，境外经贸合作区本质上是我国与东道国之间在限定区域内建立更加紧密双边经贸关系的一种制度安排，采取的是以政府为主导、以园区开发运营企业为主体、以两国优惠政策为依托、以市场化经营为原则、以互惠互利为目标的国际经贸合作模式。

从实施方式来讲，根据《境外中国经济贸易合作区的基本要求和申办程序》《境外经济贸易合作区确认考核和年度考核管理办法》《境外经贸合作区资金管理办法》，国家级境外经贸合作区在通过商务部和财政部的审批、确认和考核后，将获得 2 亿~3 亿元人民币的中央财政支持和不超过 20 亿元人民币的低息中长期贷款，作为实施合作区开发建设、在国内进行市场化的招商引资活动、进行园区管理运营的资金支持。

自 2001 年加入世界贸易组织（WTO）以来，我国对外贸易迅速增长，与全球经济体系加速融合，鼓励企业 "走出去" 上升成为国家战略，中国海外投资进入快速发展阶段。2005 年，我国企业对外直接投资规模首次突破 100 亿美元，且越来越多地涉及了制造、采矿、物流等实业投资领域，改变了过去中国海外投资以工程承包为主的局面。

面对快速增长的对外贸易与海外投资，我国企业遭遇的贸易壁垒与贸易争端也逐渐增加，如何满足企业的境外经营需求、发挥企业的竞争优势、规避海外经营风险成为许多企业重点关注的问题。在此背景下，我国一些企业开始探索通过建设海外工业园区的方式开拓海外市场、应对贸易纠纷、缓解外汇储备过多的压力，这些企业自建的工业园区也成了境外经贸合作区的雏形。

伴随企业境外开办园区实际形势的发展，我国政府对设立境外开发区的认识也不断深化。2005 年年底，商务部为贯彻实施 "走出去" 战略，正式提出建立国家级境外经济贸易合作区的对外投资合作举措，成了我国政府为国内企业赴境外投资搭建平台的开端。

2015 年，我国对外投资规模将首次超过利用外资规模，成为资本净输出国。境外经贸合作区作为 "走出去" 的重要制度安排，面领着升级发展的机遇。

二、园区内涵

从经济发展的层面来说，支持境外经贸合作区建设有助于刺激我国与东道国的国际产能合作需求，提升我国在国际产业链和价值链中的地位，增强我国的综合国力。

从政治外交的层面来说，支持境外经贸合作区建设能够帮助东道国改善投资环境，引入先进的生产技术和管理经验，增加当地就业和税收，实现共赢，有利于巩固我国与相关国家的友好关系、促进双边合作。

从企业发展的层面来说，支持境外经贸合作区建设将对我国企业合理规避贸易壁垒、减少经贸摩擦实现外贸转型、集中争取东道国土地及税收等方面的优惠政策、降低企业生产经营成本、提高我国资金使用效率、寻找企业新的经营增长点等产生不可忽视的重要作用。

总体而言，不论是在宏观上支撑国家"走出去"战略的实施，还是微观上为我国企业搭建海外投资的平台，建设境外经贸合作区均具有相当的现实意义。

第 2 节

境外经贸合作区重要作用

一、国家海外战略的重要抓手

面对后金融危机时代的新形势和新格局，我国正全面实施对外政治经济战略升级版。其中，"一带一路"倡议贯通中亚、东南亚、南亚、西亚乃至欧洲部分区域，东牵亚太经济圈，西系欧洲经济圈，在政策、设施、贸易、资本互联互通方面发挥重大推动作用；中非全面战略合作伙伴关系将开展工业化、农业现代化、基础设施建设等在内的"十大合作计划"；国际产能合作将通过"组合拳"的形式，将装备、技术、管理、标准和资本尽可能多地"打包"，与对象国产能形成深度互补，打造全产业链优势。

境外经贸合作区建设应在重点区域根据潜在东道国的自身诉求、合作意愿、资源禀赋、投资环境、产业基础等条件，以及我国产能转移的实际需求，策略性的引导布局轻工、现代农业、商贸物流等不同类型的园区，积极对接我国各项对外战略安排，实现布局策略的升级。

二、中国发展模式的样板工程

发展园区经济被认为是我国改革开放以来实现经济快速增长的关键因素之一，是"中国经验"的重要组成。然而，当前境外合作区的开发、建设、管理、运营多由我国工程或实业企业承担，缺乏园区运作的专业性经验，导致部分园区软硬环境质量不高，招商引资效果不好，未能很好地起到促进与东道国在经济、政治、文化、社会等多领域的交流合作的作用。

境外经贸合作区建设应从顶层设计、系统规划、开发建设、招商引资、管理运营、园区服务等多方面进行专业化管理，通过学习国内发展较好的园区的实践经验，按照园区代际升级的一般性，实现软硬投资环境的全方位升级，成为展示我国发展模式、技术水平、管理经验、价值理念、文化生活方式等综合实力的平台载体和样板工程。

三、打造优势产业境外生态圈

产业集聚效应是园区能够快速帮助一个国家或地区加快工业化进程、实现经济增长的重要原因。通过产业上下游的厂商集中在一起，企业能够分享快速形成的配套产业、服务产业、专业劳动力市场、基础设施、公共服务等，降低企业运营成本，形成技术外溢，促进创新活动和技术颈部。

境外经贸合作区建设应改变过去盲目、零散的招商引资模式，充分利用相关政府部门、研究机构、咨询公司、行业协会以及国内发展较为成功的开发区作为中介平台，深度挖掘国内重点区域的成型产业链转移需求，打造我国优势产业海外生态圈。

四、创新境外产融结合试验区

当前，融资难和融资贵是我国企业在"走出去"过程中反映最为突出的问题，主要有三点原因。一是中国银行在全球的布局网络尚未形成，企业在境外投资设立的公司由于资信状况和运营前景不明朗，国内资产和信誉无法获得承认，难以直接获得外国银行的贷款；二是由于国内贷款通则的制约，企业无法将国内贷款运用于海外投资；三是由于我国针对"走出去"的政策性金融起步较晚，融资规模受限，对于企业爆发式的融资需求，政策性金融机构显得力不从心。

境外经贸合作区建设应积极探索"产融结合"模式，成为中资银行布局亚非拉等我国优势产能国际合作重点区域的平台依托，开展各项境外金融创新活动；发挥金砖开发银行、亚投行、丝路基金、中非发展基金、国开行等新金融机构的官方资本背书和撬动作用，支持重大项目走出去。

五、积极承担环境及社会责任

境外合作区建设不同于一般的"走出去"工程或经营项目，往往需要包含经济发展、民生事业、公共安全、社会服务、环境保护等多方面功能，与当地社会和人民的结合更加紧密，是展示国家形象的重要载体、国际社会观察和认识中国的重要渠道。园区开发建设和管理运营主体在境外的行为，不仅直接影响着自身声誉，也关乎国家形象。

境外合作区建设应遵循国际经济交往的普世原则，主动融入当地社会，妥善处理与当地政府、社团、财团、工会等利益相关方的关系，努力推动属地化经营，积极履行企业社会和环境责任，为东道国创造就业和税收的同时，保护当地原有社会和环境形态，为当地人民带来更富足美满的生活。

第 3 节

境外经贸合作区升级政策建议

一、加强顶层设计

建立以商务部牵头、多部门共同参与的境外合作区推广引导机制，按"一带一路""中非工业化伙伴计划"以及国家其他战略安排确定的重点区域和重点市场，制定《境外经贸合作区重点国别、建设类型、主要市场指南》，做好总体布局和国别方案，避免在同一国家或地区出现多个定位类似、产业相近的园区，引起招商引资的恶性竞争，损害我国走出去企业的利益。

二、重视软件输出

一是以我国知名园区为教案，结合当地实际国情，向重点东道国提供园区相关法律政策、管理体制、战略规划等政策顾问服务，增强重点国家对于中国园区发展理念与发展模式的理解和认同。

二是借助国家智库、社会中介、园区实践专家的力量，通过援外资金、政策性银行技术援助等方式，针对对象国开展关于园区发展的培训研讨、考察学习、研究咨询、信息交流等智力支持服务，输出我国园区管理运营的软件要素，帮助对象国政府提升园区服务意识和水平。

三、完善政策沟通

通过签订政府间协议的方式，确保境外经贸合作区在东道国能够合法、连续的享受土地资源开发、外汇管理、市场准入、税收优惠等各类政策，保证园区投资主体在东道国的法律地位，落实所在国政府应承担的相关建设任务和公共服务，保护园区实施主体的合理权益。

四、做好园区规划

积极向海外输出我国园区规划设计和统筹管理体系，争取成为重点国家园区发展的规则制定者。

一是在宏观层面上，将 "212" 园区投资决策研究工程作为通过境外合作区考核通过的必要条件之一，通过专业细致的产业发展规划、空间总体规划、投资可行性研究和投融资方案设计，确保项目的科学性、合理性、可行性和收益性。

二是在微观层面上，推广我国成功的园区运营管理经验，重点介绍 "一站式、一贯制" 服务模式、招商引资行动方案、大孵化器运作机制、产业生态系统构建模式等经验，实现园区管理运营和招商引资等 "软件项目" 的走出去。

五、引入产业生态

一是对接国内具有优势产业大面积转移需求的区域或园区，鼓励行程链条式、生态体系式转移。发挥骨干企业的带动作用、吸引上下游产业链转移和关联产业协同布局，促进集中布局、集群发展，为园区注入 "完整产业链+配套产业+基础生产性服务业" 全产业生态体系，凸显境外经贸合作区的产业集聚效应。

二是支持企业联盟式发展。通过政府主管部门牵头构建投资促进工作机制，发挥相关研究机构、咨询公司、行业协会以及国内发展较为成功的开发区的平台优势，实施资源开发与基础设施建设相结合、工程承包与建设运营相结合，形成 "园区开发商+园区运营商+第三方智库" 的境外合作区的专业化运作模式，确保园区项目既有明确的发展目标，也有充分的市场需求，同时具备顺利开发建设、管理运营的可行性。

六、搭建融资渠道

一是积极利用亚投行、金砖开发银行、丝路基金、中非合作发展基金等政策性金融机构平台，支持境外合作区在重点国家的基础设施互联互通，资源开发和产业转移等相关项目建设。

二是扩大中央财政专项资金安排，增强原有的境外合作区资金支持力度，确保重点项目的基础设施、能源资源等战略性项目优先建设。

三是加大对外援助力度①。在国家对外战略沿线骨干通道和关键节点上，以国家行为建设一批示范性境外合作区项目，加大特殊经济园区项目咨询和预可研的援助。

四是开展国家确认的境外经贸合作区资产抵押可行性研究。支持企业以境外资产、股权、矿业开采权、土地等作抵押，开展"外保外贷""外保内贷"试点，探索盘活我国海外资产的渠道。鼓励创新订单融资、大宗商品融资等服务，探索与园区风险共担机制，依托园区对区内企业或者主导企业与其他区内企业间的担保融资关系，发展产业链金融服务。

五是支持国内金融机构支持企业"走出去"开设海外分支机构，为企业提供属地化的金融服务，鼓励银行、基金等金融机构为入区企业投资提供资金支持。

七、提升国际形象

一是由商务部牵头，为海外园区开发建设和管理运营主体提供了解重点国家经济社会、文化宗教、风俗习惯等多方面的培训活动，以及园区典型案例、东道国投资营商指南等公共服务产品，提高园区投资主体的国际化经营能力和园区运营主体的管理水平，为园区充分融入当地社会做好知

---

① 2013年我国对外无偿援助、无息贷款和"两优"贷款资金总额418亿元，占国内生产总值比重仅为0.07%，远低于美国、欧盟等对外援助力度。

识储备。

二是引导园区实施主体、入园企业努力推进经营思维、管理模式、员工雇、事件处理等"本土化"经营，提高园区与当地社会的融合度，切实帮助东道国提高就业率和税收。

三是履行社会和环境责任，积极参与当地公益事业，支持企业通过修桥铺路、打井、赈灾、支持教育、文化、医疗、卫生发展等方式，回馈当地社会。

·第六章· 企业在"一带一路"
布局的风险及应对

Chinese Enterprises "Going Out" under OBOR

第 1 节

企业在"一带一路"布局的风险

目前，我国企业在"一带一路"沿线国家的布局主要集中在东南亚、西亚、东欧、非洲等地区，东道国大多属于发展中国家，在基础设施、法律环境、公共服务、产业配套能力等方面的存在一定缺陷，构成了"一带一路"实施企业的重要风险因素。

一、基础设施建设水平低

一般来说，我国企业在境外建设合作区需要进行园内土地一级开发，红线以内的基础设施由实施企业负责建设，并与园外当地政府建设的道路网、电网、水网、通信网等进行对接。然而现实中当地政府常常没有履行为园区接入基本基础设施的义务，导致园区正常运营无法保证。例如，尼日利亚奥贡广东自贸区外围的道路、水网、电网等等所有基础设施均没有如当地政府承诺的一样实现配套，园区虽然预留了地下管网的空间，但无法建设管道。直至今天奥贡园区的企业依然采用自行打井的方式解决用水问题。

二、法律政策环境不稳定

一带一路沿线国家的东道国为了吸引外资，往往颁布有一些针对包括园区开发商和运营商在内的外国投资者的优惠政策或法律法规，但由于部分东道国国内体制环境不稳定，这些政策法规存在变动风险。例如，赞比亚于 2006 年颁布了《发展署法》，成立了专门为促进外国投资、简化投资审批程序、提高政府服务外资企业的综合办事机构，推出吸引外国投资者的 "多功能经济区" 等投资平台，为外国投资者提供优惠政策。2007 年 2 月，赞比亚批准中国经贸合作区成为当地第一个多功能经济区，在多功能经济区内的获批项目可以享受税收、进出口等方面的优惠。但这些优惠政策持续的时间存在不确定性。由于赞比亚实行多党制，政府每 5 年举行一次大选，政府的更迭很可能引起现有法律和政策的变动，在实践中，新任政府很可能出于政治需求否认前任政府给予外国投资者的各种优惠，对于赞比亚中国经贸合作区的发展带来了隐忧。

三、贪污腐败问题严重

与我国各类开发区基本上由政府开发建设、政府管理运营不同，在一带一路沿线国家建设园区以中资企业为主体开发运营，因此在许多园区运营的日常事务上需要当地海关、税务、移民局、劳动保障等政府部门的协调配合。然而某些园区所在东道国政府工作效率低下、腐败问题严重，对于区内企业的正常生产经营造成了困扰。例如，尼日利亚奥贡广东自贸区由于当地海关贪腐问题，贸易企业的日常出货都成了问题，近年来实施企业通过走法律途径不断申诉才解决问题。

四、产业配套能力较弱

许多境外园区的东道国尚处于工业化前期或初期，当地工业制造体系尚未成型，产业配套能力较弱，基础性的生产性服务业缺失，提高了入区企业的生产经营成本。例如埃塞俄比亚尚未有生产包装瓦楞纸箱的能力，导致东方工业园的企业需要从中国运包装纸箱，提高了生产成本。

五、政府扶持力度不足

从合作机制来说，企业在 "一带一路" 沿线国家布局是带有政府间高层次经贸合作的性质的制度安排，涉及东道国的土地资源开发的政策、外资政策、市场准入及这些政策的连续性。发展境外的投资额比较大，投资周期比较长，离开双方政府的支持，在现阶段单靠企业自身的努力，也很难取得成功，所以双方政府在境外园区的战略规划、税收、土地使用、入区条件等方面提供的政策支持显得尤为重要。然而现在，仍有一些境外园区的建设、运营未签署政府间合作协议，没有形成双方政府框架内的合作机制，因此其投资主体在东道国没有获得应有的法律地位，东道国给予合作区的政策差异较大，优惠政策难以落实，政策稳定性差。

六、建设前期规划缺位

从当前境外园区的开发建设情况来看，由于实施企业园区开发、管理、运营经验欠缺，对于如何科学合理地进行建设前期规划工作没有足够的认识，同时国家对于境外园区确认考核中也没有对于前期规划的硬性要求，造成了许多境外合作区在空间布局、产业定位、投融资方案、招商引资计划、运营管理模式等方面缺乏超前的统一设计，对于后期的实际开发运营缺乏指导。

七、开发资金压力较大

从开发成本来说，境外园区以企业为主体的建设成本远高于国内以政府为主体的园区开发，这是由两种模式的本质区别造成的。首先，我国的土地实行公有制，国内开发区的土地大多由政府直接划拨给管委会或者以土地折合股份注入管委会下属开发公司，通过"资本大循环"模式取得滚动开发所需的资金。然而在境外，合作区需要通过买地或租地的方式获取土地，大幅提高了成本。其次，国内各类开发区在运营前五至十五年基本都设计有税收返还管委会用于滚动开发的政策，而在境外区内企业上缴税款需要全部交给当地政府。因此，从现有政策力度来看，虽然国家给予境外合作区一定财政支持，但由于我国资本市场尚不健全，境外资产抵押融资仍存在限制，企业仍面临很大融资难题，资金压力较大，短期内难以形成持续发展的盈利模式。

八、招商引资目标不清

由于前期产业规划的缺位，一些境外园区对于未来的主导产业和功能定位的设计规划不十分明确，往往存在对于合作区定位模糊、产业选择杂乱的情况。从现有情况看来，许多合作区都存在入区企业行业分布多而散，难以形成产业集聚与溢出效应。

第 2 节

企业"走出去"税务转让定价风险分析

"走出去"企业面临的转让定价风险类型繁多，以往研究侧重对风险点的分析，缺少全景式描述。以下依托 GVC 理论，重点剖析投资、融资、经营、退出等阶段关键节点转让定价税务风险，力求建立一个全流程风险模型。

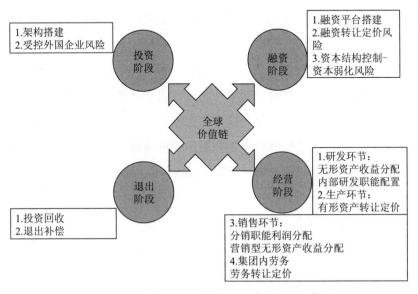

图 6-1 "走出去"企业转让定价税务风险类型

一、企业投资环节转让定价风险

企业"走出去"考虑的首要问题是投资架构设计，核心是对外投控平台与对外投资层级。搭建高效合理投资架构，需要重点分析资本流动灵活性、投资回收便利性、整体税负控制、投资方式选择及其他个性化商业因素。此环节较为突出的税务问题是重视最优商业安排而忽略多维度税务成本及风险评估。

风险一：无商业实质①的控股公司安排

企业根据行业性质、目标国税制及税收协定网络等因素，采用多个多层境外投控平台（常以投资区域考虑）对外投资，为投资引进、融资安排、税负控制、未来退出等提供弹性。从税务风险管控角度，各层级公司的存在是否具有合理商业实质是相关国家多项税收政策执行考量的关键因素。因此，在当前 G20 推出税基侵蚀和利润转移项目携手打击国际、避税的背景下，投资架构设计是否能够实现预期税收安排具有越来越多的不确定性，甚至可能导致额外税收成本。

风险二：无合理经营需要的巨额留存利润

除投控平台外，企业还会考虑在低税或免税国家（地区）设立资产管理公司，名义持有股份、资金和无形资产以获取股息、利息和特许权使用费等消极所得，缴纳较低甚至不缴纳税收，利润长期留存而不做利润分配汇回，实现延迟纳税，甚至长期体外循环寻求永不纳税。从税务风险管控角度，资产管理公司是否构成受控外国企业为相关国家关注的重点。在各国对受控外国企业认定标准越来越宽泛，积极所得与消极所得划分标准日趋复杂的当下，极有可能对资产管理公司留存收益视同分配并据以征税。

风险三：并购重组的转让定价税务风险

企业根据经营战略、业务需要、目标国商业和法律环境，可能选择并购方式谋求品牌、研发、物流、人才全球化，并通常会在并购前后进行旨在优化投资架构或业务配置的集团重组。从税务风险管控角度，此环节要

---

① 实践中商业实质的判定通常重点考虑功能、资产、风险及人员的配置情况。

注意关联股权转让定价的合理性、多层股权转让潜在的税收负担，以及股权转让收益享受税收协定待遇的受益身份等。

二、企业融资环节转让定价风险

企业考虑的另一重要问题是融资架构，核心是境外融资平台与资本结构。搭建有效合理的融资架构，需要重点分析如何以低成本融资、并高效便利地注入境外企业。此环节较为突出的税务问题是集团内融资引致的利息收付、隐形股息分配及资本弱化问题。

风险四：资本结构的资本弱化[①]税务风险

跨国企业综合考虑各国税制差异与投资回收方式后，通常会通过实施全球范围的目标资本结构（即加权平均资本成本最小的资本结构），谋求集团利润最大化。从税务风险管控角度，在商业安排满足资金运转需要的基础上，还需综合考量整个投资架构各层级企业的权益性投资与债权性投资比例配置问题，控制在所涉国家可能产生的资本弱化税务风险，避免相关利息支出不能在企业所得税税前扣除，导致整体税负增加或者未实现延期纳税的目标。

风险五：集团资金池[②]的内部融资税务风险

建立资金池实施资金的集约化管理是跨国企业常见的融资模式。鉴于国内外汇管制、境内外融资成本差异及流转税的考虑，国内跨国企业通常在境内外分别设置融资平台。从税务风险管控角度，集团成员的资金借贷、融资担保常忽视利息收取与扣除问题，除利息收付标准存在转让定价风险外，不进行利息收付或者人为集中销售在低税率的还面临交易被重新定性和定价的税务风险。

三、企业经营环节转让定价风险

跨国企业通常从商业战略层面在全球范围内进行研发、采购、生产、

---

① 资本弱化即通过关联公司借债而非投入资本金的形式进行海外投资，以通过利息扣除获取税收利益，一般当关联债务/资本金达到一定门槛之后即构成资本弱化。

② 资金池即集团内将各关联公司的闲余资金集中起来形成内部资本来源，供统一调配使用的财务管理机制。

销售、行政管理等核心职能配置，力争实现产业的全球协同，并同步实施"税务有效供应链管理"，谋求全球整体税负最小化。此阶段较为突出的税务问题是征纳信息不对称导致企业对税收筹划的风险评估不足，以及税务局较难及时获取全面信息判定其避税行为。

风险六：技术性无形资产利润权属的税务风险

研发环节最为突出的税务问题是所研发技术性无形资产的权利归属。跨国企业通常以合约转移、功能剥离等形式将集团无形资产或相关权利转移至无商业实质的公司、低税或无税地区、旨在获取专项税收优惠的主体运营公司等。从税务风险管控角度，当前多数国家均倾向从全球价值链分析和价值贡献角度（而非法定所有人角度），确定无形资产相关利润归属，企业上述运作模式潜在税务风险巨大。

风险七：研发劳务收益确定的税务风险

跨国企业根据地域禀赋及业务需要在全球设立多个研发中心，不同的研发模式及结算方式导致劳务定价成为较为突出的税务问题。当采用合约研发方式时，如何确定合理的作价方式进而规避成本简单加成带来的转让定价税务风险；当境外主体运营公司具备管理实质且承担研发风险时，如何根据其对无形资产的贡献确定所能享有的剩余/超额利润；当各参与方采用成本分摊形式共担成本和风险、共享无形资产成果时，如何确定买入支付价格及利润分配规则等。

风险八：生产活动与税收权益错配的税务风险

全球产业转移的趋势与周期使价值链生产职能的经济贡献与利润回报不匹配，跨国企业常通过与低税或无税成员企业进行原料采购与产品销售，挤占生产职能的利润空间，导致生产环节长期亏损或维持微利水平。目前生产职能聚集的国家均大力打击税收权益与生产活动的错配现象，履行单一生产职能的公司不应承担集团决策、市场风险所致亏损，而应体现合理利润回报，但实际经济活动中这些公司无权获取超额回报。此外，还需考虑跨国企业在低成本地区经营所获得的净成本节约，特别是通过在原材料、劳动力、租金、运输和基础设施等方面的较低支出所实现的超额回报。

风险九：营销活动与税收权益错配的税务风险

科技的日新月异使凝聚品牌黏性的营销活动成为高附加值的经营环节，而数字经济的发展使营销活动分散在全球各个区域，而不是商品或服务的实际交易地。这使按照传统理念配置营销环节利润的跨国企业面临更为复杂的转让定价税务风险。对承担简单分销功能的企业，应根据集团统一的转让定价政策给予符合独立交易原则的利润回报；对承担复杂营销职能，以及对营销型无形资产做出贡献的企业，应获取与其价值创造贡献相匹配的利润回报。衡量营销活动较常用和直观的指标为企业销售费用占集团销售费用的比重，利润回报应与其比重相匹配。此外，企业的利润回报还应体现其在对某项服务或产品具有特别需求的区域内开展经营所获得的超额利润。

风险十：集团劳务与税收权益错配的税务风险

跨国企业为提高核心竞争力，通过内部劳务整合集团资源实现协同效应，其面临的突出税务问题是集团劳务费用的收付及其标准。从税务风险管控角度，集团关联劳务费用的收取或支付，应重点分析劳务提供是否具有合理商业目的与经济实质，遵循独立交易原则；应从劳务提供方与接受方分别进行受益性分析，劳务具有真实性与必要性，并非重复提供或重复支付，并未从其他关联交易中获取补偿，且为接受方创造价值，否则可能面临转让定价调查风险。

四、企业退出环节转让定价风险

投资退出作为战略收缩与调整的方式，是企业优化资源配置的重要手段，既可通过高溢价退出获得特殊收益和现金流，也可及时退出经营不善的项目或业务，实现有效止损。从税务风险管控角度，企业在投资架构搭建初始即应考虑不同投资退出方式（直接或间接股权转让）的税务成本及潜在风险。

风险十一：股权转让退出的转让定价风险

跨国企业采取股权转让形式退出时，税务风险管控的关键是股权转让价格的确定。采用直接股权转让方式申请税收协定免税待遇时，应注意转让方的经济实质问题，避免受到滥用税收优惠的调查；采用间接股权转让方式时，应注意各层级公司所在国征税权归属的确定问题，避免同一所得在多国构成纳税义务。

风险十二：形式退出导致商业实质与税收结果错配的税务风险

对于运营实质没有变化的"合同"退出，通常会由于其商业实质与税收结果错配而受到税务调查与监管。美国 2014 年 9 月出台的有关加强反"税收倒置"的法规，某种意义上就是对企业退出的一种税收规范管理方式。部分欧洲国家主张的"退出补偿"也是企业在退出环节必须考虑的税务负担。

第 3 节

企业在"一带一路"投资的风险应对措施

一、参与国际投资协定谈判和改革

根据 2018 年 6 月联合国发布的《世界投资报告－全球投资最新趋势和前景》，2017 年全球大型区域性投资协定的谈判保持良好势头，特别是在亚洲和非洲，各国通过区域贸易投资协定谈判来推动贸易投资自由化与便利化。较为熟知的大型区域合作协定包括 TPP 和 TTIP，以及涉及 16 国的"区域全面经济伙伴关系"（RCEP）等。

与此同时，当前全球范围内正在兴起新一轮国际投资规则制定浪潮。目前，中国正在积极参与新一轮 BIT 和 FTA 制定，其中最重要的进展包括多边层面的中日韩 FTA、RECP 以及亚太自由贸易区（FTAAP）谈判，以及双边层面的中美 BIT 和中欧 BIT 谈判。中美 BIT 谈判中，中国同意在准入前阶段给予美国投资者以国民待遇，并以负面清单模式作为谈判基础。中欧 BIT 则于 2013 年 11 月正式启动，欧方同样希望在准入前国民待遇和负面清单的基础上展开谈判。事实上，2015 年签订的中韩 FTA 已经首次涉及准入前国民待遇和负面清单模式，中国承诺在协定生效后两年内，启动服务贸易的负面清单模式谈判和基于准入前国民待遇和负面清单模式的投资谈判。我国已经签订和参与谈判的，以及正在接轨的国际投资新规则，将成为推进我国"走出去",构建新一轮开放战略的国际化蓝本。

通过签订双边、多边和区域性投资协议的方式,有利于确保进入一带一路境外经贸合作区的中国企业在这些国家能够合法、连续地享受土地资源开发、外汇管理、市场准入、税收优惠等各类政策,保证其在东道国的法律地位,落实所在国政府应承担的相关建设任务和公共服务,保护园区实施主体的合理权益。同时,积极参与新一轮的国际投资协定改革,也为中国今后参与双边和多边投资治理奠定基调和带来广阔前景,有利于国内政府投资管理体制的改革和转型。

表6-1 部分跨区域经济一体化协定涉及的投资条款

内容	欧盟—中美洲联合协议	美国—韩国贸易协定	欧盟—韩国自由贸易协定	日本—瑞士经济伙伴关系协定	美国—多米尼加—中美洲自由贸易协定	澳大利亚—美国自由贸易协定	美国—新加坡自由贸易协定
签订时间	2012/06/29	2007/06/30	2010/10/06	2009/02/19	2004/08/05	2004/05/18	2003/05/06
生效时间		2012/03/15	2011/08/01	2009/09/01	2009/01/01	2005/01/01	2004/01/01
投资定义	狭窄	宽泛	狭窄	宽泛	宽泛	宽泛	宽泛
国民待遇	准入前	准入前	准入前	准入前	准入前	准入前	准入前
最惠国待遇	未涉及	涉及	涉及但有限制	涉及但有限制	涉及	涉及	涉及
最低待遇标准	未涉及	涉及	未涉及	涉及	涉及	涉及	涉及
清单管理模式	正面	负面	正面	负面	负面	负面	负面
征收和补偿	未涉及	及时、充分、有效	未涉及	及时、充分、有效	及时、充分、有效	及时、充分、有效	及时、充分、有效
转移	未涉及	自由转移	自由转移但略有限制	自由转移	自由转移	自由转移	自由转移

续表

内容	欧盟—中美洲联合协议	美国—韩国贸易协定	欧盟—韩国自由贸易协定	日本—瑞士经济伙伴关系协定	美国—多米尼加—中美洲自由贸易协定	澳大利亚—美国自由贸易协定	美国—新加坡自由贸易协定
代位	未涉及	涉及	未涉及	涉及	未涉及	未涉及	未涉及
特殊手续与信息要求	未涉及	涉及	未涉及	部分涉及	涉及	涉及	涉及
争端解决	未涉及	有所限制	未涉及	涉及	涉及	涉及	涉及
其他内容							
高管与董事会	未涉及	涉及	未涉及	未涉及	涉及	涉及	涉及
禁止业绩要求	未涉及	部分涉及	未涉及	部分涉及	部分涉及	全面涉及	全面涉及
国有企业	未涉及	未涉及	未涉及	未涉及	未涉及	未涉及	未涉及
环保	未涉及	部分涉及	未涉及	涉及	涉及	涉及	涉及
劳工	未涉及	未涉及	未涉及	涉及	未涉及	未涉及	未涉及
知识产权	未涉及	未涉及	未涉及	未涉及	未涉及	未涉及	未涉及
金融服务	未涉及	未涉及	未涉及	未涉及	未涉及	未涉及	未涉及
透明度	未涉及	未涉及	未涉及	未涉及	未涉及	未涉及	未涉及

资料来源：中国（深圳）综合开发研究院。

表6-2 中国与 TPP 成员国签订 FTA 和 BIT 情况

国家	自由贸易协定（FTA）			双边投资协定（BIT）
	协议名称	状态	内容	
澳大利亚	中国-澳大利亚自由贸易协定	已签订	G&S&I	已签订
加拿大	—	—	—	已签订
马来西亚	中国—东盟全面经济合作框架协议	已签订	G&S&I	已签订
美国	—	—	—	正在谈判

国家	自由贸易协定（FTA）			双边投资协定 （BIT）
秘鲁	中国—秘鲁自由贸易协定	已签订	G&S&I	已签订
墨西哥	—	—	—	已签订
日本	中日韩自由贸易区	正在谈判	—	已签订
文莱	中国—东盟全面经济合作框架协议	已签订	G&S&I	已签订
新加坡	中国—东盟全面经济合作框架协议 中国—新加坡自由贸易协定	已签订 已签订	G&S&I G&S	已签订
新西兰	中国—新西兰自由贸易协定	已签订	G&S&I	已签订
越南	中国—东盟全面经济合作框架协议	已签订	G&S&I	已签订
智利	中国—智利自由贸易协定	已签订	G&S&I	已签订

数据来源：RTA 数据源自中国自由贸易区服务网，http：//fta. mofcom. gov. cn/index. shtml，2015－11－03.

BIT 数据来自联合国贸发会议（UNCTAD）国际投资协定（IIA）数据库，http：//investment-policyhub. unctad. org/IIA/CountryBits/42#iiaInnerMenu，2015－11－03.

注释：G、S 和 I 分别表示包含商品贸易、服务贸易和投资章节（或补充协议）。

二、完善对外直接投资相关激励政策

在产业政策方面，通过出台指导性的宏观产业发展战略，并配套相应的投资激励政策，引导中国企业走出去，实现产业结构转型升级。

1. 纵向的产业扶持政策

重点扶持知识经济型产业、与可持续发展目标相一致的特定产业、高端制造业以及我国具有产能优势的产业，通过在这些产业的企业跨境并购和绿地投资给予适当的投资激励，来优化我国跨境投资产业结构，提高中国企业走出去、投资"一带一路"国家的效益；鼓励企业将优势产能转移到"一带一路"沿线国家，如纺织服装、制革、家具、农副产品加工、光伏、轧钢等产业，在提高生产效率的同时，为当地国家带来更多的就业岗位，促进当地的经济发展。

2. 横向的产业政策和投资激励政策

针对进入"一带一路"沿线国家的中国企业进行绿地投资的特定项目

和投资活动,比如研发(R&D)活动或其他对产业发展有明显溢出效应的投资项目,以及针对业绩方面的绩效激励,制定横向的产业政策和相应的投资激励政策。对于进入"一带一路"沿线国家进行直接投资的中国企业,可以在销售额、员工生产率等方面给予一定的绩效指标,对于表现卓越的企业给予一定的奖励。对于从事科学研发和其他具有战略意义的生产投资活动的跨国企业,如果在短期内难以实现良好的投资回报,可以适当给予财政补贴,帮助这些企业度过跨境投资的前期和过渡期。

三、推广我国的园区运营管理经验

在微观层面上,推广我国成功的园区运营管理经验,重点介绍"一站式、一贯制"服务模式、招商引资行动方案、大孵化器运作机制、产业生态系统构建模式等经验,实现园区管理运营和招商引资等"软件项目"的走出去。

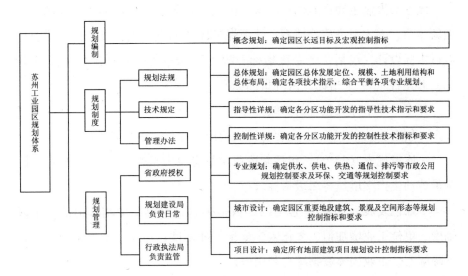

图6-2 苏州工业园区规划体系

在园区开发战略上,可以借鉴和推广中国产业园区一些行之有效的开发策略,其中包括以下几点:

启动区先行,滚动开发,以点带线,以线带面。产业园区的建设应当有计划、有步骤地分期分批进行，做到开发一片，建成一片，收益一片。开发建设起步规模不能要求过大，规划建筑标准不能过高，不能脱离当时当地的财力、物力的实际可能，不能脱离引进项目的实际可能．

给予土地各种弹性用途及留白，为未来发展给予充分的发展空间。

土地供给采取弹性年期出让、先租后让、租让结合、长期租赁方式。

四、构建产业园区考核评价体系

在宏观层面上，将"212"园区投资决策研究工程作为通过境外合作区考核通过的必要条件之一，通过专业细致的产业发展规划、空间总体规划、投资可行性研究和投融资方案设计，确保项目的科学性、合理性、可行性和收益性。

目前，我国已有三个园区考核评价体系的成功案例：

1. 《"中国制造2025"国家级示范区评估指南》（2018）

该方案聚焦主导产业创新突破，围绕建设先进制造业体系、区域协同创新体系、人才引进培养体系、政策保障体系和重点工作推进体系等方面进行指标设计，包括7个一级指标、29个二级指标，包括定量（12个指标）和定性（17个指标）两种指标类型。

其中一级指标及包含的二级指标：

·创新驱动（13%），主要是研发费用、专利、产学研等；

·质量优先（13%），包括制造业质量竞争力指数、增加值率及增速、全员劳动生产率增速等二级指标；

·绿色发展（13%），包括的二级指标有：单位工业增加值能耗下降幅度、单位工业增加值二氧化碳排放量下降幅度、单位工业增加值用水量下降幅度、工业固体废物综合利用率；

·结构优化（16%），包括的二级指标有：传统企业改造升级水平、智能制造发展水平、数字化研发设计工具普及率、关键工序数控化率；

·人才为本（13%），包括的二级指标有：研发人员占比、人才引进情况、人才队伍建设情况；

·组织实施（32%），包括的二级指标有：政策落实、资金支持、标

准化工作;

·城市群协同发展（30%），考核了产业园区所处的城市群的协同发展指数，其计算公式为：城市群评估总分＝城市群协同发展得分+（创新驱动、质量为先、绿色发展、结构优化、人才为本、组织实施等6个一级指标总得分）×70%。

表6-3 "中国制造2025"国家级示范区评估体系[①]

一级指标	二级指标（单位）	指标类型	参考权重	采样（数据来源）
创新驱动	规模以上工业企业研发经费内部支出占主营业务收入比重（%）	定量	3	地方政府
	规模以上制造业每亿元主营业务收入有效发明专利数（件）	定量	3	统计年鉴
	创新机构建设及政产学研用协同创新水平情况	定性	3	创建方案/自评报告
	创新驱动发展相关的其他内容	定性	4	专家评判
质量为先	制造业质量竞争力指数	定量	3	质检总局
	制造业增加值率及增速	定量	3	统计年鉴
	制造业全员劳动生产率增速（%）	定量	3	统计年鉴
	质量效益提升相关的其他内容	定性	4	专家评判
绿色发展	规模以上单位工业增加值能耗下降幅度	定量	3	统计年鉴
	单位工业增加值二氧化碳排放量下降幅度	定量	2	统计年鉴
	单位工业增加值用水量下降幅度	定量	2	统计年鉴
	工业固体废物综合利用率（%）	定量	2	统计年鉴
	绿色发展相关的其他内容	定性	4	专家评判
结构优化	传统企业改造升级水平	定性	2	创建方案/自评报告
	智能制造发展水平	定性	6	创建方案/自评报告
	数字化研发设计工具普及率（%）	定量	2	地方政府
	关键工序数控化率（%）	定量	2	地方政府
	产业结构优化升级相关的其他内容	定性	4	专家评判

---

① 中国政府网，http：//www.gov.cn/zhengce/content/2017-11/23/content_ 5241727.htm

一级指标	二级指标（单位）	指标类型	参考权重	采样（数据来源）
人才为本	规模以上工业企业研发人员占工业从业人员比重（%）	定量	4	统计年鉴
	制造业人才培养引进情况	定性	5	创建方案/自评报告
	人才队伍建设相关的其他内容	定性	4	专家评判
组织实施	重点工作推进情况	定性	3	创建方案/自评报告
	政策措施落实情况	定性	3	创建方案/自评报告
	各类资金资源支持情况	定性	4	创建方案/自评报告
	开展标准化工作及管理情况	定性	2	创建方案/自评报告
	大胆探索、先行先试等其他内容	定性	20	专家评判
城市群协同发展	所在省（区）支持城市群创建示范区的工作机制情况	定性	10	创建方案/自评报告
	城市间产业协同发展水平	定性	10	创建方案/自评报告
	各城市引导本地产业差异化发展工作情况	定性	10	创建方案/自评报告

2. 河北省高新技术产业开发区考核评价实施方案

2017 年，河北 30 个省级以上高新区工业增加值达 2425 亿元，作为强劲引擎，高新区在培育创新主体和加速创新驱动上作用显著。河北省科技厅以导向性、综合性、激励性为原则，提出了一个产业园区考核评价实施方案。该方案包括总量规模、科技创新、产业发展、环境建设四个一级指标和若干个二级指标，具体如下：

·总量规模（20%）：包括总收入、总收入增长率、税收收入、税收收入增长率四个二级指标。

·科技创新（35%）：包括研发投入占 GDP 比重、万人发明专利拥有量、新增省级以上科技服务机构数量、新增高新技术企业数量、新增科技型中小企业数量、科技活动人员占从业人员比重等二级指标。

·产业发展（30%），包括的二级指标有：园区主导产业产值占园区工业总产值比重、高新技术产业增加值占工业增加值比重、高新技术产业产值增长率、万元 GDP 能耗、工业用地产出强度。

·环境建设（15%），包括的二级指标有：园区管理创新情况、争创国家、省级创新试点情况、承担省级以上科技项目情况。

依据全省高新区综合评价结果，河北省政府对综合排名前 3 名的高新技术产业开发区给予表扬奖励；在项目、资金、土地等方面给予倾斜支持；发展空间不足的支持扩区。受到表扬的省级高新区，优先支持申报国家级高新区。对综合排名后 2 名的高新技术产业开发区，给予通报和警告。

表 6-4　河北省高新技术产业开发区考核评估体系

一级指标	代码	二级指标	单位	权重%
总量规模 （20%）	1	总收入	万元	6
	2	总收入增长率	%	6
	3	税收收入	万元	4
	4	税收收入增长率	%	4
科技创新 （35%）	5	研发投入占 GDP 比重	%	6
	6	万人发明专利拥有量	件	6
	7	新增省级以上科技服务机构数量	家	6
	8	新增高新技术企业数量	家	6
	9	新增科技型中小企业数量	家	6
	10	科技活动人员占从业人员比重	%	5
产业发展 （30%）	11	园区主导产业产值占园区工业总产值比重	%	8
	12	高新技术产业增加值占工业增加值比重	%	6
	13	高新技术产业产值增长率	%	6
	14	万元 GDP 能耗	吨标准煤/万元	5
	15	工业用地产出强度	万元/亩	5
环境建设 （15%）	16	园区管理创新情况		5
	17	争创国家、省级创新试点情况		5
	18	承担省级以上科技项目情况		5

3. 广东省产业园建设发展绩效评价办法

2018 年 1 月 8 日，广东省政府针对省产业转移工业园和经省批准享受产业转移政策的产业园区，发布了《广东省产业园建设发展绩效评价办法》。这套方案包括产业项目、固定资产投资、规模以上工业增加值、税收四个一级指标和若干个二级指标。

表 6-5 广东省产业园考核评估体系

产业项目	新落地企业数量及立项投资总额	家/亿元	省统计局，园区管理机构、园区所在地市统计部门
	新落地投资亿元以上企业数，其中投资 10 亿元以上企业数	家	
	新投产工业企业数	家	
固定资产投资	固定资产投资	亿元	园区管理机构、园区所在地市统计部门
	工业项目固定资产投资	亿元	
规模以上工业增加值	规模以上工业增加值	亿元	省统计局
	规模以上工业增加值增速	%	
税收	税收总额	亿元	园区所在地市税务部门、园区管理机构
	税收总额增速	%	

4. 自建产业园区考核评价体系

结合参考的评价体系，以总量规模、科技创新、绿色发展、人才引进、产业结构、基础设施六个方面为一级指标，分别衡量园区的总体收入水平、科技创新成果、节能减排和资源利用、从业人员构成、产业集群和结构优化水平以及基础设施配套情况。该体系围绕科技创新环境、生态环境、可持续发展能力构建，以产业化（产业集群、结构优化）、创新、可持续、人才为绩效关键词，着重体现园区的增长情况与持续发展情况，具体如下：

表 6-6 自建产业园考核评估体系

一级指标	二级指标	数据来源	备注
总量规模	总收入及增速	地方政府	
	税收及增速	地市税局	
	居民人均可支配收入及增速	地方统计局	
科技创新	园区企业研发经费支出与主营收入之比	地市统计局	
	科研机构数量（个）	地方统计局	
	园区企业有效发明专利数及增速	地方统计局	
	数字化研发设计工具普及率（%）	地方政府	
	技术市场成交额（亿元）	地方统计局	
绿色发展	万元 GDP 能耗	地市统计局	
	规模以上单位工业增加值能耗下降幅度	地市统计局	
	单位工业增加值二氧化碳排放量下降幅度	地市统计局	
	工业固体废物综合利用率（%）	地市统计局	
人才引进	研发人员数量及增速	地方统计局	
	人才吸引政策	自评报告	
产业结构	高新技术企业数量及增速	地市科技部门	
	高新技术企业工业总产值占地区工业总产值的比重	地市科技部门	
	制造业增加值率及增速	地市统计局	
	园区主导产业产值占园区工业总产值比重	地市统计局	
基础设施	交通运输线路长度（公里）	地市统计局	=园区内铁路营业里程+公路营业里程+内河航道里程
	邮电业务总量及增速	地市统计局	=邮政业务总量+电信业务总量
	互联网宽带接入端口	地市统计局	
	住宿和餐饮业营业面积及增速	地市统计局	
	旅行社及星级饭店数及增速	地市统计局	=旅行社+星级饭店数
	医疗卫生机构床位数量	地市统计局	

· 第七章 · 建设 "一带一路"
综合服务平台

Chinese Enterprises "Going Out" under OBOR

第 1 节

建设"走出去"金融服务平台

一、建设"走出去"投资平台

一是推进境外投资备案便利化试点。建立自贸片区对外投资备案系统，实行"备案为主、核准为辅"的管理模式。探索开展个人境外投资项目转成企业境外投资项目补办备案试点，允许已经"走出去"但仍未在境内政府部门报批或备案的境外投资项目的股东或实际控制人在自贸区设立企业作为境内投资主体，补办相关备案手续。

二是进一步拓宽跨境投资双通道。深入开展外商投资股权投资企业试点（QFLP），推进合格境内投资者境外投资试点（QDLP）。支持开展个人投资者境外投资试点，允许自贸区合格个人投资者通过区内金融机构相关业务平台直接投资中国香港、新加坡等地资本市场的股票、债券及其他有价证券。

三是支持设立从事境外投资的各类基金。推动设立专门到境外投资的项目公司以及产业投资基金，支持设立境外投资股权投资母基金。支持粤港澳三地机构在自贸区内合作设立人民币海外投贷基金，募集内地、港澳地区及海外机构和个人的人民币资金，重点支持国内高端技术和优势产业"走出去"。

二、建设 "走出去" 融资平台

一是支持自贸区企业赴中国香港、新加坡发行人民币债券。发挥自贸区的区域优势及政策优势，鼓励企业利用中国香港、新加坡人民币市场进行债券融资，获取低利率资金，为企业境外项目或直接提供融资。鼓励自贸区金融机构积极为企业开展投资银行业务，为企业赴中国香港、新加坡发行人民币债券提供债券承销发行服务。

二是鼓励我国境外企业在中国的银行间市场发行债券。鼓励自贸区企业在境外的子公司或关联公司借助这一渠道，通过在银行间市场发行债券直接获取融资支持。鼓励金融机构加大营销推广力度，做好相关债券承销指导工作。

三是鼓励金融机构开展境外资产抵押融资业务。鼓励金融机构探索开展股权、矿业开采权、境外资产、应收账款等抵（质）押融资，为企业走出去提供融资支持，并通过履约保函、融资保函等对外担保方式为项目融资提供信用保障。

四是打造 "走出去" 融资租赁服务基地。利用自贸片区跨境融资、税收优惠等政策，集聚一批中外资融资租赁公司或租赁项目子公司（SPV）落户自贸区。优化审批流程，鼓励自贸片区融资租赁企业通过境外发债筹集外币资金。探索租赁项目资产证券化健康发展路径，鼓励租赁项目资产私募证券化，促进租赁资产流通。

三、建设 "走出去" 结算平台

一是探索连通境内外资金市场。扩大跨国公司资金集中运营管理的试点范围，帮助企业综合利用国际国内两个市场，实现统筹资金使用、高效配置资源、有效防范风险的目标，建设区域性的资金运营管理中心。鼓励开展跨境资金池业务：在国内银行开立国际资金主账户，用于归集境外成员公司资金，形成国际资金池；在国内银行开立国内资金主账户，用于归集境内成员公司资金，形成国内资金池；将境内成员公司的外债和对外放款额度集中调配，有限连通国内及国际两个资金池；经常项下集中收付汇和贸易轧差净额结算。

二是发展特色金融拓展结算服务。通过发展互联网金融、供应链金融和海洋金融等，扩大自贸片区金融结算服务的影响力和覆盖面，增加金融服务的目标客户群体，打造国际贸易投资企业的主要结算地。

三是打造区域离岸金融中心。发展离岸银行业务尤其是资金结算业务，整合现有政策资源，通过离岸账户（OSA）、境外居民境内账户（NRA）、自由贸易账户（FT）等已实现或已批复的业务类型，满足国际贸易投资企业和东南亚境内采购客户的资金结算业务需求。以发行国际债券（包括外国债券和亚洲美元债券）、离岸股票作为发展区域离岸金融中心的突破口，推动自贸区离岸金融业务向纵深发展。完善汇率衍生品市场，满足国际贸易投资企业和东南亚境内采购客户的管理外汇风险的需求，降低企业汇率风险。

四是完善跨境支付清算体系。与人民银行一道开发建设跨境人民币支付清算系统，实现 7×24 小时无间断连续运行满足全球各个时区的人民币支付结算需求，支持境外银行直接接入或通过境内商业银行代理接入，为境内外国际贸易投资主体提供更加优质、高效的金融服务，解决当前存在的时差问题，改善人民币境外流通的条件和环境，进一步支持人民币"走出去"。

五是建立投融资商务综合服务平台。借鉴商务部贸易境外投资信息服务系统，建设互联网金融商务综合服务平台，集中展示外国经济社会发展情况、跨境资金结算、贸易结算政策、资金保值增值的金融信息，探索将商务、海关、税务、金融、外汇等信息共享。建立国际金融信息数据库，全面掌握跨境投融资和贸易信息，并对信息数据进行分析，掌握业务发展趋势和方向，为企业开展跨境投融资和贸易提供良好服务。设立金融商务研究机构，定期举办金融创新会议、论坛，加强企业、金融机构、政府相关部门沟通交流。

四、建设"走出去"保险平台

一是大力发展保险总部经济。吸引保险法人机构落户，鼓励保险总公司在自贸区设立专业子公司、基金管理公司、项目公司、区域总部、研发中心、运营中心。加快保险机构组织形式创新，支持设立自保、相互制保险等新型保险机构和航运保险、责任保险、健康保险、养老保险等专业保险机构。支持"互联网+"背景下互联网保险公司和新型保险要素交易平台的设立。

二是建设自贸区再保险中心。支持国内外资本在自贸区设立再保险法人机构、专业子公司、分支机构以及再保险经纪、风险评级、法律咨询等配套服务机构，大力发展离岸再保险和跨境人民币再保险业务，积极争取在自贸区开展再保险监管改革创新试点，促进国内外再保险业务、机构、人才、技术逐步汇集，使自贸区成为全球重要的保险风险集散中心。

三是搭建高标准保险服务体系。积极探索建立与国际贸易规则相适应的保险服务体系，创新发展出口信用保险、航运保险、物流保险、融资租赁保险、质量保证保险、邮轮游艇保险、海上工程保险、大型海洋装备保险等业务，支持保险机构为企业海外投资、产品技术输出、国家"一带一路"重大工程建设提供综合保险服务。鼓励境内机构联合设立保险类的补偿性基金，支持自贸片区企业"走出去"开发建设和产业发展。

第 2 节

建设"走出去"税收服务平台

构建自贸区对外投资税收支撑体系，维护企业税收权益，对促进区内企业对外投资合作的顺利开展，构建符合国际惯例、完整规范的国际税收管理新体系具有重要意义。

一、完善对外投资税收政策

一是系统地研究制定符合国家"一带一路"发展战略的税收政策。根据国家开放型经济体制建设规划，突破仅关注国际税收政策完善与各部门仅关注自身政策制定的局限，组织专家团队全面评析现有对外投资税收政策，结合国内企业对外投资经营实际及发展趋势，借鉴国际成功经验强化对外投资政策扶持与激励，特别考虑增值税与关税的总体税负降低与遵从简化、企业所得税对外投资所得税负降低与抵免简化。

二是针对"一带一路"沿线国家（地区）投资所得给予一定税收优惠。针对"一带一路"沿线重点国家（地区）项目，在海外投资利润收入、股息收入、不动产资本利得等领域，给予免税或一定的税收减免优惠。

三是积极跟踪国际税改变化，有效应对冲击。吸收世界税改及 BEPS 研究成果，及时评析新国际税收规则对我国税法的冲击，对本应属于我国的税收而国内税法未予明确征收的缺失内容、现行税收征管漏洞较大的政策，及时研究补充相关法律条款，推动产业、企业、资本国际竞争力的提升。

二、提高对外投资税收征管

按照合法合理的原则，逐步建立符合风险管理导向的对外投资国际税收征管制度。

一是优化境外投资经营所得申报制度。整合申报事项，改进申报流程，实现境外投资信息网上报备、启动相互协商程序的网上申请，推进税收协定待遇网上以报代备，研究部分税收居民身份证明网上即时开具，建立全面智能的境外投资和经营信息申报体系。

二是建立跨境税务风险预警机制。动态跟踪境内企业对外投资经营活动，根据企业对外投资经营内外部信息设定风险监控指标，根据预警信息评析潜在跨境税务风险，通过纳服平台推送企业进行风险提示，并要求企业反馈风险排查结果，建立对外投资企业跨境税务风险预警体系。

三是加强关联交易的监管力度。结合 BEPS 行动成果落实，加强对企业关联交易的监管，对恶意税收筹划实施反避税专业调查。

三、提升对外投资国际税收服务

一是加强国别税收信息收集与更新。考虑设立自贸区企业全球运营税收服务支持中心，利用"互联网+"的手段加快建立一站式的综合性信息服务渠道，使企业了解最新跨境税收征管措施。

二是引导提升企业税收风险应对能力。推动建立"一带一路"沿线国家税务负面清单，引导企业到东道国进行投资。重视案例的收集整理和经验教训的总结与分享，建立"走出去"企业涉税处理案例库。

三是提升企业境外投资税收咨询和信息服务水平。成立由各类型专家组成的团队，专门为企业对外投资提供咨询和信息服务，定期或不定期举办"走出去"企业税收沙龙，通过遵从指引提高税收确定性，增强风险防控能力。

四是建立跨境税务争议层报机制。通过层报总局启动相应调整双边磋商或预约定价安排双边磋商等形式为企业解决跨境税务争议等等。

第 3 节

建设"走出去"专业服务平台

一、建设"走出去"公共服务平台

企业"走出去",开展对外投资合作,首先要充分了解投资意向国(地区)的经济、社会、文化、政治等宏观环境,掌握足够的政策法规、统计数据及资讯,以防范境外安全风险,保障合理投资回报。为提高企业对外投资合作决策的科学性,降低企业前期筹备成本,亟须建立"走出去"公共服务平台。

"走出去"公共服务平台包括(但不限于)以下内容:

· 国家(地区)指南;

· 投资和通关通检政策指南;

· 海外业务指南;

· 海外机构名录;

· 在线办事;

· 境外安全风险防范;

· 相关资讯。

二、建设"走出去"项目交易平台

通过建设企业"走出去"跨境投融资和贸易交易相关产品和项目的交

易平台，发展二级流通市场，有效提升投融资和贸易相关产品和项目的流动性，进一步增强投资者的避险能力，增加投资者的投资渠道。具体操作上，可以充分发挥前海股权交易中心等要素交易平台发展的成效，通过增加交易产品，吸引更多投资者参与要素交易等方式，尽快推动企业 "走出去" 跨境投融资和贸易交易市场的形成并发展。

三、建设 "走出去" 知识产权平台

1. 公共试验检测平台

为企业提供系统可靠的试验检测服务、出具有公信力的试验检测报告、提供试验检测需求咨询等公共服务的分析测试中心。

2. 公共认证及注册服务平台

为企业提供国内外质量管理体系、环境、产品等认证和产品、商标注册服务及相关技术咨询的平台。

3. 知识产权合作平台

重点为企业实施知识产权战略提供咨询与服务，为深圳和沿线国家企业对接、实施和转化专利技术牵线搭桥，开展知识产权交流合作研讨培训。

·第八章· 企业"走出去"经验借鉴与
"一带一路"政策

Chinese Enterprises "Going Out" under OBOR

第 1 节

国际经验总结

对外投资作为"走出去"的重要方式，反映了一国的经济实力和在世界上的经济地位。从国际上来看，美国、德国、日本等发达国家是世界上重要的对外直接投资国，对外投资均走过了较长的发展历程，借鉴发达国家的对外投资经验，对于指导中国"走出去"尤其是对外直接投资不断升级具有重要意义。具体来说，美国、德国、日本等投资大国的对外直接投资历程具有如下特点。

一、投资产业

从以资源行业为重点到以制造业、服务业为重点。美、德、日等发达国家的早期对外直接投资主要集中在资源行业，然后逐渐转移至制造业和服务业，同时，持股公司比重也越来越大。

（1）美国

1914 年，美国对外直接投资存量有 40.4% 分布在矿业石油业，18.2% 分布在制造业，14.7% 分布在公共基础设施（铁路、公共工程），13.5% 分布在农业，6.5% 分布在销售业。1950 年，美国的对外直接投资存量 38.3% 分布在矿业石油业，32.5% 分布在制造业，18.6% 分布在服务业，10.6% 分布在其他行业。1989 年，美国的对外直接投资存量 15.5% 分布在矿业石油业，41.7%分布在制造业，38.4%分布在服务业，4.4%分布在其他行业。到 2011 年，美国的对外直接投资存量 4.5%分布在矿业石油业，14.2%分布在制造业，20.3%分布在金融保险业，43.5%为持股公司。

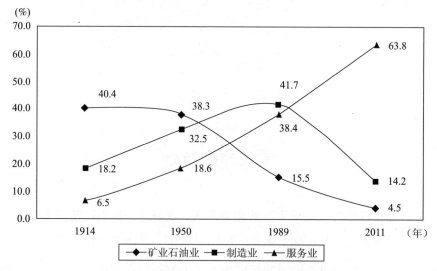

图 8-1 美国对外直接投资行业分布演变情况

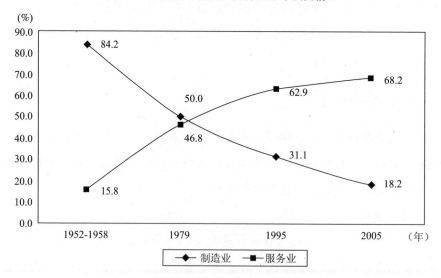

图 8-2 德国对外直接投资行业分布演变情况

（2）德国

德国的情况有所不同，其对资源业的投资一直比较少，德国 1952—1958 年间的对外直接投资主要分布在制造业，占 84.2%，服务业占 15.8%。其中，钢铁、化工、电气、机械、汽车五大行业的投资占 46.4%，银行和持股公司占 7.6%，商业占 5.0%，保险业占 3.2%。1979 年，德国制造业对外直接投资占比降至 50%，服务业占比增至 46.8%，另有 3.2% 为采矿业。其中，钢铁、化工、电气、机械、汽车五大行业的投资占 40.8%，商业占 18.5%，银行占 6.5%，持股公司占 21.8%。1995 年，制造业占比降至 31.1%，银行等金融中介占 24.3%，持股公司占 25.5%，批发零售及维修占 13.1%。2005 年，制造业占比降至 18.2%，银行等金融中介占 17.6%，持股公司占 41.2%，批发零售及维修占 9.4%。

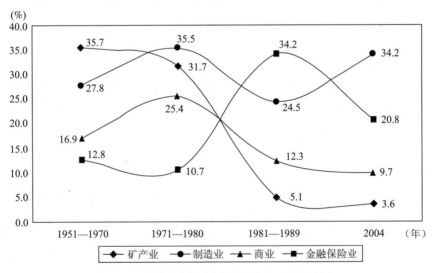

图 8-3　日本对外直接投资行业分布演变情况

（3）日本

日本的对外直接投资与美国类似，也经历了重心从资源业到制造业再到服务业的转变，但 20 世纪 90 年代中期以来，日本对制造业的投资比重逐渐回升。1951—1970 年间，日本对外直接投资存量在矿产业、制造业、商业、金融保险业的比例分别为 35.7%、27.8%、16.9% 和 12.8%。

1971—1980 年间，日本对外直接投资存量在矿产业、制造业、商业、金融保险业的比例分别为 31.7%、35.5%、25.4%和 10.7%。1981—1989 年间，日本对外直接投资存量在矿产业、制造业、商业、金融保险业的比例分别为 5.1%、24.5%、12.3%和 34.2%。2004 年，日本对外直接投资存量在在矿产业、制造业、商业、金融保险业的比例分别为 3.6%、34.2%、9.7%和 20.8%，此外，交通运输业占 7.3%，房地产业占 10.7%，其他服务业占 10.3%。

二、投资区域

从发展中国家转向发达国家。美、德、日等国家的早期对外直接投资多集中在发展中国家，然后逐渐转向发达国家。总的来说，对发展中国家，美、德、日的早期投资以资源行业为主，后转为制造业和服务业；对发达国家，投资则长期以制造业和服务业为主。

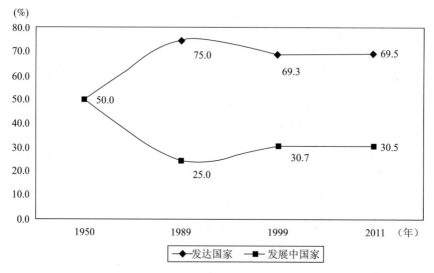

图 8-4　美国对外直接投资地区分布演变情况

（1）美国

美国的对外直接投资的地区分布趋势非常明显，逐渐从发展中国家转移至发达国家。1950 年，美国投向发达国家和发展中国家的直接投资存量基本持平。1989 年，美国投向发达国家的直接投资存量比例升至约 3/4，投向发展中国家的直接投资存量比例降至约 1/4。1999 年，美国投向发达国家和发展中国家的直接投资存量比例变化为 69.3%、30.7%。2011 年，美国投向发达国家和发展中国家的直接投资存量比例变化为 69.5%、30.5%；其中，7.7%投向加拿大，55.5%投向欧洲，20%投向拉丁美洲，12%投向亚洲，1.4%投向非洲，3.4%投向大洋洲。

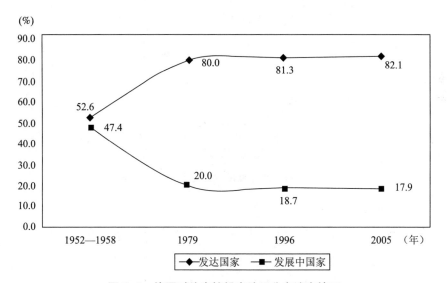

图 8-5　德国对外直接投资地区分布演变情况

（2）德国

德国的情况虽然有所差异，长期以发达国家为主要投资对象，但早期对发展中国家的投资也占据了较大份额，之后逐渐转移至发达国家。1952—1958 年间对发达国家和发展中国家的直接投资额占比分别为 52.6%、47.4%；其中，36%投向欧洲，13.9%投向加拿大，2.7%投向美国，19.8%投向巴西，13.5%投向其他拉丁美洲国家，6.3%投向非洲，4.5%投向亚洲，2.7%投向大洋洲。1979 年，德国对发达国家和发展中国家的直接投资存量占比变化为 80%、20%；其中，35.4%投向原欧共体国家，21.3% 投向美国，2.5%投向加拿大，14.7%投向拉丁美洲，2.8% 投向非洲；1996 年，德国对外直接投资存量有 57.8%在欧盟，21.5%在美国，2.0%在日本，0.7%在中国；2008年，德国对外直接投资存量有64.1%在欧盟，17%在美国，1.0%在日本，2.1%在中国。

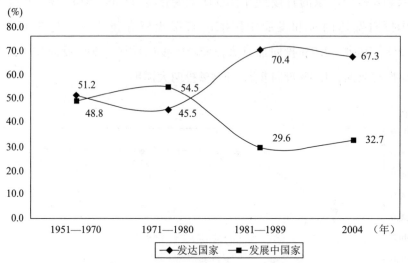

图8-6　日本对外直接投资地区分布演变情况

（3）日本

日本的对外直接投资经历了从发达国家为主到以发展中国家为主，再到以发达国家为主的历程，但近二十年来，日本对发展中国家的投资比重有明显上升。1951—1970年间对发展中国家和发达国家的直接投资额占比分别为48.8%、51.2%；其中，25.5%投向北美，15.9%投向中南美洲，21%投向除中近东外的亚洲，9.3%投向中近东地区，17.9%投向欧洲，7.9%投向大洋洲，2.6%投向非洲。1971—1980年间对发展中国家和发达国家的直接投资额占比为54.5%、45.5%；其中，27%投向北美，17%投向中南美洲，27.6%投向除中近东外的亚洲，5.8%投向中近东地区，11.6%投向欧洲，6.8%投向大洋洲，4.1%投向非洲。1981—1989年间对发展中国家和发达国家的直接投资额占比分别为29.6%、70.4%；其中，45.5%投向北美，13.2%投向中南美洲，14.1%投向除中近东外的亚洲，0.5%投向中近东地区，20%投向欧洲，5.2%投向大洋洲，1.8%投向非洲。到2004年，日本对发展中国家和发达国家的直接投资存量占比分别为32.7%、67.3%；其中，34.5%投向北美，12.54%投向中南美洲，19%投向除中近东以外的亚洲，0.43%投向中近东地区，29.2%投向欧洲，3.6%投向大洋洲，0.7%投向非洲。

三、投资主体

跨国公司是美、德、日等投资强国对外直接投资的主体。在对外投资的过程中，大型跨国公司迅速成长，其实力的相对变化也基本反映着各国在世界直接投资领域中的地位变化。以工业企业为例，据美国《财富》杂志的数据，在 1956 年全球 100 家最大的工业跨国公司中，美国有 79 家，德国 7 家，日本 0 家；到 1980 年，美国有 44 家，德国 11 家，日本 8 家；到 1998 年，美国有 35 家，德国 14 家，日本 23 家。

表 8-1 全球 100 家最大的工业跨国公司数量

年份	美国	德国	日本
1956	79	7	0
1980	44	11	8
1998	35	14	23

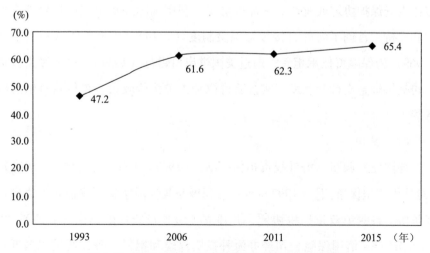

图 8-7 世界非金融 100 强跨国公司跨国指数演变

在大型跨国公司的成长中，国际经营化程度日益提高是一个重要特点，这反映出其在全球吸纳、整合、配置资源的能力越来越强。联合国贸易与发展组织根据企业母国以外的国外资产占总资产的比例、国外市场收入占总销售收入的比例、国外雇员占总雇员的比例等三个指标的平均值计算了世界非金融 100 强跨国公司的跨国指数，发现其跨国指数不断提高，从 1993 年的 47.2% 上升到 2006 年的 61.6%，2011 年达到 62.3%，2015 年达到 65.4%。

四、政府职能

在对外直接投资方面，美、德、日等国相继建立了比较完善的投资促进体系，鼓励、保护和引导对外直接投资。

（1）美国

美国的对外直接投资常常与对外援助联系起来，以对外援助为先导。美国先后颁布《对外援助法》（1948）、《经济合作法》（1948）、《肯希卢泊修正案》（1962）、《冈扎勒斯修正案》（1972）和《贸易法》中的限制条款（1974）、《海外反腐败法》（1977）等，积极与其他国家签订双边或多边投资保护协定或避免双重征税协定，利用国际经济组织以提供外交保护和支持，首创了海外直接投资保险制度（1948），以海外私人投资公司（1969）为保险责任承担者，通过美国进出口银行（1934）、海外私人投资公司提供资金支持和援助，实行所得税和关税优待政策，提供投资信息服务等。

（2）德国

德国先后颁布《海外投资担保准则》（1959）《对外经济法》（1961）、《对外投资担保条例》（1993）等，并积极与其他国家签订双边或多边投资保护协定或避免双重征税协定，并建立了海外投资保险制度（1959），由 Euler Hermes 信用保险公司经办海外投资保险和担保业务，通过德国复兴信贷银行、德国投资开发公司、德国技术合作和德国能源署提供投融资资金支持和咨询，还制定了税收优惠措施，提供信息咨询和投资培训等。

（3）日本

日本先后颁布《出口信用保险法》（1950）、《出口保险特殊会计法》（1950）、《出口保险法》（1953）、《贸易和投资保险法》（1987）等，并积极与其他国家签订双边或多边投资保护协定或避免双重征税协定，继美国之后在世界上第二个建立了海外投资保险制度（1956），以日本经济产业省（2001之前）和日本出口和投资保险组织（2001之后）为保险机构，设立海外投资亏损准备金制度（1964），通过日本进出口银行（1950）、日本海外经济合作基金（1961）、日本国际合作银行（1999）等提供融资支持，并实行税收优惠，通过日本贸易振兴机构（1958）提供信息和技术服务。

同时，日本也根据本国需要对海外直接投资进行了引导。比如，在鼓励投资海外自然资源方面，日本专门设立了资源投资亏损准备金制度，并先后成立石油开发公司（1967）和金属矿产事业公司（1963）引导海外矿产资源的勘查与开发，并给予优惠贷款、贷款担保及税收优惠等。2002年，石油开发公司和金融矿产事业公司合并为石油天然气·金属矿产资源机构，其主要职能是建立全球矿产资源信息网络；通过技术合作和经济援助，降低企业在海外勘查开发的风险；在海外开展基础地质调查，承担项目前期风险，引导企业选点。

此外，美、德、日等投资强国多重视支持中小企业赴海外投资，比如美国海外私人投资公司重视对中小企业贷款支持，如给予中长期直接贷款，并以降低中小企业保险登记费、代小公司垫付保险经纪人代办费、对投资项目调查差旅费进行补助等多种形式提供海外投资补助等；德国政府经济合作部为中小企业提供"新企业开办及技术转让计划"专项贷款，德国复兴信贷银行为中小企业在境外投资提供优惠贷款。

第 2 节

发展水平评判

国际上一般认为，对外投资大国主要指标包括：年度对外投资流量、存量及占比居世界前列，对外直接投资全球覆盖率高，对外直接投资流量占经济总量比重（OFDI/GDP）较高。照此判断，目前我国已跻身对外投资大国行列。一是境外投资流量自 2010 年开始进入世界前 5 位，目前已跃居世界第 2 位；二是对外投资存量排名自 2014 年进入前 10 位，占国际直接投资存量的比重显著提升，2015 年达到 4.4%；三是对外直接投资全球覆盖率高达 80%；四是对外直接投资流量占当年 GDP 比重（1.2%）自 2008 年开始超过 1% 并保持稳定，2015 年达到 1.1%，与最大的对外直接投资流出国美国（1.9%）、法国（1.5%）接近。

但是纵观美、德、日等对外投资强国，其不仅投资规模大，而且投资质量和效益高，具备很强的对外投资能力。通常，对外投资强国主要指标包括：净资本输出额稳定，对外直接投资规模与结构高端化，企业跨国经营水平较高，签订的双边投资保护协定和避免双重征税协定覆盖面广，对国际投资规则谈判具有影响力等。目前，中国从对外直接投资存量、境外投资结构、企业国际化水平和政府投资促进体系等方面来看，相较于世界投资强国仍有一定差距。

表 8-2 对外直接投资大国和强国划分标准

标准划分	主要指标
对外直接投资大国	年度对外直接投资流量及占比居世界前列 年度对外直接投资存量及占比居世界前列 对外直接投资全球覆盖率高 对外直接投资流量占经济总量较高
对外直接投资强国	净资本输出额稳定 对外直接投资规模与结构高端化 企业跨国经营水平较高 签订的双边投资保护协定和避免双重征税协定覆盖面广 对国际投资规则谈判具有影响力

一、对外投资存量有待提高

2015 年，世界经济复苏依旧艰难曲折，发达经济体经济运行分化，发展中经济体增长缓慢，但全球外国直接投资强劲复苏。《2016 世界投资报告》显示，2015 年全球外国直接投资流入量为 1.76 万亿美元，同比增长 38.0%；流出量为 1.47 万亿美元，同比增长 11.8%。在此形势下，中国对外直接投资流量强势上扬，同比增长 18.3%，超越日本跃居全球第二位，对外投资大国地位更加巩固。

截至 2015 年底，全球对外直接投资存量为 25.0 万亿美元，较 2014 年略有下降。同期，中国对外投资存量为 10978.6 亿美元，占全球的 4.4%，居全球第 8 位。然而，中国对外直接投资存量同发达国家相比仍有较大差距，仅相当于美国同期存量的 18.4%，德国当期存量的 60.6%，英国当期存量的 71.4%，法国当期存量的 83.5%。这表明中国的对外直接投资增速较快，但全球占比仍不高，仍有较大提升潜力。

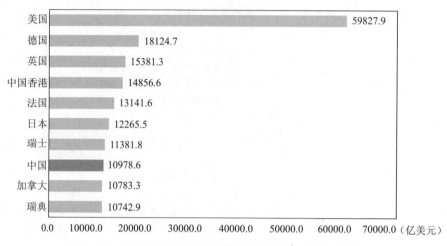

图 8-8　2015 年全球对外直接投资存量前十位国家/地区

二、境外投资结构有待优化

1. 资源类投资比重较大，制造业投资比重偏低

截至 2013 年底，能源资源领域的对外投资总额（包括对外直接投资和通过境外企业再投资）达 3084 亿美元，占对外投资总额的 46.7%。2008 年以来发生的境外并购交易中，能源及矿业类占 70% 以上。而截至 2015 年底，中国制造业占对外投资存量比仅为 7.2%，这与我国制造业大国地位不符，也表明我国制造业企业不具备投资理论所说的"特定垄断优势"。资源类投资比重大，制造业投资比重低，与发达国家对外投资的早期阶段情形十分相似。

2. 投递区域主要集中在发展中经济体

虽然中国对外直接投资已遍布全球 188 个国家（地区），但是投资区域非常集中，且主要集中在发展中经济体，与发达国家对外投资的早期阶段十分相似。截至 2015 年底，投资存量的八成以上（83.9%）分布在发展中经济体，在发达经济体的存量占比为 14%，另有 2.1% 存量在转型经济体。

三、企业国际化水平有待提升

根据《2016 世界投资报告》，2015 年全球前 100 名的非金融类跨国公司的平均海外资产为 797 亿美元，平均海外收入为 492 亿美元，平均海外员工为 9.2 万人，平均跨国指数为 65.42。中国企业的国际化水平虽然不断提升，但与全球顶尖跨国公司相比，仍存在较大差距。根据中国企业联合会统计，2015 年中国排名前 10 的非金融类跨国经营企业平均海外资产为 90 亿美元，平均海外收入为 399 亿美元，平均海外员工为 7547 人，平均跨国指数仅为 13.66。不仅远低于全球跨国公司水平，与发展中与转型经济体的跨国公司相比也具有较大差距。

表 8-3　2015 年发展中与转型经济体最大 100 家跨国公司与

中国 100 最大 100 家跨国公司指标比较

指标	世界最大的 100 家跨国公司	发展中国家最大的 100 家跨国公司	中国最大的 100 家跨国公司
100 家海外资产总额（亿美元）	79700	17310	9045
平均每家海外资产总额（亿美元）	797	173	90
100 家海外收入额（亿美元）	49209	21351	39912
平均每家海外收入额（亿美元）	492	214	399
100 家海外员工总数（人）	9168767	4172850	754731
平均跨国指数	65.42	53.41	13.66

表 8-4　2015 年发展中与转型经济体国家排名前 100 位的非金融类
跨国公司中的中国跨国公司（按海外资产排名）　单位：百万美元/人

公司名称	行业	排名		相关			跨国指数
		海外资产	跨国指数	资产额	销售额	雇员人数	
中国海洋石油总公司	石油加工、提炼、分销	3	86	71 090	26 084	10 550	25
中国远洋运输（集团）总公司	交通、仓储	7	54	44 805	18 075	4 679	50
联想控股公司	电脑设备	14	41	26 957	29 556	34 584	59
中国石油天然气集团公司	石油加工、提炼、分销	22	100	22 857	11 791	28 476	3
中国建筑工程总公司	建设	23	96	22 440	8 392	35 694	12
中国石油化工集团公司	石油精炼和相关行业	24	94	21 943	127 039	51 000	13
中国五矿集团公司	金属及金属产品	27	91	19 225	12 420	11 123	21
中国中化集团公司	石油加工、提炼、分销	29	69	18 706	62 497	4 792	40
联想集团	电脑设备	35	51	16 791	31 595	13 900	51
中国移动有限公司	通信	57	99	10 556	5 221		3
中国电子信息产业集团有限公司	计算机和数据处理	61	70	10 226	8 893	34 659	40
中粮集团	零售贸易	62	95	10 225	4 052	45 330	13

公司名称	行业	排名		相关			跨国指数
		海外资产	跨国指数	资产额	销售额	雇员人数	
大连万达商业地产有限公司	建设	70	46	9 189	1 756	6 067	56
腾讯控股有限公司	计算机和数据处理	75	43	8 260	1 053	8 205	59
复兴国际有限公司	金属及金属产品	76	93	8 212	1 058	7 917	19
中国铁道建筑总公司	建设	97	67	4 954	92 516	24 384	42

注：数据来源于 2016 年世界投资报告

四、投资促进体系有待完善

进入 21 世纪后，经过十多年的努力，中国初步建立了对外直接投资促进体系。在管理体制上，企业对外直接投资从审批制改为核准备案制，但相关程序需要进一步简化，效率和透明度仍需提高，统筹协调机制有待加强。在国内政策法规上，《对外承包工程管理条例》（2008）、《境外投资管理办法》（2009）、《境内机构境外直接投资外汇管理规定》（2009）、《对外劳务合作管理条例》（2012）、《境外投资管理办法》（2014）先后公布施行，但尚缺乏具有稳定性和权威性的基本立法。在国际协调上，与一些国家签订了双边或多边投资保护协定及避免双重征税协定，但尚未与美国签订《双边投资保护协定》。在投资保险方面，中国出口信用保险公司于 2003 年签发首张海外投资保险单，但目前海外投资保险的覆盖面仍然较窄，且信用保险公司数量单一。在金融支持方面，中国进出口银行和国家开发银行扮演着重要角色，但融资力度仍待加强，大部分企业在对外投资中仍只能主要依赖自有资金，特别是民营企业、地方国企等。在财税优惠方面，已经有一些探索，但存在税收优惠政策少且缺乏导向性等问题。在信息服务方面,《国别贸易投资环境报告》和《国别投资经营障碍报告》等专题咨询研究报告开始每年定期发布,但现有体系仍难以满足企业对外直接投资过程中的大量服务需求。在投资引导方面,虽然中国出台了相关境外投资产业导向和国别指导政策等,并设立了针对资源类境外投资的矿产资源风险勘查专项资金等,但对资源行业和制造业的引导力度仍需进一步加强。

第 3 节

"一带一路"沿线主要国家政策概述

一、新加坡

1. 外资优惠政策

新加坡对外资准入政策宽松，除国防相关行业及个别特殊行业外，对外资的运作基本没有限制。除金融、保险、证券等特殊领域需向主管部门报备外，绝大多数产业领域对外资的股权比例等无限制性措施。此外，根据《公司所得税法案》和《经济扩展法案》以及每年政府财政预算案，外资企业基本上可以和本土企业一样享受新加坡政府推出的各项优惠政策。这些政策旨在鼓励投资、出口，增加就业机会，鼓励研发和高新技术产品的生产以及使整个经济更具有活力。

根据新加坡政府公布的 2010 年长期战略发展计划，电子、石油化工、生命科学、工程、物流等 9 个行业被列为奖励投资领域。新加坡的行业鼓励政策主要包括先锋企业奖励、发展和扩展奖励、服务出口企业奖励、区域/国际总部计划、国际船运企业优惠、金融和财务中心奖励、研发业务优惠和国际贸易商优惠 8 种。此外，新加坡还对部分金融业务、海外保险业务、风险投资、海事企业等行业给予一定的所得税优惠或资金扶持。特别是对于在新加坡设立分公司、代表处、地区总部、国际总部的外资企业，新加坡政府提供了不同程度的税收优惠。中国企业可根据自身条件、发展情况和设定的远景目标，选择适当的投资方式，以争取最大的优惠政策。

表 8-5　新加坡主要优惠政策一览①

政策优惠	政策目的	主要措施
产业优惠政策	鼓励、引导企业投资先进制造业和高端服务业，提升企业劳动生产力	税收优惠措施：先锋计划、投资加计扣除计划、业务扩展奖励计划、金融与资金管理中心税收优惠、特许权使用费奖励计划、批准的外国贷款计划、收购知识产权的资产减值税计划、研发费用分摊的资产减值税计划等； 财政补贴措施：企业研究奖励计划和新技能资助计划等
环球贸易补贴	支持企业开展国际贸易活动、打造环球都市	环球贸易商计划
中小企业优惠	扶持中小企业发展、鼓励创新、提升企业劳动生产力	天使投资者税收减免计划、天使基金、孵化器开发计划、标新局起步公司发展计划、技术企业商业化计划、企业家创业行动计划、企业实习计划、管理人才奖学金、高级管理计划、业务咨询计划、人力资源套餐、知识产权管理计划、创意代金券计划、技术创新计划、品牌套餐、企业标准化计划、生产力综合管理计划、本地企业融资计划、微型贷款计划
创新优惠计划	实施新加坡经济战略委员会 2010 年提出的未来 10 年 7 大经济发展战略	推出生产力及创新优惠计划、培训资助计划和特别红利计划； 设立国家生产力基金，强化就业入息补助计划； 通过税收减免鼓励企业并购重组和土地集约化经营； 组建项目融资机构支持企业国际化经营

---

① 有关政府优惠政策的详细情况可通过新加坡企业通网站（www. enterpriseone. gov. sg）查询。

表 8-6 新加坡主要优惠政策一览

政策优惠	申请资格	奖励措施
先锋企业奖励	政府部门界定： 从事新加坡目前还未大规模开展而且经济发展需要的生产或服务的企业，或从事良好发展前景的生产或服务的企业	自生产之日起，其从事先锋活动取得的所得可享受免征 5～10 年所得税的优惠待遇
发展和扩展奖励	曾享受过先锋企业奖励的企业以及其他符合条件的企业	从政府规定之日起，一定基数以上的公司所得可享受最低为 5% 的公司所得税率，为期 10 年，最长可延长到 20 年
服务出口企业奖励	非新加坡居民或在新加坡没有常设机构的公司或个人提供与海外项目有关的符合条件的服务的公司	符合条件的服务收入的 90% 可享受 10 年的免征所得税待遇，最长可延长到 20 年
区域/国际总部计划	将区域总部（RHQ）或国际总部（IHQ）设在新加坡的跨国公司	区域总部为 15%，期限为 3～5 年；国际总部为 10% 或更低，期限为 5～20 年
国际船运企业优惠	由新加坡海运管理局（MPA）负责评估：拥有或运营新加坡船只或外国船只的国际航运公司	可以申请 10 年免征企业所得税的优惠，最长期限可延长到 30 年
金融和财务中心奖励	跨国企业在新加坡设立金融和财务中心（FTC），从事财务、融资和其他金融服务业务	金融和财务中心从事符合条件的活动取得的收入可申请享受 10% 的企业所得税优惠税率，为期 10 年，最长可延长到 20 年
研发业务优惠	—	企业在新加坡发生的研发费用可享受 150% 的扣除，并对从事研发业务的企业每年基于一定金额的研发资金补助
国际贸易商优惠	新加坡国际企业发展局（IES）负责评估	对政府批准的"全球贸易商"给予 5～10 年的企业所得税优惠，税率降低为 5% 或 10%

2. 特殊经济区

为了更加集约有效利用稀缺的国土资源，并通过海外投资租赁飞地的方式带动经济增长，新加坡设立了一些特殊经济区域，以促进产业集群的形成。

表 8-7　新加坡的商业园和特殊工业园概况

园区类别	园区名称
商业园	国际商业园、樟宜商业园、资讯园
特殊工业园	裕廊岛的石油化学工业园，淡滨尼、巴西立、兀兰的晶圆厂房，淡滨尼的先进显示器工业园、大士生物医药园、生物科技园的生物产业园、樟宜机场物流园、裕廊岛的化工物流园和物流产业园、麦波申、大士的食品产业园等
科技企业家园	裕廊东的企业家园、新加坡科学院的 iAxil、红山—新达城科技企业家中心、莱市科技园
海外工业区	印尼巴淡岛工业区、民丹岛工业区

新加坡是城市国家，实行全国统一的税收制度，对外资也实行国民待遇，上述园内无特殊税收优惠政策，各个园区主要根据区内产业发展的特点而建，区内相关产业的配套基础设施比较完备，入驻这些园区的中国企业可以充分发挥园区的产业集群效应以及技术溢出效应。

3. 投资机会

在基础设施领域，新加坡政府致力于继续改善交通基础设施，此外还将继续投资于能源、供水和电信系统等领域以保持该国的营商环境竞争优势。目前，新加坡在建重大项目包括地铁线延长项目，到 2030 年该项目将实现地铁规模翻一番。此外，还包括 50 公里长的跨岛线路，该项目最终将新加坡年均机场总容量提升至 1.35 亿人次，从而将樟宜机场打造为亚太地区最大的机场之一。对于中国来说，新加坡的基础设施投资机会近年来主要集中于"中国-新加坡经济走廊"（以下简称中新经济走廊）的交通基础设施建设上。从中新经济走廊现有的交通基础设施现状来看，公路已基本实现全线贯通，但仍有部分路段等级较低，需要升级，铁路还存在许多缺失路段。新加坡港口、机场等基础设施的整修、重建、搬迁等在未来也存在一定的投资机会。

表 8-8 新加坡近期基础设施项目一览

序号	项目	涉及行业	投资额（百万美元）	所处开发阶段
1	跨岛地铁线	交通运输	21000	规划中
2	吉隆坡—新加坡高速铁路	交通运输	11000	规划中
3	大士站点一期项目	交通运输	1800	采购
4	新加坡体育运动中心	社会和医疗卫生事业	1400	运营
5	大士垃圾焚烧发电厂	能源	535	项目签署
6	樟宜新生水厂二期	供水和废弃物处理	132	审批通过

在制造业领域，在电子工业、石化化工和精密仪器的生产加工等高新技术产业的中国企业 OFDI 可以发挥学习型投资的经济效应，带动中国技术密集型产业结构不断优化。其中，电子工业是新加坡传统产业之一，占新加坡制造业产值的 1/4 以上，且逐年增加。电子工业覆盖范围广，发展潜力大，一直以来都是外来投资的集中领域。在石油化工行业，新加坡是世界第三大炼油中心和石油贸易枢纽之一，也是亚洲石油贸易定价中心。中国在印尼有多个石油开采项目，而印尼又毗邻新加坡，中国可以利用新加坡和印尼在地理位置和资源禀赋方面的同质性和互补性，在新加坡积极投资建设石油化工的生产项目，利用新加坡先进的石油冶炼技术和产业集群效应，提高中国石油化工企业在东盟国家的竞争力。在精密仪器业，精密仪器工程是新加坡发展高增值制造业的关键，全球 70% 半导体线球形焊接器是从新加坡运往世界各地，全球 10% 的制冷压缩机产自新加坡。新加坡的制造和研发实力，以及亲商环境使它在亚洲精密工程领域占有领先地位。

在高新技术产业领域，新加坡大力支持外来资金投资于高新技术产业，以不断优化升级其内部产业结构。生物制药是新加坡政府首先大力支持的高新技术产业，航空航天、中医药、信息产业、环保产业、海洋高科技等领域在新加坡也得到了长足的发展。目前，中国国内缺乏对中小型企业良好发展的环境支持；而新加坡是东盟乃至亚洲的金融中心，可以为中国中小企业提供广阔的融资渠道，中国中小企业可以选择在新加坡投资，通过合资、绿地投资、投标和在当地投资建厂的形式积极投资新加坡的高新技术产业，促进中国高新技术产业的发展。

在 2008 年 10 月，中国和新加坡签署了《中国—新加坡自由贸易协定》，2010 年 1 月中国—东盟自由贸易区正式建立。新加坡国际化程度较高，当地主要以华人为主，文化差异小，对于国内企业走出去熟悉国际环境具有巨大的吸引力。中国企业在新加坡设立区域性总部乃至国际总部不仅可以享受较多的优惠政策，也可以成为快速实现国际化的重要跳板。

二、印度尼西亚

根据 2007 年第 25 号《投资法》，外资投资者在印尼享受"国民待遇"，可以进入印尼绝大部分行业。在印度尼西亚建立附属子公司和进行跨境收购的中国企业可以享受印尼政府为外资企业提供的优惠政策，主要包括三个方面，行业鼓励政策、地区鼓励政策和特殊经济区优惠政策。

1. 行业鼓励政策

进入印度尼西亚的中国企业可以享受的行业鼓励政策有：六种战略物资豁免增值税，鱼类加工业享受多项税收优惠，工业用机器、货物和原料免征进口税，部分行业享受财政奖励或税收优惠，特殊工业行业税收减免，钢铁和炼油业投资税收减免。

其中，六种战略物资豁免增值税是指原装或拆散属机器和工厂工具的资本物资（不包括零部件），禽畜鱼饲料或制造饲料的原材料，农产品，农业、林业、畜牧业和渔业的苗或种子，通过水管疏导的饮用水，以及电力（供家庭用户 6600 瓦以上者例外）。

鱼类加工业享受多项税收优惠是指对与当地企业合作从事鱼类加工业，印尼政府准备采取多项税收措施，具体包括免除国内加工鱼产品的出口税，减轻渔业加工机械进口税，减免收入税及增值税，在综合经济开发区和东部地区投资的企业还可获得土地建设税减免优惠。工业用机器、货物和原料免征进口税则是从 2009 年开始，印尼政府进一步明确对工业发展用机器、货物和原料免征进口税。

印尼政府还对至少 10 个营业部门提供财政奖励以支持其发展，即食品饮料业、纺织业、电子行业、交通运输业、通讯信息产业、基础金属与机器工业、石化工业、农畜产品加工业、林业和海洋产品加工业、创意产业。

对于特殊工业行业，印尼实行税收减免，根据印尼政府现行规定，在基础金属、炼油、天然气、有机基础化学、可再生能源和电信设备等 5 个工业部门，投资额超过 1 万亿印尼盾的企业，可获得 5 至 10 年的所得税免税期。

同时，对在印尼偏远落后地区投资的 129 个劳动密集型行业的企业，最低投资额 500 亿印尼盾且投资期限超过 6 年的，可最多按总投资的 30%降低应纳税所得。

投资钢铁和炼油业的中国企业也将享受税收减免。印尼鼓励钢铁工业和炼油厂的投资建设为提高本国钢铁产能，印尼政府一直鼓励钢铁工业和炼油厂的投资建设，包括给予长达 15 年的免税期，并给予 2 年期的减税50%优惠。

在投资便利化程度上，印尼中央与地方政府实行投资审批一站式服务。实行一站式服务之后，每个部门都派代表到投资统筹机构办事处，以便加快办理审批手续。依据《投资法》第 30 条第 7 款，需要中央政府审批的投资领域包括对环保有高破坏风险的天然资源投资，跨省级地区的投资，与国防战略和国家安全有关的投资。

2. 地区鼓励政策

为了平衡地区发展，印尼按照总体规划部署和各地区自然禀赋、经济水平、人口状况等特点，重点发展"六大经济走廊"（Economic Corridors）：

①爪哇走廊—工业与服务业中心；

②苏门答腊走廊—能源储备、自然资源生产与处理中心；

③加里曼丹走廊—矿业和能源储备生产与加工中心；

④苏拉威西走廊—农业、种植业、渔业、油气与矿业生产与加工中心；

⑤巴厘—努沙登加拉走廊—旅游和食品加工中心;

⑥巴布亚—马鲁古群岛走廊—自然资源开发中心。

印尼政府将按照规划出台政策和措施,对在上述地区发挥比较优势的产业提供税务补贴等优惠政策,优先鼓励发展当地规划产业。除爪哇岛等地区外,未来几年印尼的发展重点,将是包括巴布亚、马鲁古、苏拉威西、加里曼丹、努沙登加拉等在内的东部地区,将进一步出台向投资当地的企业提供税务补贴等优惠政策。

3. 特殊经济区政策

2014 年初以来,印尼政府陆续设立了北苏拉威西省比通(Bitung)、北苏门答腊省双溪芒克(Sei Mangke)、万丹省丹戎乐孙里卡(Mandalika)、北马鲁谷省摩洛泰(Morotai)、南苏门答腊省丹戎阿比—阿比(Tanjung Api-Api)等特殊经济区。

产业园区的建设是中国企业 "走出去" 的重要载体,有利于创造良好的投资环境,推动中国优势产业国际化。目前,中国已经先后在印尼建立中国—印尼经贸合作区、矿业综合加工产业园等一系列产业园区。2016 年 5 月份,盐田港集团、力宝集团和碧桂园集团签署了关于建设印尼—深圳产业园的合作框架协议,产业园拟引进以电子信息、医疗设备为主,涵盖光伏设备制造的中高端产业体系。

对于特殊经济区,印尼期望能引进更多的先行性企业,行业涵盖物流、工业、技术、旅游、能源、出口加工等。投资企业可享受 5 ~ 10 年不等的免税期。

4. 投资机会

在基础设施领域,基础设施建设落后成为制约印尼经济发展的重要瓶颈,政府已将发展基础设施作为首要任务,但由于预算有限,政府的投资能力受到限制。印尼目前高速公路里程仅约 900 公里,铁路总里程仅约 3300 公里,电力装机总容量仅约 3000 万千瓦。根据有关规划,未来五年印尼将新增近 2 万公里高速公路里程,未来十年印尼将投资 962 亿美元用于新增 5546.8 万千瓦电力装机容量和超过 21 万公里特高压、高压和中低压输变电线路。2011 年印尼政府颁布实施《2011—2025 年经济发展总体规划》（以下简称《MP3EI》），重点发展"六大经济走廊"，着力推动交通、通讯、能源等大型基础设施项目建设，实现岛屿之间的互联互通。在印尼政府公布的 5 年（2015—2019 年）的经济发展计划中，在基础设施建设方面，印尼政府计划兴建 49 座大型水坝，开发 24 个现代化港口，新建 15 个机场，新增电力装机总量 3500 万千瓦。未来五年将新建高速公路 1000 公里，铁路里长由现在的 5434 公里增加至 8692 公里。

印尼政府近年曾表示，印尼所有基础设施建设项目投资额将超过 2000 亿美元，而政府只能负担其中的 560 亿美元，剩余部分需要吸引投资并与其他国家和机构合作。中国资金雄厚的国有大型企业可以进一步利用经验发挥优势，民营企业也有希望整合资源，进入印尼工程承包等基建领域的直接投资。

表 8-9 印度尼西亚批准实施的重点基础设施项目

序号	项目	涉及行业	投资额（百万美元）	所处阶段
1	跨苏门答腊收费公路	交通运输	27，700	施工前阶段
2	巽他海峡大桥	交通运输	24，000	规划中
3	班通炼油厂	能源	14，500	规划中
4	雅加达—隆高速铁路	交通运输	5，100	审批通过
5	中加里曼丹煤矿铁路网	交通运输	2，300	招标
6	西海岸高速公路	交通运输	2，000	项目签署
7	格达查迪机场	交通运输	1，800	招标
8	苏卡诺—哈达机场铁路快速连接线	交通运输	1，800	设计
9	苏卡诺—哈达机场铁路快速连接线	交通运输	1，797	规划中
10	东西线捷运系统	交通运输	1，700	规划中
11	巴厘巴板—三马林达收费公路	交通运输	875	规划中
12	帕罗果（日惹）新国际机场	交通运输	700	审批通过
13	泗水单轨铁路	交通运输	558	规划中
14	卡里巴鲁港第一集装箱码头	交通运输	393	项目签署
15	万鸦老—比通（Bitung）收费公路	交通运输	330	规划中
16	Perbarakan-Tebing Tinggi 收费公路	交通运输	303	融资关闭

续表

序号	项目	涉及行业	投资额 (百万美元)	所处阶段
17	努沙杜瓦-Ngurah Rai-Benoa 收费公路	交通运输	253	融资关闭
18	南巴厘供水项目	供水和废弃物处理	219	规划中
19	泗水有轨电车	交通运输	210	规划中
20	翁布兰饮用水供水系统	供水和废弃物处理	151	审批通过
21	巴淡岛垃圾发电厂	能源	133	招标
22	文登城市供水项目	供水和废弃物处理	120	项目签署
23	班达尔楠榜供水厂	供水和废弃物处理	100	招标
24	万隆垃圾发电厂	能源	68	招标
25	万隆固体废弃物管理改进	供水和废弃物处理	65	招标
26	西三宝垄市供水项目	供水和废弃物处理	56	规划中
27	茂物与德波克固体废弃物管理	供水和废弃物处理	40	规划中
28	Way Rilau 供水系统	供水和废弃物处理	38	招标
29	帕卢供水项目	供水和废弃物处理	30	规划中
30	棉兰水项目	供水和废弃物处理	25	审批通过
31	巴厘丹纳安波游船码头	交通运输	25	招标
32	Lamongan 供水项目	供水和废弃物处理	17	规划中
33	Maros 供水项目	供水和废弃物处理	13	规划中
34	雅加达捷运，2号线	交通运输	——	规划中

在能源供给领域，随着印尼经济发展，国内对能源需求不断增加。印尼政府希望能在未来5年（2015—2019年）期间，在全国各地大力打造能源基础设施建设，解决能源匮缺问题，所需要的投资金约达4150万亿盾。其中，通过国家预算开支集资150万亿盾用于发展能源基础设施建设，其余4000万亿盾将来自私营企业。上述巨额投资金，其中的1100万亿盾作为电力生产和供应系统用途，500万亿盾作为发展新能源用途，1200万亿盾供油气上游建设，600万亿盾供油气下游建设，600万亿盾供煤炭和矿产开采建设，其余则供其他基础设施建设用途。政府希望能把新能源运用比率从目前的10%，在2019年提高为至少占能源使用总量的25%。在电力

供应方面，政府希望能建设共达 4200 万千瓦的电站。在油气建设方面，政府持续建造更多的原油提炼厂，提高生物柴油消费量。

在建材领域，伴随印尼良好的经济发展势头和大规模基础设施建设的开展，将极大拉动工程机械和水泥建材市场的需求。印尼工程承包商机械设备多出现老化，已无法满足当前高质工程高速建设的需要，亟须更新换代，而中国的建材工业（包括工程机械、建筑材料）已经发展成为门类齐全、产品基本配套、面向国内国际市场的完整工业体系，生产技术水平接近或达到世界先进水平。中国建材工业具体包括水泥、玻璃、陶瓷、玻璃纤维、复合材料、墙体材料、非金属矿物及其制品、无机非金属新材料等31 个子行业，14 类 700 多个品种。2010 年以来，由中国工程机械工业协会、中国国际贸易促进委员会、印尼公共工程部、印尼工业部、印尼国家承包商协会、印尼对外承包商协会和印尼矿业协会联合主办的印尼国际工程机械、建筑机械、矿山机械和建筑材料展览会已成功举办三届，各方均看好印尼未来的工程机械市场。

在自然资源领域，中国在印尼自然资源行业的直接投资属于传统投资领域。尽管如此，印尼的资源优势突出，使得在印尼资源领域的投资仍然具有良好发展空间，并可逐渐由单纯开采、种植向下游深加工的高附加值发展模式。在矿产开采和冶炼方面，由于 2009 年印尼颁布原矿出口禁令，中国在印尼的采矿企业开始转型，从单纯采矿转型为采矿加冶炼，如福建泛华矿业股份有限公司于 2013 年投资建设"印尼·中国冶金工业园"。在农业方面，未来中国在农业方面的投资除水稻、棕榈、木薯种植等方面以外，经济附加值较高的咖啡种植是具有发展潜力的。东盟国家是未来十年内世界咖啡生产最大的"增长极"，中国是东盟最大的咖啡进口市场，也是全球咖啡消费市场发展最快且最具潜力的国家。在渔业方面，印尼作为世界最大的岛屿国家，拥有极为丰富的渔业资源，但本国渔业资源开发能力不足。中国与印尼之间正式的渔业合作始于 2001 年，两国签署了《渔业合作的谅解备忘录》和《双边安排》等协议，在渔业资源开发、渔业技术和知识产权、渔业关联产业、渔业基础设施和渔业工程、渔业环境的监测和环境保护等方面开展了卓有成效的合作。

在消费品制造领域，随着印尼经济发展、人均收入水平提高和中产阶级扩大，包括汽车等耐用消费品在内的消费品行业需求扩大。2014 年，印尼人均 GDP 达到 3531 美元，超过耐用消费品普及的人均 GDP 标准（3000 美元），2011 年，首都雅加达的人均 GDP 达到 11507 美元，拥有人口 936 万，汽车消费量由 2010 年的 72 万辆增加至 2012 年的 112 万辆。在印尼国家支出结构中，居民消费支出稳定在占 GDP 的 65% 左右，消费品制造行业将是印尼未来具有发展潜力的行业。家电制造行业在印尼的投资一方面受益于印尼巨大的消费市场，另一方面，还可以利用相对低廉的劳动力成本，雅加达制造业工人人均工资为 239 美元，远低于曼谷 345 美元，吉隆坡 344 美元，马尼拉 301 美元。除电子办公设备、家电制造等中低端制造业，耐用消费品制造业如汽车制造业具有良好投资前景。汽车制造是印尼未来发展的重点，印尼政府提出汽车工业发展四大目标：东南亚地区最大的汽车生产国，最大的商务车生产国，最大的汽车市场和最大的汽车零部件生产基地，印尼目前是东盟仅次于泰国的汽车产业集聚地。

在海洋经济领域，21 世纪的中国和印尼均致力于将本国打造成为和平且繁荣的海洋强国。在两国发展战略契合相通的基础上，印尼将成为中国建设 "21 世纪海上丝绸之路" 的主要合作伙伴，中国也将积极参与印尼建设海洋强国的进程。中印两国领导人的战略构想契合相通，海洋将成为连接两国发展全面战略伙伴关系的 "蓝色纽带"，成为深化全面战略伙伴关系、拓展务实合作的新亮点、新动力。海洋油气、海洋渔业、海洋交通运输、滨海旅游等将成为海洋经济合作的重要内容。

三、印度

印度政府鼓励外资企业进入的行业主要有电力（除核电外）、石油炼化产品销售、采矿业、融中介服务、农产品养殖、电子产品、电脑软硬件、特别经济区开发、贸易、批发、食品加工等。印度的外商投资优惠政策主要体现在地区优惠、出口优惠和特区优惠上。在行业鼓励政策方面，印度目前没有系统的行业吸引外资鼓励政策。目前印度吸引外国直接投资的主要部门依次为金融和非金融服务业、制药业、电信业、冶金工业和电力行业。

1. 优惠政策

进入印度经济特区的中国企业也可以享受到一定的税收优惠政策。在特殊经济区内，经营单位无须获得许可或特定批准，即可进口或从印度国内购买建立特殊经济区及进一步经营所需的资本货物、原材料、消耗产品及办公设备等，且无需缴纳关税，进口或本地购买的免关税货物，批准的使用有效期为5年；企业在特殊经济区的投资，无须缴纳服务税，其前5年的利润所得可获得100%的利润免税优惠，第6~10年可得到50%的利润免税优惠政策，第11~15年可得到50%的再投资所得盈利的免税优惠。此外，除需要产业许可的产业外，特殊经济区的制造业允许100%的外商直接投资；特殊经济区内允许建立境外金融业务单位，且在前3年可获得100%所得税减免，在其后的2年可获得50%所得税减免。同时，针对特殊经济区经营单位的外汇管制更具灵活性，上述经营单位每年的外部商业借款限额为5亿美元。被征土地1/4须用于生产和加工业，其他部分可用于任何目的。印度政府为园区内外资企业简化申请手续，提供"一站式"服务。

2. 投资机会

在基础设施领域，印度在国土面积、人口规模、经济规模等方面远大于其他南亚国家，存在巨大的基础设施建设需求。据统计，印度新建基础设施项目共有213个，总投资额达836亿美元，年久失修的公路网和涵盖铁路及海空港的交通运输项目是印度主要的新增基础设施需求来源。为此，印度政府希望通过招商引资方式带动国内外投资者积极投入国内基础设施建设，共同拉动印度GDP恢复到较高的增长水平。

尽管在安全和地缘政治领域印中两国竞争多于合作，但印度还是加入了以中国为首的多边放贷机构"新发展银行"和"亚洲基础设施投资银行"，并成为亚投行的第二大股东。因此，随着"一带一路"倡议的实施，中资企业可以抓准印度基础设施的巨大潜在机遇，在交通设施、电力设施、水利设施等领域寻找市场。

表 8-10　印度近期投资额在 2.5 亿美元及以上的交通基础设施项目

国家	项目	涉及行业	投资额（百万美元）	项目所处阶段
印度	艾哈迈达巴德—孟买高速铁路	交通运输	15,000	审批通过
印度	浦那—孟买—艾哈迈达巴德高速铁路	交通运输	10,000	规划
印度	孟买 Churchgate － Virar 走廊高架市郊铁路	交通运输	3,700	招标
印度	海得拉巴地铁	交通运输	2,600	融资结束
印度	巴特那地铁	交通运输	2,600	规划
印度	孟买 Navi 国际机场	交通运输	2,280	招标
印度	斋浦尔地铁	交通运输	1,850	招标
印度	孟买跨海大桥	交通运输	1,580	招标
印度	斋浦尔地铁二期工程	交通运输	1,567	规划中
印度	蒙德拉港四号集装箱码头	交通运输	1,300	已签署
印度	贾瓦哈拉尔·尼赫鲁港四号码头	交通运输	1,300	已签署
印度	国道 6，79，79A 及 8 Kishangarh-乌代浦尔-艾哈迈达巴德段六车道国道	交通运输	1,236	融资结束
印度	Vizhinjam 港集装箱码头	交通运输	1,183	审批通过
印度	Versova-Bandra 跨海大桥	交通运输	979	招标
印度	金奈港多用途货运码头	交通运输	814	招标
印度	果阿 Mopa 机场	交通运输	732	招标
印度	Tatadi 港开发	交通运输	704	招标
印度	国道 NH-3 Shivpuri-Dewas 段四车道国道	交通运输	659	规划中
印度	西部专用货运走廊	交通运输	635	招标
印度	国道 NH-8E Bhavnagar-Veraval 段 四/六车道国道	交通运输	623	招标
印度	Zozila 隧道	交通运输	542	融资结束
印度	国道 NH-6 Baharagora-Sambalpur 段四车道国道	交通运输	530	招标

国家	项目	涉及行业	投资额 （百万美元）	项目所处 阶段
印度	金奈单轨铁路	交通运输	520	招标
印度	国道 NH-211 Yedeshi 奥兰加巴德段四车道国道	交通运输	505	融资结束
印度	国道 NH-8 古尔冈-Kotputli-斋浦尔段六车道国道	交通运输	468	融资结束
印度	国道 NH-22 Parwanoo-Shimla 段四车道国道	交通运输	445	招标
印度	国道 NH-17 果阿-Kundapur 段四/六车道国道	交通运输	430	融资结束
印度	国道 NH-2 阿格拉-Etawah 支段六车道国道	交通运输	418	已签署
印度	国道 NH-31D Ghoshpukur - Falakata - Salsalabari 段四车道国道	交通运输	417	招标
印度	国道 NH-9 海德拉巴—维杰亚瓦达段四车道国道	交通运输	396	投入运行
印度	国道 NH-2 Barwa Adda-Panagarh 段六车道国道	交通运输	391	融资结束
印度	古尔冈（Gurgaon）快速公路南沿路	交通运输	391	融资结束
印度	Beawar-Pali-Pindwara 公路	交通运输	389	投入运行
印度	Chikhli-Fagne 公路	交通运输	386	规划中
印度	Chiplun-Karad 铁路	交通运输	380	招标
印度	孟买 Navi 新机场	交通运输	370	招标
印度	国道 NH-5 Baleshwar-Chandikhole 段	交通运输	367	规划中
印度	国道 NH-152/65 Kaithal 拉贾斯坦邦（Rajasthan）段四车道国道	交通运输	359	融资结束
印度	国道 NH-1 Mukarba Chowk - Panipat 段八车道国道	交通运输	348	规划中
印度	斋浦尔（Jaipur）-Deoli 公路	交通运输	345	投入运行

续表

国家	项目	涉及行业	投资额（百万美元）	项目所处阶段
印度	Amravati-Chikhli 公路	交通运输	344	已签署
印度	国道 NH-50 Khed-Sinnar 段四车道国道	交通运输	324	融资结束
印度	Kempegowda 国际机场	交通运输	323	投入运行
印度	德里-帕尼帕特（Panipat）高速公路	交通运输	323	招标
印度	国道 NH-2 Chakeri-阿拉哈巴德（Allahabad）段	交通运输	322	规划中
印度	国道 NH-30/NH-130 赖布尔（Raipur）-比拉斯布尔市（Bilaspur）段	交通运输	315	规划中
印度	国道 NH-13 Hungund - Hospet 段四车道国道	交通运输	308	投入运行
印度	贾瓦哈拉尔·尼赫鲁港口 6/8 车道公路	交通运输	308	招标
印度	国道 NH-5 维杰亚瓦达（Vijayawada）-Gundugolanu 六车道国道	交通运输	303	融资结束
印度	国道 NH-6 古吉拉特邦-苏拉特-Hazira 港段四车道国道	交通运输	303	投入运行
印度	Fagne-古吉拉特邦/马哈拉施特拉邦边境公路	交通运输	284	已签署
印度	国道 NH-133B 和 Manihari 支路新连接路段	交通运输	284	招标
印度	印多尔-Ichapur 至马哈拉施特拉邦邦道 SH-27	交通运输	283	招标
印度	邦道 SH-10（Sambalpur - Rourkela）	交通运输	280	已签署
印度	国道 NH - 42 Cuttack - Angul 段四车道国道	交通运输	268	规划中
印度	国道 NH-8E Gadu - Dwarka 段 2/4 车道；邦道 SH-25 Dwarka - Okha 段	交通运输	258	招标
印度	邦道 SH-46 Pukhrayan - Ghatampur - Bindaki 段	交通运输	256	招标

续表

国家	项目	涉及行业	投资额（百万美元）	项目所处阶段
印度	国道 NH－56 Lukcnow － Sultanpur 段四车道	交通运输	254	融资结束
印度	加尔各答港钻石港集装箱码头	交通运输	251	招标
印度	国道 NH 63 Hubli-Hospet 段四车道国道	交通运输	250	招标

在战略石油储备领域，印度作为亚洲第二能源消耗国，2013 年下半年花费 22 亿美元将自己的应急原油容量扩展三倍，以保护经济发展不受能源供应中断的影响。印度目前正在计划建设容量为 1250 万吨的储油库，容量 503 万吨的油库已经在建设中。印度新石油储备设施的兴建可以成为中资企业赴印投资的重要着眼点。

在生物医疗领域，经过近 30 年的发展，印度无论是技术、药品品质及种类，都已达到一定水准，从简单的头痛药到较为复杂的抗生素及心血管药物都能够制造，所生产药品争取到美国食品暨药物管理局（FDA）的核准按件，是除美国以外列名最多的国家。从印度制药规模产量来看，位居全球第 2 名。其销售除了国内巨大需求之外，还外销至全球 65 个国家，过去几年平均年增长率 22.7%。由于印度拥有丰沛的人力资源（具有科技背景及语言能力约有 400 万人，其中制药专业人员有 12 万人），以及国内经济的成长所带来卫生条件的改善等因素，都指明生物医疗产业在国内外的巨大需求之下呈现巨大的发展空间。因此，印度可以成为中国医药企业并购或设立研发中心的重要目的地，通过逆向技术溢出带动国内生物医疗领域尤其是药品领域的发展。

在电子产业领域，印度对电子产品的需求迅速上升，并拉升了当地的半导体消耗量，加上印度人口数位居全球第二，因此存在着庞大的半导体消耗潜力。同时，印度的许多非城市地区对电子产业也极具消费潜力，特别是电信和无线应用。不断成长的移动手机、消费电子和电信市场，都为印度本土及国外的投资者创造出更多的机会。近年来，中国海尔、TCL、华为、小米等知名企业亦加入印度市场战局。

在互联网领域，印度互联网目前较美国和中国的发展水平还有一定差距，但近年来发展迅速，电子物流、电子支付等瓶颈也随着互联网的发展迅速得到解决。此外，受益于印度充足的英语 IT 人才供给、国际化人力资源供给及硅谷科技创新资源支持等因素，印度互联网领域发展前景尤为广阔。近年来，阿里、腾讯、搜狐畅游、UC Web 等在印度均有一定的投资或实体运作，但远远不足以满足当地市场需求。因此，中国互联网企业在印度建立附属子公司或者通过跨境并购的方式进行对外直接投资，仍然有很大的市场空间。

中兴软创 "智慧印度" 项目作为中国与印度合作的重点项目，是一个长期的复杂性的系统性工程。涉及基础设施提供者、设备提供者、服务提供者和网络提供、运营及服务提供者等多个方面，将带动一大批中国高新产业以及新兴产业的发展，为产业提供新的开发方向与经济增长点。建议传统强势产业（计算机、软件、微电子和通信产业）积极抓住项目合作机遇，借助该项目不断向印度拓展市场，提高国际竞争优势，拓展印度智慧城市市场。

中国企业可以根据自身实际情况，借鉴中国投资者既有经验采取多元化投资方式进入印度市场：直接资本投资，最典型的是阿里巴巴投资印度电商 PayTM；大公司选择有本地渠道和本地人脉的印度合作伙伴进行合资，规避部分限制风险；直接深入印度交通不便的地方将当地产业进行初步加工并返销国内，顺应印度政府鼓励到贫困及落后地区投资鼓励政策；民生领域/基础建设领域逐步涉及运营，以往中国电力项目和电信项目都制作 EPC 交付，不做运营；越来越多的知名品牌在印度落地并坚定要长期发展，如华为、vivo、小米、长虹等，越来越多的本地制造、本地研发、销售覆盖周边国家。

无论中国投资者以何种方式进入市场，都不应该只是简单关注印度巨大市场的红利表层而单纯地把印度看作销售市场，而应该印度作为自己全球供应链中的一环，不仅可以降低生产成本而提高自身的竞争力，同时也可以借用印度地理位置优势销售覆盖周边南亚、中东、非洲、东南亚国家以及其他发达国家。

值得一提的是，由于经济发展规模式的不同，印度在 IT 等一些高科技领域的发展领先于我国。就 IT 而言，印度对深圳企业的诱惑并不在于成本优势，而是印度本地的软件人才资源和软件开发流程上的优势。中国企业在印度学习过程可以分为两个阶段。第一阶段是学习先进的软件开发技术与管理。虽然全球软件开发水平最高的是美国，但由于存在技术壁垒，去印度比去美国更能学到技术。在对印度软件开发的技术与管理模式掌握到一定程度后，进入第二阶段，就是从研究机构向研发机构转型，即从学习阶段向开发阶段转型。

四、哈萨克斯坦

哈萨克斯坦鼓励外商投资，大部分行业投资没有限制，特别提倡外商向非资源领域投资。

1. 投资优惠政策

根据哈萨克斯坦《投资法》规定，哈萨克斯坦对国内外投资者一视同仁，实行统一的特惠政策，不存在只针对外商直接投资的优惠政策。但在关税优惠方面，凡与哈萨克斯坦投资委员会签订了投资合同的外国投资者可以享受以下特惠：投资者进口生产用设备免关税；哈萨克斯坦国家可以给予外国投资者以土地使用、房产、机械设备、计算机，测量仪器，交通工具（小汽车除外）等方面的一次性实体资助。

在行业政策方面，为进一步鼓励投资，2014 年 6 月哈总统签署法令，对哈政府鼓励投资的行业给予一系列税收优惠政策。哈将重点发展 16 个制造行业，14 个为实体加工业（黑色冶金业、有色冶金业、炼油、石化、食品、农药、工业化学品、交通工具及配件和发动机制造制造业、电气、农业机械制造业、铁路设备制造业、采矿业机械设备制造业、石油炼化开采机械设备制造业、建材），其他为创新和航天工业两个行业。对这些领域，哈政府批准了优先发展的项目，对这些项目投资可以获得一系列投资优惠。

在特区政策上，近年来，哈萨克斯坦陆续在各地成立了许多经济特区、技术园区和工业区，积极吸引投资，促进技术水平进步，推动本国制造业发展，带动地方经济增长。其中，经济特区 10 个，国家级科技园 6 个，地区级科技园 3 个，工业园区 7 个。其中，10 个经济特区按主导产业的不同，可以分为工业生产型经济特区和服务型经济特区。哈萨克斯坦《经济特区法》规定，对所有经济特区内的企业：免企业所得税（20%）；免土地税（1.5%）；免短期（不超过 10 年的）土地租赁费；免财产税（0.05-1%）。根据政府制定的经济区内实行零增值税（12%）的商品、劳务和服务名单，返还企业在区内商品流通、提供劳务和服务中征收的增值税。此外，对到特区投资的企业，简化入驻程序，对其实行"一个窗口"服务模式，方便办理所必需的许可证件：实行"自动同意原则"，即投资者如果在法律规定期限内没有得到否定答复，则自动成为经济特区企业；简化特区企业使用外国劳务手续。对经济区内达到一定加工比例的出口型企业：实行关税优惠。凡是 2012 年 1 月 1 日前在经济区内登记注册的本土企业，均可享受关税进口优惠至 2017 年。另外，区内企业可按简化程序直接向地方政府提出引入外国劳务申请，无须经过"首先在国内劳务市场招聘"环节。

2. 投资机会

在基础设施领域，哈萨克斯坦政府大力支持中国的"一带一路"倡议，纳扎尔巴耶夫总统迫切希望哈萨克斯坦能够成为中欧贸易的重要通道。哈政府希望到 2020 年中国 7% 的对欧货物出口能够经哈萨克斯坦运往欧洲。当前的财政刺激方案（Nurly Zholc）计划未来三年政府支出增加 90 亿美元，其中大多数将用于交通基础设施建设以及增进区域互联互通的项目。在哈中边境的霍尔果斯（Khorgos）已经建成了一座无水港。哈还计划扩大里海海港的吞吐量，并正对铁路公路的路网连接进行升级改造。公路、铁路等基础设施领域对于中资企业存在重大投资潜力。

表 8-11　哈萨克斯坦近期基础设施项目

序号	项目	涉及行业	投资额 （百万美元）	所处开发 阶段
1	中南交通走廊	交通运输	2563	规划
2	阿拉木图绕城公路	交通运输	680	招标
3	阿拉木图轻轨系统	交通运输	300	规划
4	克孜勒奥尔达（Kyzylorda）供水及废水管理	供水和废弃物处理	14	规划
5	乌斯季卡缅诺戈尔斯克（Ust'-Kamenogors）幼教制度发展	社会和医疗卫生事业	—	招标
6	阿斯塔纳沿街停车	交通运输	—	规划
7	阿克套海水淡化厂	供水和废弃物处理	—	审批通过

在建筑建材领域，随着工业化进程的推进，哈萨克斯坦对建筑、建材的需求持续增长，2012 年哈建材市场总量约 100 亿美元。2013 年，哈建筑业产值 157.8 亿美元，建筑业增加值占 GDP 的 5.9%，建材生产占加工业的 8.6%。中国企业在钢铁、水泥、玻璃等领域拥有丰富的优质产能，中哈产能合作也是两国合作的重要方向。

在机械制造领域，机械设备进口量占哈国内机械产品消费总量的 92.1%。由于哈国内各行业机械装备严重老化无法满足工业化需求，矿产、石油、天然气开采设备、电力设备、汽车制造等诸多领域均存在本地化投资机会。

在农业与食品加工领域，哈萨克斯坦地广人稀，全国可耕地面积超过 2000 万公顷，小麦品质较高。国土面积的 69.5% 为自然牧场，生态良好、适宜牛羊养殖。但哈本国农业机械严重折损老化，技术装备陈旧，80% 农机和 58% 化肥依赖进口。哈畜牧业的 90% 为私营农户小规模散养。政府对农业补贴较低，农户融资困难。由于畜牧业 50-70% 成本来自饲料，谷物价格波动连带影响畜牧业，诸多因素导致乳制品、肉制品等本国食品质量较低，且生产价格甚至高于进口价格，大量需求依赖进口满足。

在可再生能源和电力领域，哈萨克斯坦可再生能源潜力巨大，哈政府计划 2020 年可再生能源发电能力达到 1040 兆瓦。但哈电力供应与需求存在地理不平衡，且可再生能源发电成本尚高于火电，哈火电占全国发电总量的 87.2%。目前，阿拉木图州周围的山地河流集中了全国 65% 的水能资源。强对流气候下哈国 50% 以上地区年均风速达 4~5 米/秒；哈南部日照时间每年达 2200~3000 小时，水电、风电、太阳能电均具有开发前景。

在矿产资源开采、加工领域，哈萨克斯坦石油、天然气、矿产等自然资源丰富，但炼油、石化、冶金等领域较薄弱，是哈政府提高自然资源附加值的核心发展行业。

五、俄罗斯

俄罗斯政府鼓励外商直接投资于传统产业，如石袖、天然气、煤炭、木材加工、建材、建筑、交通和通信设备、食品加工、纺织、汽车制造等行业。

1. 优惠政策

根据《俄罗斯联邦外国投资法》规定，在外国投资者对俄罗斯联邦政府确定的优先投资项目（主要涉及生产领域、交通设施建设或和基础设施建设项目）进行投资时，且投资总额不少于 10 亿卢布（约合 2857 万美元）将根据《俄罗斯联邦海关法典》和《俄罗斯联邦税法典》的规划对外国投资者给予相应进口关税和税收的优惠。减免进口关税和增值税：外国投资者作为法定投入而进口的技术设备及零配属于生产性固定资产的物资免征进口关税。

外商投资俄政府鼓励的优先发展领域项目，且外方投资占项目总投资的 30% 以上，投资额不低于 1000 万美元，前两年免交利润税第三年交40% 的利润税、第四年交纳 50% 的利润税。《俄联邦产品分成协议法》提供的税收优惠是征税基本上被按协议条款分配产品所取代。在协议有效期内，投资者免交除企业所得税、资源使用税、俄籍雇员的社会医疗保险费和俄罗斯居民国家就业基金费以外的其他各种税费。

俄罗斯海关法和俄联邦税收法规定，对外国投资者和有外国投资的商业组织实施优先投资项目时给予海关税费优惠。

俄罗斯各地区、州、边疆区、共和国分别根据本地区的不同情况，分别制定地方法律和法规，对外国投资实行不同的减免税的优惠政策，以吸引外国投资者对本地区进行投资活动。

2. 行业鼓励政策

2011 年，俄罗斯对《俄罗斯联邦外国投资法》进行了修改，旨在降低外资进入门槛，目前政府已通过一揽子修改条款，涉及简化外资进入食品、医疗、银行及地下资源使用等行业的手续。2012 年 8 月，俄罗斯正式加入世贸组织，根据俄罗斯入世议定书，俄罗斯承诺入世 4 年后取消电信领域外资股比限制，同意适用《世贸组织基本电信协议》的条款；9 年后允许外资保险公司建立分支机构，允许外国银行建立分支机构，单个银行业机构中外资资本不限顶，但俄罗斯联邦整体银行体系中外资不得超过50%；允许外国独资企业进入批发、零售和专营领域。

3. 地区鼓励政策

俄联邦主体和地方自治机关在各自管辖范围内可以给予外国投资者优惠和保障，用俄联邦主体预算资金和地方预算资金以及预算外资金对外国投资者实施的投资项目进行拨款并给予其他形式的支持。

（1）俄罗斯在促进远东地区开发计划如下：

联邦政府直接指导远东和西伯利亚地区开发工作，成立国家远东和西伯利亚地区社会经济发展委员会，由第一副总理舒瓦洛夫担任主任。

出台《2025 年前俄远东和贝加尔地区社会经济发展战略》，提振经济、调整结构、改善民生、加强对外合作列为首要任务。俄政府计划分三个阶段发展该地区经济。第一阶段是 2009—2015 年，主要目标是加快该地区的投资增长速度，在该地区推广节能技术，提高劳动就业率，兴建新的基础设施项目、工业领域和农业领域项目。第二阶段是 2016—2020 年，主要目标是兴建大规模能源项目，增加过境客运和货运量，建立核心运输网络，对原材料进行深加工并加大其产品的出口份额。第三阶段是 2021—2025年，主要目标是发展创新型经济，对石油天然气进行大规模开采、加工并出口，完成对大型能源和交通项目的建设等。

（2）为实现远东地区开发目标，俄政府出台政策措施如下

成立远东和贝加尔地区发展基金。俄外经银行成立远东和贝加尔地区发展基金，这是继北高加索发展基金之后外经银行成立的第二个地区发展扶持基金。基金法定资本 5 亿卢布，到 2015 年前以国家私人合作模式进行的项目融资额将不少于 700 亿卢布。基金的其中之一目标是加快亚太经合组织会议设施建设的融资支持。

培育新的经济增长点，俄领导人亲自督办落实。俄总统梅德韦杰夫两次在远东开会，强调加强与中国等毗邻国家合作的重要性，称有助于俄加快融入亚太经济一体化进程。俄总理普京赴远东实地考察，督促落实APEC 峰会项目，指导东部经济特区建设，出席中俄原油管道俄方一侧落成仪式，启动"东方"航天发射场建设等，推动铁路、公路、电网等配套基础设施建设，培育新的经济增长点。

2013 年 5 月，俄罗斯国家杜马（议会下院）一读通过对远东和贝加尔地区新投资项目提供税收优惠的法案。根据该法案参与实施远东和贝加尔地区新投资项目的企业 10 年内免上缴联邦中央的利润税，上缴地方政府的利润税头 5 年内逐步降至零，第二个 5 年内税率不低于 10%。上述优惠主要适用工业和基础设施项目，不适用矿产资源开采和加工、银行和保险项目。同时，要求投资企业头 3 年内投资额不少于 1.5 亿卢布（约合 500 万美元），或头 5 年内投资额不少于 5 亿（约合 1700 万美元）。

为进一步推动远东开发，俄罗斯拟在远东、东西伯利亚、哈卡西亚共和国和克拉斯诺亚尔斯克边疆区建立享有特殊优惠政策的跨越式社会经济开发区，优惠措施包括：新设立企业可免税 5 年，主要涉及利润税、矿产资源开采（石油、天然气除外）税、土地税和财产税，俄罗斯副总理、总统驻远东联邦区全权代表特鲁特涅夫指出，跨越式开发区企业所得税或将由现行的 20%降至 10%，个人所得税由 13%降至 7%；按低费率征收强制保险；简化企业电网接入、建筑许可及清关手续，缩减行政审批时间。

俄还成立一个专门机构，从事远东项目推进实施工作，该机构或者是国家公司，或者是国家独资大型股份公司，它将从事远东地区的港口、道路、通信、机场、地方航空发展和自然资源开采等问题。同时，俄总统普

444444444

京建议从俄罗斯储备基金资金中拨款作为远东项目发展的资金来源。普京已责成紧急情况部长绍伊古起草从事远东地区整体发展事务的组织机构建议。

4. 特殊经济区政策

截至 2014 年 10 月，俄罗斯共批准设立经济特区 29 个。根据《俄罗斯联邦经济特区法》规定，在外国投资者成为特区入驻企业后，在进口用于本企业生产需要的货物时，可以免交俄联邦进口关税和增值税，或在货物输出俄联邦关境时予以退税。特区入驻企业缴纳企业所得税为 20%，比其他非特区企业少缴纳 4 个百分点；在特区企业注册后 5~10 年内（不同特区规定不同）免交企业财产税；免交交通税；在特区企业签订入驻协议后，将免受俄税收立法以后发生对企业不利变化的影响；俄罗斯利佩茨克工业生产型经济特区，在联邦优惠的基础上，还对特区企业进一步实行地方减免税的优惠政策。

表 8-12　俄罗斯经济特区设立情况

类型	数量	区位
工业生产型经济特区	7	鞑靼斯坦共和国、萨马拉州、利佩茨克州、普斯科夫州、滨海边疆区、斯维尔德洛夫斯科州和卡卢加州
技术推广型特区	5	莫斯科市、莫斯科州、圣彼得堡市、鞑靼斯坦共和国和托木斯克州
旅游休闲型特区	14	阿尔泰边疆区、阿尔泰共和国、伊尔库茨克州、布里亚特共和国、滨海边疆区、斯塔夫罗波尔边疆区、车臣共和国、卡拉恰耶夫—切尔克斯共和国、卡巴尔达—巴尔卡尔共和国、北奥塞梯—阿兰共和国、塔吉克斯坦共和国、印古什共和国、克拉斯诺达尔边疆区和阿迪格共和国
港口型特区	3	哈巴罗夫斯克边疆区、乌里扬诺夫斯克州和摩尔曼斯克州

税收方面，根据特区法规定，入驻企业的利润税由 20% 降至 13.5%；5 年内免征土地税，10 年内免征财产税和交通工具税；企业保险费率由 34% 降至 14%；在进口用于本企业生产所需货物时，可免缴俄罗斯联邦进口关税和增值税，或在货物输出俄罗斯关境时予以退税；区内生产的商品可免税出口；产品在区内企业间流通时无须缴纳消费税；技术推广型特区企业的强制保险缴费可以享受过渡期优惠。各特区根据自身特点，为入驻企业提供低于市场平均水平的土地租赁费率。

财务方面，加快和简化对企业研发费用支出的确认程序。特区企业在优惠期内计算利润税时，研发费用可作为成本扣除，其中包括研发无果所耗费用。另外，工业生产型特区和旅游休闲型特区企业可以按照高折旧率对固定资产加速折旧，但折旧率不得超过法定折旧率的 2 倍。

特殊行政制度方面，降低行政门槛，提供海关、税收、移民注册等"一站式"服务。各个特区都设立商务中心、办事处、展览和会议中心、税务局、移民局、海关总署、房地产局、国家建筑监管机构等实行联合办公。

5. 投资机会

在基础设施领域，发展俄罗斯远东地区依然是俄政府工作的重中之重，因此将成为除世界杯场馆设施外俄欢迎中国投资的另一重要领域。根据俄《跨越式发展区》法，区内企业将可享受特殊的税收优惠条件，包括免除 5 年的利润税、财产税和土地税；10 年内实行 7.6% 优惠保险费率（俄企目前为 30%）；简化出口退税审批手续；建立自由关税区，对高技术类进口商品免征增值税；为投资者一站式办理行政审批手续。

根据《俄罗斯远东地区开发计划》，远东地区将成为未来俄罗斯经济发展的重要经济增长点，但考虑到基础设施建设投资项目大、投资周期长、工程难度大等特点，并酌情考虑俄罗斯人口增长潜力，中资企业未来在俄罗斯远东地区投资时要合理审视区域发展前景，类比国内进行西部大开发的成败案例，做好长期规划，稳步稳妥推进俄罗斯远东地区的投资合作事宜。

表 8-13 批准实施的 PPP 基础设施项目（按投资额排列）①

国家	项目	行业	行业细分	投资额 （百万美元）	批准年份
俄罗斯	Power of Siberia 西伯利亚力量	能源	天然气管道	55000	2014
俄罗斯	OJSC 托木斯克配电公司	能源	配电	4400	2011
俄罗斯	Freight One	交通运输	铁路	4271	2011
俄罗斯	西部高速公路	交通运输	高速公路	3900	2012
俄罗斯	勒拿河大桥	交通运输	桥梁	1700	2014
俄罗斯	博瓦年科夫—萨贝塔铁路	交通运输	铁路	1510	2016
俄罗斯	上沃洛乔克绕城公路 M11	交通运输	高速公路	1421	2014
俄罗斯	莫斯科中环路：第一路段	交通运输	高速公路	1390	2014
俄罗斯	伏尔加格勒市政水基础设施	供水和废弃物处理	供水	1200	2015
俄罗斯	莫斯科中环路：第五路段	交通运输	高速公路	925	2014
俄罗斯	Kutuzovsky 绕城公路北线	交通运输	高速公路	848	2015
俄罗斯	Kutuzovsky 绕城公路北线收费路段	交通运输	高速公路	775	2015
俄罗斯	M3 乌克兰公路：124~194 公里段	交通运输	高速公路	375	2014
俄罗斯	萨马拉国际机场发展计划	交通运输	机场	348	2012

① 资料来源：世界银行、InfraPPP。

续表

国家	项目	行业	行业细分	投资额 （百万美元）	批准年份
俄罗斯	圣彼得堡：市立医院第 40 号	社会和卫生事业	医疗卫生设施	247	2016
俄罗斯	Levashovo 废水处理厂	供水和废弃物处理	废水处理	240	2014
俄罗斯	沃洛涅什自来水公司	供水和废弃物处理	供水和废弃物处理	100	2012
俄罗斯	AltEnergo 别尔哥罗德沼气发 电厂	能源	发电	13	2012

表 8-14　进展中的基础设施项目（按投资额排列）①

国家	项目	行业	投资额（百万美元）	所处阶段
俄罗斯	莫斯科喀山高铁	交通运输	16400	规划
俄罗斯	西伯利亚力量-2	能源	12000	招标
俄罗斯	Belkomur 铁路线	交通运输	6000	规划
俄罗斯	圣彼得堡西部高速收费公路：中段	交通运输	4056	融资结束
俄罗斯	莫斯科铁路小环线（MRR）	交通运输	3200	规划
俄罗斯	莫斯科中环路：第三路段	交通运输	1713	招标
俄罗斯	M-11 莫斯科—圣彼得堡高速公路：543~684 公里段	交通运输	1710	融资结束
俄罗斯	莫斯科中环路：第三路段	交通运输	1700	招标
俄罗斯	M-11 莫斯科—圣彼得堡高速公路：208~258 公里段	交通运输	755	招标

---

① 资料来源：世界银行、InfraPPP.

续表

国家	项目	行业	投资额（百万美元）	所处阶段
俄罗斯	卡马河大桥（乌德穆尔特共和国）	交通运输	427	融资结束
俄罗斯	哈巴罗夫斯克绕城公路东线	交通运输	419	招标
俄罗斯	圣彼得堡涅瓦河水治理项目	供水及废弃物处理	400	招标
俄罗斯	奥瑞斯克肿瘤治疗中心	社会和卫生事业	30	融资结束
俄罗斯	彼得格勒地区医疗康复中心	社会和卫生事业	—	规划
俄罗斯	M-11 莫斯科—圣彼得堡高速公路：58 公里~149 公里段	交通运输	—	规划
俄罗斯	塔曼港干货区	交通运输	—	规划
俄罗斯	谢列梅捷沃国际机场北航站楼	交通运输	—	规划

在油气行业领域，俄罗斯正在逐步将市场重心从欧洲转向亚洲。相比欧洲市场，亚洲市场的机会更大，对中国的原油出口，占据了俄罗斯出口增长的绝大部分。预计 2020 年前，俄罗斯将减少对欧洲市场的依赖程度，俄对中国的管道天然气出口和液化天然气出口，将占据总出口大部分比例。俄罗斯将继续维持天然气出口大国的地位。

在通讯领域，从俄罗斯移动领域市场表现看，俄罗斯移动领域增长迅猛，移动市场的关键趋势是合并。俄罗斯国家电信运营商 Rostelecom 与瑞典跨国运营商 Tele2 俄罗斯分公司的合并已经完成。意在成立一家新的全国性移动运营商。同时，Tele2 希望在 2015 年 7 月整合旗下 33 家子公司，集中至中心运营。Rostelecom 也在推动其他的收购。

在农业领域，2000 年以来，农业成为普京主政后国家发展政策的优先方向。目前，俄在世界粮食市场占有重要地位。俄罗斯农业用地占国土面积的 13%，并且有世界上面积最大的黑土带。俄方有大量的耕地资源和原生态的种植环境，中方则有人力、资本、技术、设备物资、市场等优势，双方开展农业合作具有明显的互补性。

六、白俄罗斯

1. 优惠政策

除白俄罗斯参与签订的国际协定中另行规定以外，外资企业及外国投资者依据税法和海关法规定的各种优惠措施纳税。

第一，利润税优惠。根据白俄罗斯有关法律规定，外资企业与白俄罗斯本国企业所交税种相同，只在利润税方面有一定优惠，即外资占30%以上的合资企业以及独资企业自获利之时起3年内免征利润税（贸易型外资企业除外），如该企业生产的产品符合自产业发展需要，则在上述3年优惠期后再减半征收利润税3年。如果外资企业在注册之日起，第1年内法定资金到位50%，第2年100%到位，就可以获得利润税优惠权，如未达到上述要求，则利润税全额缴纳，不享受优惠且以后也不享受。在其他税种上外资企业与白俄罗斯本国企业均按同等税率上缴税金。

第二，其他优惠。2007年底以来，白俄罗斯政府采取了一系列新的措施意在进一步改善投资环境，加大吸引外资力度。

①减少政府对经济的行政干预。取消了实行11年之久的国家参与管理企业的特权——"金股"制度，有利于保护本国和外国投资者的权益，避免国家机构对投资行为进行过多干涉。

②简化了经营主体的注册程序。将原注册审批程序变更为申请程序，注册时间由20个工作日缩短为5个工作日。对法人的最低注册资本金要求也降低近半。

③进一步促进小城镇和农村经济发展。对向白俄罗斯5万人口以下的小城镇投资的企业给予更多优惠，作为注册资本投入的设备进口时免缴海关关税和增值税。生产型企业自2008年4月1日起5年内免缴利润税（从2010年起延长到7年），并且不承担外汇收入的强制性兑换义务，其产品价格也将免受政府干预，由生产企业自主定价。购买农业亏损企业的投资者，3年内免缴国家支持犯监生产基金，2008—2012年免缴利润税和不动

产税,作为注册资本的技术设备进口时免缴海关关税和增值税。

④进一步开放本国市场。白俄罗斯政府制定了 2008—2015 年金融市场发展构想,允许出售国有企业私有化证券,取消国家优先购股权,逐步取消对公民购买股票的限制;决定出售工业建设银行和投资银行两大国有银行的股份;拟提高市场自由定价商品的比例;首次采用"租让"这一经营形式,将铁矿石、岩土等 4 个资源矿藏列为可对外租让项目。

2. 行业鼓励政策

根据现阶段经济发展情况,白俄罗斯政府急需外资投资下列领域:

①汽车工业:2009 年 4 月 4 日,白俄罗斯第 175 号总统令《关于发展白俄罗斯汽车工业的措施》向在白俄罗斯境内设立汽车组装厂的投资者提供一系列优惠政策。

②运输和物流:鉴于白俄罗斯所处的有利地理位置,白俄罗斯政府制定了长期战略规划,强调大力发展过境运输和物流服务业,在白俄罗斯境内建立物流中心。

③房地产业:大力发展居民住房建设是白俄罗斯社会和经济发展的首要任务之一。白俄罗斯政府计划每年新增住房 1000 万平方米,到 2015 年增加到 1500 万平方米。对住房的要求是高标准,低能耗。

④创新和高科技研发:白俄罗斯 2011—2015 年创新发展纲要将致力于研发具有更高附加值的新技术,减少能源消耗和物质产出比率,加快生产最新环保材料和产品。纲要包括 500 多个项目,计划使新产品的比重到 2015 年提高到 25%,创新公司占工业企业总数的 30.5%,通过认证的产品数量将达到工业产值的 73.9%。

⑤机械制造业:白俄罗斯经济基础是机械制造业,该领域大部分企业设备陈旧,设计寿命已消耗 80%左右,急需进行现代化升级改造和企业改制。目前这些企业亏损严重,政府鼓励外资投资到这些企业中,以助其渡过难关。

⑥能源工业:由于缺少资金,白俄罗斯能源工业改造进展缓慢。根据官方预计,白俄罗斯能源综合体约 60.4%的设备已经使用达 26 年以上,而其平均设计寿命为 25~30 年。60%以上的锅炉、汽轮机和 45%的管道已超过使

用寿命。为此，每年需投资 2.6 亿~2.8 亿美元。白俄罗斯还希望外国投资者投资建设可替代能源项目，如水电、风电、沼气发电、地热发电等。

⑦食品加工和农业：白俄罗斯是独联体国家中肉制品和奶制品的主要生产国。

3. 地区鼓励政策

对于在 5 万人口以下居民点进行注册并从事商业活动的外资商业组织规定有额外优惠。由白俄罗斯政府规定这些居民点的具体清单。

4. 特殊经济区域

自由经济区是白俄罗斯明确划分出来的白俄罗斯领土的一部分，自由经济区制定了比一般地区更优越的开展商业活动的特殊法律制度。白俄罗斯自由经济区的创建和发展具有鲜明的目的：增加国外投资的流入，改善投资环境和吸引具有战略意义的投资商；为吸引高新技术和国外先进经验创造良好条件；促进出口和发展进口替代商品的生产；开辟新的就业岗位。自 1996 年白俄罗斯第一个自由经济区创建以来，白俄罗斯积累了一定的自由经济生成和发展经验，白俄罗斯境内现有如下 6 个自由经济区：

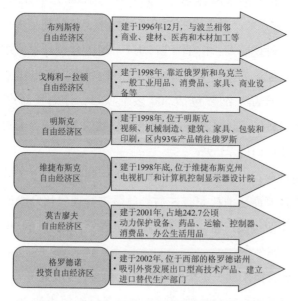

图 8-9　白俄罗斯 6 个自由经济区的概况

在白俄罗斯自由经济区的外来企业享有各种优惠。

①税收优惠：利润税税率降低50%；自由经济区入驻者销售自产商品（产品、服务）获得的利润，自其宣告获得利润之日起五年内免缴利润税；免除位于相应自由经济区内的建筑与设施的不动产税，不论其使用方向如何在白俄罗斯境内销售，其在自由经济区内生产并作为进口替代商品的产品只对其销售额的10%征收增值税；免缴从2012年1月1日起注册为自由经济区入驻者在自由经济区内的土地税（该土地提供给入驻者用于建设项目，包括项目设计和建设期），但不超过自其注册之日起的5年。

②海关特权：自由经济区内可建立自由关税区。在自由关税区内放置与使用的货物，免缴海关关税、税收，并且不针对外国商品采用非关税管制措施，以及不针对关税同盟的商品进行禁止与限制。从自由关税区向关税同盟境内其他地方输出被视为关税同盟的商品时，免征进口关税，增值税以及海关机构征收的消费税。

依据2012年6月5日第253号总统令成立。中白工业园是特殊经济区，位于白俄罗斯首都明斯克市，占地面积9150公顷，是中国海外最大工业园区。2014年6月19日举行奠基仪式，标志着连接欧亚大陆、位于丝绸之路经济带的中白工业园一期工程正式启动建设。工业园区内提供期限为50年的系统性税收优惠，拥有特殊的法律制度。根据白总统令，中白工业园确立了机械制造、精细化工、生物医药、电子技术和新材料5个优先发展领域。此外，物流运输也以白政府令的形式被确定为工业园的优先发展领域之一。工业园企业可以是在白俄罗斯境内其他地区注册的法人，也可以是直接在工业园区内注册的法人，包括外资参股的商业机构，以及在园区内正在实施（打算实施）同时满足以下条件的投资项目：

①生产经营活动符合工业园主要的生产经营领域要求，即建立和发展在电子、精密化学、生物技术、机械制造和新材料领域的生产。

②申请的项目投资额度不少于500万美元。2014年9月17日，华为公司正式完成了入驻中白工业园（白方对外称"巨石"工业园）的注册手续，成为第一家入园企业。根据双方签署的合同和商业计划书，华为公司将在2015—2022年实施建立华为科研和实验开发中心的项目。截至2015

年5月，已有7家企业（6家中方企业，1家白方企业）正式入园。

中白工业园的税收优惠政策有：

①从注册之日起10年内免缴：销售其在园区内自主生产的商品（产品、服务）而获得利润的利润税；位于园区内的建筑与设施（包括超标未完工建筑）、车位的不动产税（不论其用途如何）；园区内的土地税。

②入驻者注册10年期满后，下一个10年内按照税率的50%缴纳利润税、土地税、不动产税。

③自园区入驻者产生总利润第一年起后的5年内，按照0%的税率向不通过常设代表机构进行经营活动的外国组织——园区企业创立者（参与者、股东、所有者）征收利润税和由园区入驻者加算的红利或相当于红利的收入税。

④2027年1月1日前，按5%的税率向不通过常设代表机构进行经营活动的外国组织征收专利使用费收入税，该专利使用费由园区入驻者为其加算，包括工业、商业或科学实验（包括专有技术）的信息酬金，支付许可证、专利、图纸、有效模型、示意图、公式、工业样品等费用。

⑤2027年前，自然人根据劳动合同从园区入驻者处获得的收入，按9%的税率缴纳个人所得税。

⑥园区入驻者免缴在无偿转让资本构成（建筑物、设施）、独立房屋、在建工程和其他位于园区内的固定资产项目，以及为建设和改造项目而转入其名下的建筑和设施时的增值税和利润税。

其他优惠政策还包括：

①园区入驻者免缴：颁发和延长向白俄罗斯引入外国劳动力的许可证、为建设园区工程引进外国公民与无国籍人士使其在白俄罗斯共和国从事劳动、以及在园区内实施投资项目的专项许可证的国家规费；由于征用或临时占用位于园区内的农业用地和森林资源而产生的农业和（或）林业生产损失的补偿；2027年1月1日前在白俄罗斯外汇市场上强制性出售外汇的收益；在园区内从事设计与建设园区工程项目，以及其他与设计和建设园区工程有关的工作时，向创新基金缴纳的费用。

②外国公民与无国籍人员免缴为其颁发在白俄罗斯共和国临时居住许

可证的国家规费。

③园区入驻者的员工收入超过白俄罗斯员工（外国员工除外）月平均工资一倍的部分不需缴纳强制保险费。

④不对园区入驻者，以及他们为在园区内实施投资项目而引进的在白俄罗斯境内临时居住（逗留）的外国员工收入征缴强制保险费。

⑤园区入驻者有权在建筑与设施投入使用一年后的 12 月 31 日前，全额扣除其在购买（进口到白俄罗斯境内）用于设计、建设与配备园区内建筑与设施的商品（产品，服务）及财产权时缴纳的增值税。

⑥园区入驻者为实施投资项目而向白俄罗斯海关关境内进口的商品，如果具有园区管委会出具的该商品在园区内使用用途的证明，即可免缴海关关税与增值税。已在园区内从事经营活动的入驻者不缴纳规定新税费。保证外国投资者以及工业园建设外籍参与者在缴纳了税收和其他必须缴纳的费用之后，可将在中白工业园区内投资活动所得的利润（收入）自由汇往白俄罗斯境外。

高科技园区是为刺激白俄罗斯共和国内高科技产业而建立。高科技园区入驻公司的主要经营活动为开发计算机软件与信息系统。该税则适用于入驻高科技园区，在园区内进行软件开发、用户数据处理、相关基础与应用研究，以及在自然与科学技术领域进行实验性研究的组织机构与私营企业。

对高科技园区入驻者的税收优惠政策包括：

①免缴：利润税（红利利润税除外）；销售商品（产品、服务、财产权）交易额增值税；高科技园区内为进行经营活动而用于建设房屋与设施的地块，在建筑期内（但不超过 3 年）的土地税；高科技园区内的固定资产与未完工建筑项目（出租的除外）的不动产税；向其创立者（股东）支付红利时的离岸费。

②高科技园区入驻者的员工超过白俄罗斯员工每月平均工资一倍的部分，不缴纳强制保险费。

③高科技园区入驻者——私营企业主及其雇员按照 9% 的税率缴纳个人所得税；

④降低有关收入所得税率：对不通过常设代表机构在白俄罗斯境内进行经营活动的外国组织机构，从高新技术园区入驻者处获得的红利、债务利息（息票）收入、专利使用费，许可证收入等征收5%的所得税。

⑤海关特权：免缴为进行某类经营活动而向白俄罗斯海关关境内进口商品时的海关关税与增值税。为获得该优惠，必须获得园区管委会所做的有关该商品用途的证明。

5. 投资机会

根据到2015年前的外国直接投资吸引战略，白俄罗斯共和国确立了三个优先领域：制药、生物技术和纳米技术；高新技术、新材料；信息和通信技术。

在生物技术和制药领域，未来推动白俄罗斯共和国经济发展的主动因素之一将是引进高效的生产设施和技术。近年来，白俄罗斯在不断发展与细胞遗传系统（基因组学）、细胞内蛋白质（蛋白质组学）、单细胞超分子结构、细胞内过程机制（细胞工程学）以及纳米技术（新型纳米材料）研究成果相关全新生物技术领域，包括打造生物传感器和信息系统。白俄罗斯共和国拥有足够的科研实力来培训相关领域的专业人士，并在不久的将来生产出全球的创新药物。

在信息和通信技术领域，信息和通信技术（以下称ICT）是白俄罗斯最全球化、最活跃以及发展最快的行业之一。据统计，在白俄罗斯信息和通信技术行业领域，IT产品和服务企业数量最多，占ITC部门结构的33%，其余分别是设备制造、安装和维护，电信服务，设备销售、租赁和服务。近些年来，中国在信息和通信技术领域取得了较快的增长，涌现出了华为、中兴等知名通信设备制造商，目前华为已经率先入驻中白工业园，未来国内企业尤其是配套性企业可以充分依托华为在白俄罗斯的生产布局，进入白俄罗斯信息和通信技术市场。

在可再生能源和新材料领域，白俄罗斯具备风电和固态生物质（木材、麦秆）的巨大开发潜力，以及建设沼气和太阳能热电厂的潜力。2011年1月21日，白俄罗斯共和国《可再生能源法》正式颁布，其中规定如下：

①确保将使用可再生能源的机组连接到国家电网中；

②依法确立税收优惠以及其他优惠政策；

③政府能源供应部门保证按照系数增加后费率采购用于可再生能源生产的能源。

鉴于白俄罗斯为发展替代能源而提供的优惠政策以及随着西欧可再生能源生产商所获补贴的下降，白俄罗斯在吸引该领域的外国直接投资具备极大的潜力。

在新材料领域，随着全球高科技行业产量的增长，每年对新材料的需求也在不断增长。白俄罗斯新材料的市场前景良好，特别是支撑以下行业和领域的新材料生产：信息和通信技术、替代能源、生物医学和纳米技术。

目前，白俄罗斯新材料的市场发展特点如下：

①广阔的应用范围（汽车、航天、能源、造船、电子工程、电子和无线电行业、运输、建筑、医学）；

②跨国公司越来越影响着新材料行业的发展；

③行业发展与环保领域所应用的方法和谐共存；

④国家战略是新材料行业发展背后的主要动力。

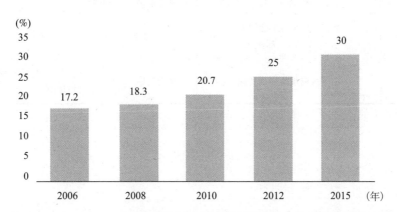

图 8-10　2006—2015 年地方燃料和可再生能源在热电总产量中所占的比例

在基础设施领域，中白两国企业在通信、交通、能源和基础设施等领域开展了数十个重大项目合作，有的已经产生了良好的经济效益和社会效益。据了解，建交以来，特别是最近 5 年以来，两国大项目合作发展很快，白方利用中国金融机构提供的各种贷款达到 55 亿美元，涉及大项目 23 个，已经完成 10 个，正在执行的有 13 个。2013 年，中国在明斯克机场附近兴建中白工业园区，是白俄罗斯招商引资的最大项目，也是中国实施"一带一路"倡议中重要的节点项目。园区的建设涵盖给水、排水、通电、通路、通讯、通暖气、通天然气或煤气以及场地平整等诸多领域，总投资约 56 亿美元。中白工业园的巨大合作空间，为企业进入白俄罗斯开展基础设施建设提供了广阔机遇。此外，白俄罗斯与中国在水力、电力、交通等领域的合作也为基础设施领域带来巨大市场空间。

表 8-15　近年来中国在白俄罗斯投资的主要项目

序号	项目名称	涉及行业	合作企业
1	明斯克 2 号热电站和 5 号热电站改造	电力、热力行业	中国银行
2	水泥厂建设	基础设施	中信建设有限责任公司
3	硫酸盐漂白化学浆工厂	基础设施	中工国际工程股份有限公司
4	电力货运机车采购		中国机械设备进出口总公司
5	M-5/E271 明斯克—戈梅利公路扩建和加工设备供应	基础设施	中国路桥总公司
6	客车制造工厂	装备制造	中国吉利公司
7	北京—明斯克酒店以及"Lebyazhiy"居民区	酒店、住宅	——
8	中国—白俄罗斯工业园	产业园区	中工国际工程股份有限公司、哈投集团

·第九章· 支持企业"走出去"
保障措施

Chinese Enterprises "Going Out" under OBOR

第 1 节

做好战略规划和统筹协调

一、制定区域合作规划

一是建立以商务部、工信部为主，相关部门共同参与的推进机制。按"重点省份+重点行业+龙头企业+重点目标市场"思路，制订《"十三五"国际产能合作重点地区、重点行业、重点目标市场指引》。

二是建立以商务部牵头、多部门共同参与的境外合作区推广引导机制，按"一带一路""中非工业化伙伴计划"以及国家其他战略安排确定的重点区域和重点市场，制定《境外经贸合作区重点国别、建设类型、主要市场指南》，做好总体布局和国别方案，避免在同一国家或地区出现多个定位类似、产业相近的园区，引起招商引资的恶性竞争，损害我国"走出去"企业的利益。

二、编制国别产业指引

按照产业发展规律，结合我国主要产业发展阶段，将产业对外投资与东道国发展需求相结合，适时编制及更新《对外投资国别产业指引》，鼓励企业参照《指引》开展对外投资。

一是鼓励纺织、轻工、机械、电子、原材药、建材、电信设备、建筑等长线型产业向海外转移,寻求新的市场空间,实现国外生产国外销售,规模贸易壁垒。

二是加大石油、天然气、煤炭、钢铁、有色金属等短线型产业海外投资力度,控制和开采海外资源。

三是鼓励金融、动漫、软件设计、运输、新能源、新材料、生物产业、高端装备制造、新能源汽车等成长型产业对外投资,推动其在对外投资中培育和获取优势。

四是积极鼓励通信设备、计算机及其他电子设备制造业等优势产业拓展海外市场,建立海外生产经营网络,巩固已有优势,培育增强新优势。

专栏1:因地制宜匹配优势产业和重点合作国家

我国优势产业总体处于世界中游水平,可按"承上启下"原则,分类施策,开展国际合作。对发达国家,可主动对接、融合核心技术、品牌、专利服务等高端要素,着力向全球价值链高端攀升。对发展中国家,可以"一带一路"沿线、非洲和拉美为重点,构建产业链上下游错位的国际分工格局。还可推动"三方合作",与发达国家共同开拓发展中国家市场。

(一)传统优势产业

1. 轻工。重点在印度尼西亚、越南、泰国、印度、孟加拉国等国投资设厂,建设好越南龙江工业园、尼日利亚广东经贸合作区等,转移部分低端制造环节。通过并购在美欧发达地区建设的营销网络、售后服务和品牌运营中心。加快俄罗斯乌苏里斯克等经贸合作区建设,扩大对土库曼斯坦、哈萨克斯坦等周边国家投资。在罗马尼亚等中东欧国家投资设厂,规避贸易壁垒。

2. 家电。印度、巴基斯坦、越南、泰国、墨西哥、土耳其等国人力成本低、消费市场大,中亚及沙特、阿尔及利亚等阿拉伯国家市场潜力较大,可重点投资建设生产基地,转移加工组装环节。鼓励向巴基斯坦海尔-鲁巴经济区、中国-印尼经贸合作区等境外经贸合作区集中。引导企业到中东欧及巴西、阿根廷等拉美国家设立生产线,曲线进入欧美市场。引导企业购买国外知名品牌、投资建立营销网络和研发设计中心,弥补行业短板,促进产业转型升级。

3. 纺织服装。鼓励到越南、柬埔寨、缅甸、孟加拉国等东南亚、南亚国家投资设厂,加快柬埔寨西哈努克港经济特区等经贸合作区建设,形成海外生产加工基地。在巴基斯坦、乌兹别克斯坦、澳大利亚、埃及、埃塞俄比亚等棉花产量大且工业基础相对较好的国家建设纺织厂及原料基地。在美欧等发达国家及泰国、俄罗斯等新兴市场,以并购投资为主,建立营销网络、研发设计中心、品牌运营中心。

（二）装备制造优势产业

1. 电力设备。一是中亚五国、俄罗斯、蒙古、泰国、越南、老挝、缅甸、柬埔寨、巴基斯坦等"一带一路"沿线国家，可以产能合作为平台，建立电力输送合作关系。二是南非、埃及、尼日利亚、埃塞俄比亚、乌干达、赞比亚等非洲国家，可鼓励企业积极参与当地电站建设、电网升级改造，带动设备出口。三是巴西、墨西哥、秘鲁、智利、玻利维亚、哥伦比亚、厄瓜多尔等拉美国家，可鼓励开展新能源合作，承建水力、风能、光伏发电工程，带动清洁能源产品和设备出口。

2. 工程机械。一是在印度、俄罗斯、越南、阿联酋、墨西哥、印度尼西亚、泰国、巴西等发展中国家投资建立制造厂和维修网点。二是通过投资并购等方式到美国、德国、意大利等发达国家建设高端液压件、发动机、传动部件等关键零部件的研发和制造基地，设立研发中心。

3. 通信设备。鼓励在印度、巴基斯坦、俄罗斯、肯尼亚、南非、巴西、墨西哥等新兴市场，建立物流基地、售后服务中心，并向投资生产备品备件拓展。扩大与美欧等发达国家电信运营商产品准入合作，加强专利池的共建共享和专利相互授权合作，开拓高端市场。在美欧设立研发中心，利用当地人才，开展研发合作，加强与国际标准认证组织合作。

4. 高铁、轨道交通。一是越南、老挝、缅甸、新加坡、泰国、马来西亚、印度尼西亚、尼泊尔、印度、斯里兰卡、巴基斯坦、蒙古、哈萨克斯坦、俄罗斯等"一带一路"沿线国家，抓好已签协议落实和项目落地，尽快实现早期收获。二是南非、尼日利亚、安哥拉、埃塞俄比亚、肯尼亚、赞比亚、坦桑尼亚等非洲国家，重点跟进和落实南非购买电力机车项目、尼日利亚沿海铁路项目、肯尼亚在建的蒙巴萨—内罗毕铁路项目、埃塞俄比亚—吉布提铁路项目。三是阿根廷、巴西、墨西哥、哥斯达黎加、秘鲁等拉美国家，重点跟进墨西哥高铁项目、两洋铁路项目、哥斯达黎加跨洋货运铁路项目。

（三）产能过剩优势产业

1. 钢铁。一是资源丰富的巴西、澳大利亚、俄罗斯、印度、委内瑞拉、哈萨克斯坦、南非、蒙古、秘鲁、阿尔及利亚、刚果（布）、安哥拉、苏丹、赞比亚、坦桑尼亚等，重点建设海外资源基地，适度发展冶炼和加工环节。二是钢铁需求大的印度尼西亚、马来西亚、哈萨克斯坦、吉尔吉斯斯坦、阿联酋、沙特、埃及等，可通过投资设厂或并购重组建立钢铁生产基地，重点发展中游的钢铁冶炼和下游的深加工环节，依托承包工程向工程建设等钢铁应用领域拓展。

2. 电解铝。鼓励到澳大利亚、斐济、几内亚、印尼、老挝、柬埔寨等铝土矿资源丰富的国家开发矿产资源、投资建设氧化铝项目。鼓励到铝土矿、水电资源丰富的印度尼西亚、能源丰富的俄罗斯、哈萨克斯坦、乌兹别克斯坦等国，探索投资建设电解铝项目。鼓励中铝国际等公司向印度、越南等东南亚国家输出技术，增强对全球电解铝产业链的掌控力。

3. 水泥。一是传统市场沙特、伊拉克等需求稳定，印度尼西亚、缅甸基础设施建设需求旺盛，可鼓励企业加大投资力度。二是俄罗斯、白俄罗斯、巴西、委内瑞拉、尼日利亚、埃及、南非、埃塞俄比亚等国水泥消费量大，宜鼓励企业加快产能转移。三是抓住机遇，迅速填补因拉法基和豪瑞合并为规避反垄断调查而产生的市场空白。同时还可探索通过并购方式进入被跨国集团相对垄断的东南亚国家等市场。

4. 平板玻璃。印度尼西亚、越南、泰国、菲律宾平板玻璃市场需求较大，且具备一定生产能力，可鼓励通过并购投资向这些国家转移产能。独联体国家市场需求增长迅速，可鼓励我企业重点加强与俄罗斯、乌克兰企业投资合作，共同拓展市场。印度、巴西、阿根廷、埃及、安哥拉等国家平板玻璃市场需求大，鼓励企业开展绿地投资。

5. 船舶。选择船运业发达、配套条件好的新加坡、马耳他、巴拿马、马绍尔群岛、巴西、马来西亚、塞浦路斯、巴哈马群岛等国，以建立船舶研发和销售服务基地为主。鼓励企业继续通过投资并购等方式到德国、法国、挪威、芬兰、丹麦等欧洲国家及美国建立设计研发中心、获取专利技术。

专栏 2：产业转移与产业空心化的关系

（一）对外直接投资并不必然引起"产业空心化"

产业空心化现象是指制造业过度投资海外，造成国内制造业衰退、就业减少、税源转移，影响经济可持续增长。近年来，国际上英国、美国、日本皆因产业空心化困局，纷纷谋求"再工业化"和制造业重振升级。

然而，随着中国工业化发展进入到中后期阶段，对外直接投资导致制造业比重下降的趋势已经不可逆转，是产业结构演进规律作用的必然结果。如果将腾出的生产要素投向知识产业和新兴服务业，实现产业结构调整，则不仅不会带来产业空心化，反而会优化产业结构，推动产业结构高级化。20 世纪 90 年代，美国在一般制造业比重下降的同时，信息业和服务业得到迅速发展，生产要素增量大量流入，产业结构由传统制造业为主转变为以高新技术产品制造、知识经济和服务业为主，并实现了长达 10 年的繁荣经济增长，2000 年之后由于没有对产业资本过度流入金融和房地产进行合理控制最终酝酿了 2008 年金融危机。得益于科技创新体系、标准化和质量认证体系和双轨制职业教育体系"三位一体"的保障体系，德国虽然产业结构与日本相似，但并没有出现产业空心化现象，"德国制造"在全球化时代始终保持领先地位。近年来美、日都出现了巨额贸易赤字和财政赤字，而 2014 年德国的贸易顺差 2170 亿欧元，创历史新高。

（二）产业升级受阻将引起产业空心化

历史经验表明，产业转移并不必然引起产业空心化。然而，如果在制造业转移的同时，新兴产业不加快发展，以此弥补制造业转移留下的空档，则有可能引起产业空心化。

日本在 20 世纪 80 年代初就确立了半导体和电子工业优势,与美国的计算机技术几乎处于同一水平。此后,由于缺乏对知识经济的预见性,导致具有世界领先地位的新兴产业没有得到迅速发展,而家电、汽车、造船、钢铁等制造业因亚洲新兴工业化国家低成本竞争而不得不向外转移。日本制造业特别是"加工组装型"制造业的比重下降,与亚洲新兴工业化国家制造业的迅速崛起形成鲜明对照。在这种情况下,产业外移速度必然超过新兴产业增长的速度,使得逐步出现产业空心化。与日本类似,欧洲的 IT 产业尽管也获得了较快发展,但是新经济没有有效带动传统产业的改造升级,导致劳动生产率提高缓慢,劳动生产率的徘徊不前,使得欧洲经济也陷入萧条之中。

(三)合理对外直接投资产生"诱发出口"效果

对外直接投资与产业转移对贸易结构的影响是双重的,除了能产生替代出口效果和逆进口效果,同时还会产生"诱发出口"效果,即本国企业转移到海外生产所带来的生产过程必需的部分机械设备等生产资料和零部件等中间产品从国内出口的增加。当诱发出口效果大于替代出口和逆进口效果时,对外直接投资与产业转移不仅不会导致贸易逆差,而且还将扩大贸易顺差,有利于国内产业结构进一步升级。

2015 年,虽然中国货物贸易进出口总值较 2014 年有所下降,但是中国贸易顺差实现 3.69 万亿元,较 2014 年扩大 56.7%。中国出口金额占全球份额的比重由12.9%升至 14.6%。可以看出,在全球经济贸易放缓的趋势下,随着中国对外投资的快速增长,中资企业在境外开展国际工程承包及投资设厂等因素增加了对国内生产资料和零部件等产品的需求。

三、健全投资合作保障

1. 加快对外投资立法

加快制定并实施《对外直接投资法》,作为统一调整我国对外直接投资关系的基本法律,通过该法对我国企业国际化过程中涉及的投资主体、投资形式、审批程序、融资税收政策、管理部门及职能监管、中介服务机构与争端解决等做原则性的规定,确保我国对外直接投资有法可依。

2. 健全投资合作保障机制

加快与有关国家特别是重点国家签订或修订经济合作、自由贸易区、境外经贸合作区、投资、货币互换及本币结算、海关合作、签证、领事保护、司法协助、人员往来便利化等政府间条约和协定,充分发挥对外经贸、投资合作和对话机制作用,积极商签政府间投资合作规划,为企业境外投资创造有利外部环境。驻外使（领）馆要做好对中资企业境外投资的指导协调力度，做好信息服务、风险防范和领事保护工作，主动加强与国内主管部门的沟通配合，及时提供有效信息和政策建议。

3. 制定境外投资风险管理支持政策

抓紧制定境外投资风险管理的支持政策。借鉴发达国家境外投资风险准备金制度、境外直接投资前期费用补贴制度、境外直接投资税费减免办法，研究建立中国企业境外投资风险准备金制度、前期费用补贴制度、税费减免制度。建议动用我国外汇储备，设立 1000 亿美元规模的境外投资专项基金，同时认真做好境外投资风险管理的支撑服务。

第 2 节

加大"走出去"战略投入

一、加大财政扶持力度

扩大中央财政专项资金安排,增强原有的境外经贸合作区资金支持力度,确保重点项目的基础设施、能源资源等战略性项目优先建设。支持外经贸发展专项资金重点向产能制造商和平台搭建商倾斜,用好已有支持资金,设立对外投资合作基金,对产能转移和优势产业合作提供补助。支持发起设立"一带一路"专项资金,重点对"走出去"重点项目前期工作费用、境外视察考察开拓等进行支持。扩大海外投资直接财政补助的惠及范围,给予能较好发挥国内产业优势的中小企业境外投资项目给予投资前期的财政补助和利息补贴。鼓励地方政府设立走出去专项资金,支持过剩产能转移和优势产业对外投资,鼓励企业开展带料加工业务。

二、完善对外投资税收政策

1. 完善对外投资税收政策

结合国内企业对外投资经营实际及发展趋势,系统地研究制定符合国家"一带一路"发展战略的税收政策。针对"一带一路"沿线国家和地区重点领域和重点项目,在海外投资利润收入、股息收入、不动产资本利得等领域，给予免税或一定程度的税收减免。及时评析新国际税收规则，针对国内税法缺失内容和现行税收征管漏洞，及时研究补充相关法律条款。

2. 提高对外投资税收征管

优化境外投资经营所得申报制度，整合申报事项，改进申报流程，建立境外投资信息网上报备、启动相互协商程序网上申请、税收协定待遇网上以报代备等全面智能的境外投资和经营信息申报体系。动态跟踪境内企业对外投资经营活动，建立对外投资企业跨境税务风险预警体系。结合BEPS行动成果落实，加大对企业关联交易监管力度，对恶意税收筹划实施反避税专业调查。

3. 提升国际税收服务水平

推动建立"一带一路"沿线国家和地区税务负面清单，引导企业到东道国进行投资。加大与国际产能合作目标国家的税收协定谈判与修改力度，补充税收饶让与税种无差别规定，完善非歧视待遇和关联企业、转让定价内容，通过双边或多边协议获取"走出去"境外关税和增值税减免优惠，规避该类国家对我国产品和投资的限制。建立"走出去"企业涉税处理案例数据库，完善案例经验分享机制。

三、提升金融服务水平

1. 健全跨境金融服务体系

减少金融机构在海外设立分支机构的限制，鼓励其在服务国家战略、坚持市场导向和分散风险的前提下，以"一带一路"战略重点区域和我国优势产业国际合作重点目标国家为重点，加快推进全球战略布局。支持金融机构建立全方位国际化金融服务平台，提供全时区、跨国家、多币种的无缝持续服务。鼓励政策性金融机构加强同多边金融机构合作，充分利用后者资源和网络，提升国际化水平。加强金融监管部门国际沟通与协作，逐步实现规则对接，为金融机构加快全球布局创造良好环境。加强同国外金融机构的跨境征信合作，逐步建立统一的信用评级体系。

2. 拓宽"走出去"投资渠道

允许政策性和开发性金融机构使用一定比例资本金设立和管理对外投

资产业基金，支持企业境外并购资本需求。鼓励民间金融和产业资本设立对外投资私募基金和风险投资基金，对企业境外投资进行股权投资。发挥亚投行、金砖新开发银行和丝路基金等新金融机构作用，通过以股权投资为主的多种投融资方式重点支持国内高端技术和优势产业"走出去"。利用上海、广东、天津、福建自贸试验区资本账户开放先行先试优势，探索拓展自贸账户功能，构建区域性对外投资金融服务平台，进行金融服务创新试点，为企业"走出去"提供金融支持。

3. 拓宽"走出去"融资渠道

积极拓展多元化融资渠道，根据推进"一带一路"、装备制造和优势产业国际合作等实际需要，构建有针对性的融资长效机制。探索利用外汇储备建立对外投资基金，参照"中非基金—国开行""丝路基金—亚投行"的联合模式，推动银行、保险等金融与基金联动配套，为企业"走出去"提供全方位金融服务。鼓励金融机构探索开展股权、矿业开采权、境外资产、应收账款等抵（质）押融资，为企业走出去提供融资支持，并通过履约保函、融资保函等对外担保方式为项目融资提供信用保障。构建境外资产信用评级体系，尽快实现企业国内母公司和境外分支机构信用信息共享，推动境外资产境内发债和境外资产证券化。

四、创新外汇储备运用

支持各类金融机构外汇融资，保障承接重大项目的能力，动用部分外汇储备对沿线有关国家实行"黑字环流"政策。允许国内大型金融机构运用外汇储备资金开展境外贷款业务。研究设立"一带一路"外汇产业投资基金，着力解决国内企业的外汇投资需求，支持企业走出去进行直接投资或并购。研究设立双（多）边外汇援助贷款资金，支持沿线国家基础设施建设，主要用于我战略性优先项目。对国内企业并购、直接投资、股权投资、资金金融管理等跨境投融资行为，减少外汇管理中的行政审批，提供购汇便利。

五、加强保险保障作用

鼓励保险机构设立与国别风险相关的专项险种，支持国内企业境外投资。创新配套保险机制，加大对出口信用保险和再保险的支持力度，鼓励保险机构增加"一带一路"相关国家和地区风险限额，扩大承保范围，提高赔付上限，丰富产品线，适度降低保险费率。研究开展更为灵活的融资担保形式，克服主权担保融资要求障碍，扩大信贷资金使用范围。支持保险机构加强与商业银行等金融机构合作，开展小额贷款保证保险和信用保险，探索商业保险参与企业融资担保机制。

六、强化人才有效支撑

根据"走出去"升级对人才的需要，着力培养具有国际视野、熟悉国际运行规则、熟悉当地法律法规的外向型、复合型人才。加强企业中高级境外经营管理人才的培养和引进，依托国内外高等院校、职业教育机构，建立跨国经营管理人才培训基地。调整国内高校学科专业设置，在有实力的大学增设一批小语种专业，扩大招生规模。建设国际惯例人才创新培训等专项基金，促进多元化投入。鼓励国内规划设计、大专院校和智库科研机构等单位专业人才参与境外重大项目建设。

七、提升公共服务保障

支持面向"一带一路"国家和地区设立境外医疗保健机构，在药品供给、人才配备等领域给予资金扶持，探索建立惠及境外工作人员的境外医疗保险制度。探索建立海外"高等教育入学考试"机制，支持在"一带一路"沿线国家和地区接受境外基础教育的海外员工子女，优先享受国内高等教育录取权利。在条件合适的国家开办中国国际学校，支持国内有实力的高校赴境外共建国际大学或开办分校，优先支持境外员工子女的入学教育。

第 3 节

创新对外投资合作方式

一、构建高标准跨国自贸区

一是加快正在推进的自由贸易区谈判进程，在条件具备的情况下逐步提升已有自由贸易区的自由化水平，积极推动形成包含邻近国家和地区、涵盖"一带一路"沿线国家以及辐射五大洲重要国家的全球自由贸易区网络。高标准推进 RCEP 谈判（10+6，东盟十国+中日韩印澳新）和中日韩自贸区谈判。以贸易往来规模为参考，合理选择国别研究建立跨国自贸区。

二是参照国际通行规则及其发展趋势，结合我国发展水平和治理能力，加快推进知识产权保护、环境保护、电子商务、竞争政策、政府采购等新议题谈判。

三是率先探索自由贸易协定和投资保护协定在国别间特殊经济区先行先试和实施的新模式。

二、创新国际产能合作模式

1. 积极开展三方合作

主动把我国产业、资本优势，与发达国家技术优势、发展中国家需求优势相对接，开展"中国+发达国家→发展中国家"的优势产业"三方合作"。继续参与"外方总包+中方分包"的国际合作模式，推动组建联合体投标、联合生产以及联合投资等新型合作模式。完善"三方合作"平台建设，构建"三方合作"项目池，逐步实现全球市场信息、全球采购及资源共享。

2. 积极开展建营一体化

建立境外建营一体化项目的政策引导机制，对于央企产业联盟开展境外建营一体化项目要建立项目考核奖惩机制，对于民营企业开展境外建营一体化项目要建立引导鼓励机制；加大对境外建营一体化项目的资金支持力度，尤其是加大对运营主体的资金支持力度；三是支持对运营主体进行资产注入，鼓励运营主体联合投资、建设等企业发起设立或组建建营一体化全产业链条的集团公司，进一步提升国际产能合作竞争力。

三、发挥自贸试验区开放优势

对等开放，分类试错，重点在"一带一路"沿线、自贸区（FTZ）谈判国家，因地制宜，精准试错，针对不同谈判国家的难点、焦点问题，量身定制不同的试错区域。

1. 双向开放的姐妹自贸园区协同先行先试

率先探索自由贸易协定（FTA）和投资保护协定（BIT）在国别间特殊经济区先行先试和实施的新模式。重点商谈"一带一路"、自贸区（FTZ）国家，对等开放，量身定制，通过共建双向姐妹自贸产业园区建设进行压力测试，协同试错高标准经贸规则、经贸合作的难点焦点问题，局部突破，先行形成国际、国内相通的高标准自贸产业园区网络，为构建区域一体化的高标准自贸区网络探索经验、模式①。

2. 国内单边自贸试验区先行先试

加快推进自贸试验区的高标准国际经贸规则试错，进一步发挥好广东

---

① 加勒比自由贸易区就采取这种模式，通过在加勒比共同体各成员国建立双向开放的自由贸易园区方式来吸引外资，形成覆盖加勒比海地区的世界一流经济特区网络。

自贸试验区的前海深港合作区、福建自贸试验区的平潭综合试验区等"一国两制"次区域合作的战略功能，进行更加精准、更高标准的规则试错，打造香港+前海、台湾+平潭一体化的现代服务贸易特区。同时，探索在广东自贸试验区或前海作为中美 BIT 谈判、TPP 规则的试验区。

3. 构建自贸试验园区多层次、梯度化精准试验体系

构建自贸试验园区为龙头，其他境外产业园区协同"走出去"的多层次、梯度化精准试验体系。对等开放、因地制宜、分类合作，量身定制开展高标准国际经贸规则、特色化国际产能、科技创新等多层次、精准化、特色化合作，在规则和标准层面，形成自贸试验区为龙头，工业园区、科技园区协同，共同参与国际经济秩序治理的联动体系。

四、组建专业的园区管理联盟

选择国内实力较强、园区运作经验丰富的企业（管委会）牵头，联合金融机构、智库机构、行业协会、海外投资服务中介等共同组建境外产业园区综合投资开发运营的"园区管理联盟"，并作为"一带一路"沿线国家产业园的开发主体。该园区管理联盟要从一开始就对政府间高层协议提出建议并参与政府间谈判，将园区选址、规划建设、运营管理、招商引资、项目融资等有并事项统筹规划、业务整合；从一开始就要树立"以运营为主体，建设为运营服务"的指导原则，结合东道国的国情特点引入适宜、高效、特色的商业模式，率先打造一批成功园区范例。同时，支持这类企业联盟用国际化视野运作产业园区，包括组建国际化的高端管理团队、构建全球性的招商引资平台、推出适宜园区内各国企业特点的管家式服务等，最大限度减少入园企业的投资风险。此外，有关部门应配合这类企业做好赴外员工培训工作，提高员工综合素质。

五、积极培育世界级跨国公司

一是加强对企业引导，提升企业国际化水平和风险防控能力，打造一批具有长远性、稳定性、竞争性、系统性、协同性，国际化程度高，区域或全球影响力强，具备抵御风险能力的跨国公司。二是改革国有企业考核

机制，分类指导各类企业，使龙头企业具备参与国际大项目的竞争力，增强对重点国别市场、关键基础设施、重要战略资源的掌控力和影响力，在国际产业合作中发挥引领作用。三是加强对境外中资企业风险管理的引导和服务，改进境外中资企业商会的工作方式，使中资企业能够集中资源履行企业社会责任，做好社会基础工作和民心工程，增强企业软实力。明确企业在承担国家战略性重大项目中的风险责任，建立完善风险补偿机制，减少企业的后顾之忧。

六、完善对外交流与合作

1. 扎实推进公共外交

积极开展同沿线国家立法机构、主要党派和政治组织的友好往来，做好对政坛领袖、社会活动家、青年精英、网络意见领袖等重点群体工作，不断拓展人脉，维系感情纽带。进一步密切与相关国家对华友好团体的联系，帮助提高亲华、友华力量在本国政治、经济、社会等事务中的影响力。大力开展城市公共外交，支持有条件的地方与境外重要城市结为友好城市，以人文交流为重点，突出务实合作，形成更多鲜活的合作范例。

2. 充分发挥民间团体作用

支持国内智库与境外国家智库开展联合研究、合作举办论坛等。加强与沿线国家民间机构，特别是非政府组织（NGO）、社会团体的交流，重点面向基层民众，广泛开展教育医疗、扶贫、生态环保等各类公益慈善活动。重视发挥侨务资源和华商资本的力量，服务企业境外投资。

·第十章· "一带一路"企业
"走出去"的典型案例

Chinese Enterprises "Going Out" under OBOR

第 1 节

典型企业案例

一、招商局集团

截至 2016 年底，招商局集团在全球 18 个国家和地区拥有 48 个港口，大多位于"一带一路"沿线国家和地区的重要港口点位。

科伦坡国际集装箱码头（CICT）：2011 年，招商局港口控股有限公司投资了位于斯里兰卡的科伦坡国际集装箱码头，招商局港口与斯里兰卡港务局各占有 85% 和 15% 的股份。

CICT 是位于斯里兰卡西南部的深水自由港，是连接亚洲和欧洲贸易航线的必经之路和南亚重要中转枢纽。码头于 2013 年正式开港运营，现有 3 个大型集装箱深水泊位，占地 58 公顷，设计年吞吐能力可达 240 万标准箱。码头岸线水深-18 米，桥吊外伸距 70 米，为目前南亚地区中唯一可停靠 19，000TEU 级集装箱船舶的码头。

吉布提港有限公司：吉布提港地处亚丁湾西岸，面对红海南大门曼德海峡，是国际航运主航道的必经之地，可辐射东非、中东、红海及印度西岸地区，具有重要的战略地位。2013 年 2 月，招商局港口控股有限公司收购吉布提港口有限公司（PDSA）23.5% 股份，成为吉布提港的第二大股东。PDSA 的核心资产包括位于吉布提港的多功能港区（POD）、多哈雷集装箱码头（DCT）、外堆场（DDP）以及在建的多哈雷多能码头（DMP）等资产。

尼日利亚庭堪国际集装箱码头（TICT）：2010 年 11 月，招商局港口收购了 TICT 码头 47.5% 的股权。TICT 拥有 770 米长的海岸线及 24 万平方米的后方堆场，共建有 3 个集装箱泊位。TICT 是庭堪岛最大的集装箱码头，也是拉各斯第二大集装箱码头，设计吞吐量达 40 万标准箱，2016 年实际吞吐量达 41 万标准箱。

多哥洛美集装箱码头（LCT）：2014 年 10 月，招商局港口在西非多哥洛美港持股 50% 的 LCT 码头投入试运营。LCT 码头设计吞吐能力 220 万标箱；泊位前沿水深达 -16.6 米，是西非目前硬件设施最优越的港口，将成为西非的区域中转枢纽港。

澳洲纽卡斯尔港：2014 年，招商局与 Hastings 资产投资管理公司以 17.5 亿澳元收购了澳大利亚纽卡斯尔港口 1998 年的经营管理权和土地租赁权。纽卡斯尔港是世界最大的煤炭出口港，澳大利亚最大的散货港，也是新南威尔士州最主要的动力煤下水港，约占该州煤炭出口量 90%。Newcastle 港口占地 7.8 平方公里，共分 4 个港区，包括 21 个码头泊位，其中 9 个为煤炭专用泊位。

法国 TL 公司：2013 年 6 月，招商局港口收购了法国达飞轮船旗下码头运营商 Terminal Link（TL）49% 的股权。TL 以欧洲、地中海及非洲区域的港口为基地，在全球 8 个国家投资了 15 个码头。

康普特（Kumport）：Kumport 是土耳其第三大集装箱码头，位于马尔马拉海西北海岸的阿姆巴利（Ambarli）港区内，靠近伊斯坦布尔的欧洲部分，占据欧亚大陆连接处的重要战略地理位置，距离黑海航线必经的博斯普鲁斯海峡仅 35 公里，是黑海和地中海之间的咽喉要地。码头现有岸线长 2180 米，6 个泊位，最大前沿水深 -16.5 米，可以接卸当今最大的集装箱班轮。目前其集装箱吞吐能力为 184 万标准箱，可进一步扩建至 350 万标准箱。

招商局港口控股有限公司、中远太平洋有限公司和中投海外直接投资有限责任公司组成的中方联合体拥有 Kumport 码头 65% 股权，在三方联合体中，招商局港口，中远太平洋和中投海外所占股权分别为 40%、40%和 20%。

二、华为技术有限公司

华为技术有限公司，自 1996 年实施国际化战略以来，其产品与服务现应用于 100 多个国家和地区，是全球前 50 强的运营商，服务超过 10 亿用户。华为在海外设立了 20 个地区部，100 多个分支机构，营销及服务网络遍及全球。2014 年华为实现全球销售收入 2882 亿元人民币，同比增长 20.6%；净利润 279 亿元人民币，同比增长 32.7%。

1. 华为国际化过程

初涉国际市场（1996 年—1999 年）。华为于 1996 年开始开拓国际市场，华为与和记电信合作，提供以窄带交换机为核心产品的"商业网"产品。华为产品打入香港市话网，开通了许多国内未开的业务，这使华为大型交换机进军国际电信市场迈进了第一步。随后，华为开始考虑发展中国家的市场开拓，重点是市场规模相对较大的俄罗斯和南美地区。但这一阶段华为海外市场业绩并不顺利，直到 1999 年 8 月，华为才迎来了海外市场销售额零的突破，该年度华为海外销售额为 0.5 亿美元。

深化拓展阶段（1999 年—2001 年）。突破之后的华为，加大了国际市场的开拓力度。一方面，主动"走出去"宣传自己。华为不断利用博览会和论坛发言的机会，争取国际话语权并积极参与国际、国内电信标准的起草和制定工作，既扩大了企业的影响力，奠定其行业内的主导地位，同时也带来了一定的商机。另一方面，也请客户来中国参观考察华为，让客户了解华为，消除海外客户在合作方面的障碍或排斥心理。经过 1999 年到 2001 年的艰苦努力，华为在国际市场的销售慢慢拓开，海外销售收入增长态势良好，2001 年，华为海外市场的销售收入达到了 3.3 亿美元。

全面突破阶段（2001 年至今）。发展中国家的连战告捷，使华为信心倍增。华为开始考虑进入发达国家市场。从 2001 年开始，以 10GSDH 光网络产品进入德国为起点，通过与当地著名代理商合作，华为产品已陆续成功地进入德国、法国、西班牙、英国、美国等发达地区和国家。时至今日，华为海外市场已取得全面突破，全球拓展了 100 多个国家和地区，其产品进入 70 多个国家，海外销售收入逐年上升。2005 年，华为的海外销售额达到 48 亿美元，占整体销售额的 58%，首次超过国内销售收入。2014 年，华为的海外销售额达到 288 亿美元，占整体销售额的 62%。

2. 华为的国际化战略分析

华为国际化战略的选择。华为国际化采取的是"先易后难"的战略，先凭借低价战略，重点选择发展中国家作为目标市场，以此既能规避发达国家准入门槛的种种限制，又使海外大的电信公司难以在发展中国家与华为"血拼"价格。在有效进入发展中国家市场后，再有重点地以高端产品积极进入发达国家市场。在发达国家市场进入策略上，华为把和谐共进、优势互补，作为进入发达国家市场的原则，通过与摩托罗拉等成立合资企业，成功地进入美国数据通信市场。现在华为与 NEC、松下、西门子等成功地建立了合作伙伴关系，为下一步建立区域性产业联盟奠定了良好的基础。

华为的国际化竞争力主要体现在以下三个方面：

（1）产品性价比高、交付快

华为全球中 48% 的员工从事研发工作，每年将不低于 10% 的销售额作为研发投入，这些保证了公司的技术领先和储备。另外华为人力资源成本比发达国家低，产品较之便宜很多。此外，华为管理灵活，员工高度敬业，能按时甚至超前完成工作任务。华为在国际通信运营商中已树立一个性价比高、快速响应的形象。

（2）客户导向

华为根据客户需求提供产品和服务，在技术策略上华为考虑的唯一因素就是客户需求，反对技术人员闭门造车，鼓励员工与生产实践相结合，为了避免研发人员只追求技术先进而缺乏对市场的敏感，华为硬性规定每年必须有 5% 的研发人员转做市场。

（3）企业文化和执行力

华为的"土狼"文化强调团结、奉献、学习、创新、获益与公平，更强调积极进取，以绩效为导向。不管员工职位多高，只要达不到绩效都会被撤职，这给华为各层领导很大压力和动力，使得团队的工作效率和执行力特别强。

三、中兴通讯股份有限公司

1. 企业基本概况

中兴通讯成立于 1985 年，在香港和深圳两地上市，是中国最大的通信设备上市公司，也是全球五大通信主设备供应商之一。公司为全球 160 多个国家和地区的电信运营商和企业网客户提供创新技术与产品解决方案。中兴通讯拥有通信业界最完整的、端到端的产品线和融合解决方案，主营业务包括运营商业务、政企网业务和终端业务三个领域。

2010—2012 年中兴为了突破欧洲大通信运营商控制的市场，采用较为激进的商务思路，实现了快速规模扩张，但近年来改用"现金流第一，利润第二，规模第三"的经营思路，2014 年实现营业收入 814.7 亿元人民币，净利润 26.3 亿元人民币，同比增长 94%。2015 年上半年实现营收459.38 亿元，同比增长 22%；净利润 16.12 亿元，同比增长 43%。

2. 企业境外投资情况

（1）企业境外经营情况

早在 1995 年，中兴通讯就启动国际化战略，是中国高科技领域最早成功实践"走出去"战略的大型企业。中兴通讯在国际市场已相继与和记电讯、法国电信、英国电信、沃达丰、西班牙电信、加拿大 Telus 等全球顶级运营商及跨国运营商建立了长期合作关系，并持续突破发达国家的高端市场。

截至 2014 年底，中兴通讯已在全球 160 多个国家和地区设立了 170 个分支机构，包括代表处、办事处、分公司及子公司，在美国、法国、瑞典、印度等地共设有 18 个研发中心，在全球设立了 8+1 个交付中心，15个培训中心，11 个全球客户支持中心，6 个区域客户支持中心以及 46 个本地客户支持中心。2014 年，中兴通讯国际市场实现营业收入 408.9 亿元，占集团整体营业收入的 50.2%。

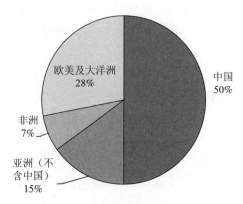

图 10-1　2014 年中兴通讯各区域营业收入占比

近年来，中兴通讯十大境外投资区域包括：

表 10-1　中兴通讯十大境外投资区域

序号	投资国家 （地区）	初始投资 年份	投资 形式	投资 行业	组织机构 形式	投资 规模（万元）
1	中国香港	2000	境外贸易和服务	通讯	投资管理公司	99500 万港币
2	荷兰	2009	境外贸易和服务	通讯	投资管理公司	19922 万欧元
3	巴西	2002	境外贸易和服务	通讯	投资管理公司	650 万巴西海奥
4	美国	1998	境外贸易和服务	通讯	投资管理公司	3640 万美元
5	西班牙	2014	境外贸易和服务	通讯	投资管理公司	300 万欧元
6	新加坡	2010	境外贸易和服务	通讯	投资管理公司	100 万美元
7	泰国	2002	境外贸易和服务	通讯	投资管理公司	5000 万泰铢
8	南非	2007	境外贸易和服务	通讯	投资管理公司	288 万南非兰特
9	德国	2005	境外贸易和服务	通讯	投资管理公司	15 万欧元
10	埃塞俄比亚	2007	境外贸易和服务	通讯	投资管理公司	10 万美元

（2）企业海外布局模式

中兴通讯"走出去"海外布局主要有三种模式，分别是一般分支机构、海外研发机构以及海外子公司。一般分支机构设立最多，主要承担销售和办事处职能；海外研发机构则提供合约研发服务，主要通过参加各类通讯论坛，倾听主流的行业发展趋势；海外子公司设立较少，主要应市场准入和合法用工要求承担低风险分销职能，少数重要的子公司承担集团海外投融资职能。

中兴通讯海外商业模式主要有三种，分别是总部总包（总部集团提供设备销售和服务）、海外分签（总部提供设备销售、海外子公司提供服务）以及海外子公司总包。总部总包模式主要签署海外分支结构承揽的销售合同，有时为了规避某些地区外汇管制和汇率风险，在某些设立有海外子公司的国家和地区也会采取总部总包以美元结算。海外分签模式对于集团来说税务成本和税务纠纷风险均较低，在设有海外子公司的国家和地区使用较多。海外子公司总包模式采用较少，因为海外综合税率一般高于国内，只有应对方政府要求在当地多纳税才会使用。

中兴通讯最重要的三大海外子公司分别是：

中兴（香港）在早期是集团主要的对外投资平台，但近年主要作为融资平台。虽然集团基于税负上的考虑（国内高新技术企业所得税 15%，香港海外所得税率 25%）安排中兴香港 offshore 业务利润率不超过 1%，但是基于中兴通讯在国内上市的市值作为担保，融资职能发挥不受影响。

中兴（荷兰）是欧洲区的投资平台，最近集团对其进行了大规模增资，投资额达到了近 2 亿欧元，希望将其建设成为欧洲的融资平台。

中兴（毛里求斯）是集团外来在非洲子公司的设计中心，目前仍在初创阶段。

第 2 节

企业"走出去"面临的主要问题

一、复杂的税收政策问题

海外国家和地区的税收政策各不相同，巴西、秘鲁、印度等国税收制度尤其复杂，加上集团海外子公司高层一般实行三年轮岗制，使得了解当地税制的人才流动性较大，税收遵从难度较高。

二、外汇管制及外币贬值

在外汇短缺的国家外汇兑换和汇出结办周期较长，对于集团现金流形成压力；另一些宏观经济波动剧烈的国家（近年来主要是南美国家，如委内瑞拉）则面临较大的货币贬值风险，蚕食集团利润。

三、当地合法用工问题

某些国家和地区对于集团海外分支机构雇用当地雇员与中国雇员比例有硬性要求，一般为 3∶1，而通信行业对于人员技术素养要求较高，在一些发展中国家很难招到合格雇员，导致无法达到要求比例要求而被当局认定为子公司，给企业海外经营带来一定困难。

四、文化差异适应问题

企业在某些国家和地区存在对语言、宗教、当地风俗的适应问题。

五、区域政治法制环境风险

部分国家政局不稳，局部冲突时有发生，一些国家法律不健全，贸易投资风险较大，为企业"走出去"的区域性合理布局带来了挑战。

第 3 节

企业"走出去"解决税收问题的经验

一、设立高效税务风险控制组织

中兴通讯税务风险控制组织采取二级管理架构，通过设立集团税务总部从集团层面进行税务筹划的总体规划和实施，人员主要由外聘税务专家及区域税务经理构成，并直接向集团财务总监进行汇报。集团税务总部下设海外公司税务部门，分别委派中方 CFO 及聘用外籍税务经理合理控制境外投资风险，组织扁平，便于控制及高效沟通。

二、建立跨境税务风险管理体系

中兴通讯建立有完善的跨境税务风险管理体系，包括 3 制度、1 流程、2 预警、2 合规、1 测评、3 培训和 1 问责等内容。

制度：《国际项目税务评审管理办法》《海外子公司转让定价管理办法》《境外国家月度税务工作规范动作清单》；

流程：海外税务风险评估嵌入在国际项目签约前评审，在税务风险控制较佳时点管理控制；

预警：国际税务风险总部直接管理，基本可预警及量化；海外本地税务风险预警，主要取决于海外公司财务人员的专业能力及经验，是个难点；

合规：《＊＊国家商业模式报告》、重点国家《＊＊国家税务合规操作手册》；

测评：海外税务管理成熟度测评；

培训：海外子公司总经理、海外子公司中方 CFO、海外子公司商务经理；

问责：严厉的税务风险问责制度。

三、遵循中兴跨境风险规避原则

针对国际税务风险，公司主要采取四方面措施进行税务风险规避：

①公司内部加强规范经营管理；

②"有所为、有所不为"，主动注册常设机构避免事后罚款，但不能签单；

③遇到不公正待遇，寻求区局、市局及总局支持；

④在当地国家，聘请律师及会计师进行司法诉讼。

针对转让定价税务风险，公司主要采取五个方面的措施进行风险规避：

①集团制定统一的全球转让定价政策；

②集团总部招聘转让定价专家人才；

③强化集团统一组织管理，借助专业中介机构力量做好转让定价税务风险控制；

④部分国家选择适当时机，申请双边或单边预约定价；

⑤与主管税务机关充分沟通寻求支持。

四、海能达通信股份有限公司

1. 企业概况

海能达通信股份有限公司前身是原深圳市好易通科技有限公司，成立于1993 年，是一家民营高科技企业。2010 年3 月完成股份制改革正式更名为海能达通信股份有限公司。海能达是全球专业无线通信领域领先企业，也是全球极少数掌握多种数字专业无线通信标准（PDT、DMR 和 TETRA）的核心技术的厂商之一，是国内专业通信行业的龙头企业。海能达 2009 年正式被认定为"国家级高新技术企业"，广东省自主创新型企业和深圳市民营领军骨干企业。2014 年，公司年产值 20 亿元，其中海外销售收入占总收入 60% 以上，员工 3800 人，外籍员工与长期驻外员工 500 多人，近年来保持持续增长，五年复合增长率达 30%。

2. 境外投资情况

海能达建立了全球化的营销体系，营销网络覆盖全球 120 多个国家和地区，在全球设有 14 个子公司、3 个分公司、8 个办事处，并与全球 600 多家分销商、集成商和合作伙伴紧密协作，快速满足客户需求。

2004 年：投资成立设立美国和英国子公司，踏出开展海外业务第一步；

2008 年：投资成立海能达通信（香港）有限公司，为集团走出去提供海外销售和采购的平台；

2012 年：成功收购德国罗德施瓦茨 PMR 公司，强化 TETRA 领域全球竞争力；

2014 年：投资成立澳洲和巴西子公司，海外业务基本覆盖全球各大洲；

2015 年及未来：计划成立俄罗斯子公司，以及拓展东南亚、非洲、南美各地的业务，完成全球布局。

3. 海外企业主营业务情况

英、美、澳洲子公司目前以渠道销售为主，辅以向其他大型运营商或集成商销售系统产品；

德国子公司除作为公司一级销售代理外，同时专注 Tetra 产品研发，另其在欧洲、拉美等区域积极参与公共领域项目投标，取得了优异业绩；

巴西子公司作为公司 2014 年新设企业，为减轻整体税务当地税收影响，计划在当地委托第三方生产商进行散件组装然后分销。

受限于市场规模、技术垄断等因素，海能达成立之初便以国际市场为开拓目标（发达国家专网对讲机需求量较大，公司初期以欧美为主要开拓区域），并于 2001 年时开始制定国际化发展战略，但因公司人才、技术、资金等缺乏的影响，初期拓展难度非常大。

2011 年，公司上市之后，得益于直接融资的便利，公司国际化步伐逐年加快，国际营收规模不断增加，并带动品牌及技术的不断提升。目前，国际上海能达已与摩托罗拉形成二分天下的市场格局（企业当前与摩托罗拉 55%的差距在美国产生，主要是军方跟警察专网市场）。预计，未来公司可以保持年均 40%以上的增幅，增长来源将主要来自国际市场。

海能达海外业务以当地雇员为主，以研发及销售人员为主。

4. 企业"走出去"面临的主要问题

（1）税务风险

①当地税收环境及税收政策的复杂性和不确定性，导致潜在税务风险及沉重税负，特别是南美国家如巴西、秘鲁等。

②潜在转让定价问题，缺乏完善的跨境转让定价政策和指引，难以规避海外转让定价风险。

③缺乏熟悉当地税务法规的人员，基本需要依靠中介机构进行税务事项处理，税务维护成本较高。

（2）外汇管制

烦琐的外汇审批流程导致无法及时响应子公司的紧急资金需求，如对外借款外管审批时日较长（10 个工作日）。

（3）汇率风险

当地汇率大幅波动导致公司利润受损。

（4）人力资源及外派人员管理

①需要加强全球人力资源统一管理，对于收购的海外子公司，为了其业务稳定发展，考虑跨文化管理难度，通过本地化高管进行管理，这与集团化管控存在一定的出入。

②公司设立子公司的管理人员选择，"走出去"时要考虑的第一个问题是如何选择值得信任、可靠的外派人员。

③全球化的薪酬策略。包括公司外派的中方员工的薪酬管理，包括如

何选择定薪酬的币种、如何规避汇率风险，外派人员的福利设计等。

④员工关系、解雇限制。外派员工需要与子公司签订合同，在涉外劳动纠纷上，法律上缺乏相关规定；东道主国劳动法律法规，在劳动保护法上规定不一，需要熟悉法律法规，做好法律遵从。

5. 企业"走出去"税务服务诉求

（1）企业税务风险内控机制方面诉求

①提供更多的企业税务风险内控机制指引。

联合专业中介机构组织更多有关风险内控的研讨会及培训讲座等。

（2）跨境税务支持服务诉求

①希望提供更多投资目标国税务信息，特别是部分税务法规较为复杂的国家，如印度、巴西等地。

②希望提供更多关于 BEPS 的行动计划等最新的国际转让定价发展方向信息，并给予企业相应的解读和指引，帮助企业更好的规避转让定价风险。

③希望协助企业启动相应的双边磋商及预约定价安排，解决跨境税务争议。

五、比亚迪股份有限公司

1. 企业概况

比亚迪股份有限公司（简称比亚迪）创立于 1995 年，2002 年 7 月 31 日在香港主板发行上市，公司总部位于中国广东深圳，是一家拥有 IT、汽车及新能源三大产业群的高新技术民营企业。比亚迪在广东、北京、陕西、上海等地共建有九大生产基地，总面积将近 700 万平方米，并在美国、欧洲、日本、韩国、印度等国和中国台湾、香港地区设有分公司或办事处，现员工总数超过 15 万人。公司主要客户包括诺基亚、三星等国际通讯业顶端客户群体。2015 年上半年，比亚迪实现营业收入 315 亿元，同比增长 18%；实现净利润 4.66 亿元，同比增长 29%。从公司各个业务来看，比亚迪汽车及相关产品业务的收入为约 177 亿元，同比上升 40%，其中新能源汽车业务收入约 59 亿元，同比增长约 1.2 倍。

2. 企业"走出去"发展历程及布局概况

（1）发展历程

1999 年，美国分公司成立。

2007 年，比亚迪汽车在上海与欧洲的葡萄牙、非洲的安哥拉、佛得角等国家和地区汽车贸易商正式签署汽车出口合作协议，这标志着比亚迪的海外战略开始全面推进。

2013 年，比亚迪纯电动大巴正式获得欧盟整车认证（即 WVTA 认证），拿到进入欧盟的"入场券"和无限制自由销售权，该认证与美国认证、日本认证一起构成了世界汽车三大认证体系，被认为是国际上审查最为严格的认证体系之一。同年 5 月比亚迪在美国兰开斯特成立铁电池及电动大巴工厂，终于打开通向北美的大门。

2014 年，巴西铁电池工厂在坎皮纳斯市落地。南美作为一个新兴的汽车市场，立足巴西，可建立辐射整个南美的网络。

2015 年，5 台比亚迪电动大巴 K9 亮相日本京都地区，其作为首批进入日本市场的中国汽车；同年获得海外最大订单即美国 60 辆纯电动大巴订单。

（2）海外布局

比亚迪以自筹投资为主，建立了全球化的业务体系，海外业务蒸蒸日上，在 36 个国家有试点、运营、销售。

①亚太地区：集中于贸易融资产业和新能源产业。

②美洲：新能源汽车产品生产和销售。

③欧洲区：新能源产品的贸易服务平台。

④非洲地区：主要为太阳能产品的制造，满足当地产品供应。

（3）发展经验

①比亚迪首先重视税务发展，设置专门的税务机构和人员，如集团总部设立税务部，各分公司也设立税务科等。

②其次，集团结合实际操作设计系统，在取得、申报、拨付、审批、入库流程中建立完善的流程机制。

③在海外拓展过程中，比亚迪保持与当地税务机关的密切沟通，同时

保证内部信息沟通机制的顺畅运行。

3. 企业"走出去"面临的主要问题

①当地税收环境及联邦制下各州税收政策的复杂性和不确定性,导致潜在税务风险及沉重税负,特别是印度、巴西等国家。

②当地转让定价、所得税、销售税审查严格,不熟悉当地税收政策易导致高额罚款。

③潜在转让定价问题,缺乏完善的跨境转让定价政策和指引,难以规避海外转让定价风险,尤其是巴西转让定价与国际标准不同,税后价格大幅上涨,甚至出现进口完税后价格翻倍,大大削弱竞争力,为降低成本只能选择当地设厂;

④缺乏熟悉当地税务法规的人员,基本需要依靠中介机构进行税务事项处理,税务维护成本较高。

⑤出口国为联邦制国家时,各地税收优惠政策不一导致产品跨洲销售时出现争议。

⑥当地税收环境不安全,投资风险较大。

4. 企业"走出去"跨境税务服务诉求

①希望提供更多投资目标国税务信息,特别是部分税务法规较为复杂的联邦制国家,如印度、巴西等;

②希望提供更多关于巴西最新的国际转让定价发展方向信息,并给予企业相应的解读和指引,帮助企业更好的规避转让定价风险;

③希望协助企业启动相应的双边磋商及预约定价安排,解决跨境税务争议。

六、中国广核集团有限公司

1. 企业概况

中国广核集团有限公司(简称中广核)即原中国广东核电集团有限公司,1994年9月正式注册成立,注册资本102亿元人民币,是一家由国务院国有资产监督管理委员会监管的特大型清洁能源企业。2013年4月,中国广东核电集团有限公司同步更名为中国广核集团有限公司。中广核是伴随着我国改革开放和核电事业发展逐步成长壮大起来的中央企业，由核心企业集团公司和 30 多家主要成员公司组成。目前中广核股权关系为国资委持股 90%、广东恒建投资控股代表广东省持股 10%。截至 2014 年底，作为清洁能源的引领者，中广核集团总资产 3900 亿元，员工总数约 3.28 万人，在建核电规模全球第一，承担了全国 54% 在建核电机组的工程建设，占全球核电在建规模的 20%。2014 年度上网电量为 983 亿度，同比增长 30.5%，新增载运电力装机约 627 万千瓦。

2. 企业"走出去"发展历程及布局概况

（1）发展历程

2009 年，在泰国设立实体化运作的海外办事机构，首次设立实体化运作的海外办事处；

2014 年 5 月，位于纳米比亚湖山的铀矿项目正式开工，为我国在非洲最大非实业投资，是中国与非洲经贸合作的标志性工程；

2014 年 10 月，成为罗马尼亚核电项目唯一的最终投资者，合作开发切尔纳沃德核电站 3、4 号机组，可带动装备制造产业走出国门，进入欧盟国家高端能源市场；

2015 年 6 月，与东盟能源中心签署了关于核电能力建设方面的合作协议，落实"一带一路"和打造"中国-东盟自贸区升级版"的国家战略；

2015 年 9 月，与肯尼亚能源与石油部下属的核电局在大亚湾核电基地正式签署了备忘录，双方将基于"华龙一号"在肯尼亚核电开发和能力建设方面开展全面合作，肯尼亚是中国"一带一路"建设在非洲的重要落脚点；

即将签约世界单机容量最大、中英首个核电项目、预算近 2500 亿元人民币的欣克利角 C 电站，预计将成为今年 10 月中国国家主席习近平到访英国时签署的经贸合作协议中的重头戏。

（2）海外布局

中广核集团建立了以核电、燃料（铀）、非核清洁能源三大业务板块为主体的海外布局，同时这三大业务板块均已在香港拥有上市平台。从竞逐土耳其、白俄罗斯、立陶宛、越南等国核电项目，到英国、罗马尼亚、非洲项目落地在望；从核燃料国际市场供应零起步，到建立以西亚哈萨克斯坦、纳米比亚等国为支点的全球化核燃料供应体系，中广核目前共拥有8个海外办事处、17家运作良好的海外公司，初步实现全球布局，并成为参与国际核电市场竞争的重要力量。

（3）发展经验

中广核集团目前的"走出去"主要是建立在投资国外清洁能源项目上，但下一步则是搭载于项目中的技术、设备出口，通过投资带动我们国家的设备制造业、建筑安装业包括工程管理"走出去"，提升我们国家的工业水平、制造业水平，最终实现整体"走出去"。

在"走出去"战略执行过程中，通过目标国政府的技术审查，是"华龙一号"实现在海外落地最为关键的一步。世界各国对于进入本国市场的核电新堆型技术，都要进行严格的技术标准符合性审查。尤其是英国GDA（通用设计审查）最为严格，中广核集团集中力量攻坚，力争通过最高标准，从而为后续通过目标国的技术审查扫除障碍。

在评估国外投资项目上，中广核集团采用分类管理的模式，按国别分别制定投资收益率。

3. 企业"走出去"面临的主要问题

（1）税务风险

①当地税收政策的复杂性和不确定性，导致潜在税务风险及沉重税务成本。

②集团为降低融资成本于香港上市，因香港未与韩国签署税收协定，因此集团面临股息分配高达30%的税务问题。

③集团内部财务人员不足，基本需要依靠中介机构进行税务事项处理，税务维护成本较高。

（2）汇率风险

在美国加息预期下，人民币贬值带来对外投资成本上升，融资成本呈升高趋势。

（3）人力资源及外派人员管理

①东道主国劳动法律法规，在劳动保护法上规定不一，需要熟悉法律

法规，做好法律遵从，提高劳工协同效率。

②集团财务管理人员不足，以总部为例，包括总经理在内财务管理只有 15 人，不足以应付海外业务快速增长的需要。

4. 企业"走出去"税务服务诉求

（1）税收优惠方面诉求

①希望对中方公司分回到中国境内的利润免征企业所得税或给予税收饶让。

②希望对于中国向境外核电项目的所有设备给予全额出口退税。

③希望对中国公司从境外核电项目收取的技术信用费、设计费和服务费免征企业所得税、营业税（或增值税）。

（2）跨境税务支持服务诉求

①希望统一对主要的欧美国家税法进行研究，编写相应的法规手册，帮助企业更好地规避特别是部分税务法规较为复杂的国家。

②希望提供更多关于税务交流的公共服务平台，联合"走出去"企业、专业中介机构，定期组织更多有关跨境税务的研讨会及培训讲座等。

③希望协助企业分析不同投资形式、方式、架构的税收影响，为企业分析提示跨境税务风险，通过层报总局启动相应调整双边磋商或预约定价，安排双边磋商等形式为企业解决跨境税务争议等。

④希望针对"走出去"企业，主管税局机关能够提供政策方面的宣贯以及引导，在管理上简化相关税务备案、汇算清缴机制，实实在在为"走出去"企业提供税务支持，使得税源"源远流长"。

七、海尔集团

1985 年海尔只是一间小厂，年销售收入只有 348 万元；1999 年，当年的小厂已成为一个大集团，销售收入达到 212 亿元，增长了 6000 多倍。到 2001 年海尔集团实现全球销售收入 600 多亿元，连续 15 年保持了平均 81.6% 的高速稳定增长，堪称现代经济的奇迹。

在国际化战略指导下，海尔集团先后在 128 个国家和地区注册商标 556 个，成为国际市场上最具知名度的中国家电品牌。目前，海尔出口国家和地区 160 多个，其中对欧盟和美国等发达国家的出口占 60%，东南亚占 16%。除出口业务以外，海尔的国际化生产也取得了长足的发展，先后在南斯拉夫、菲律宾、印度、马来西亚、美国等地投资建立海外生产基地。并在蒙特利尔、首尔、里昂、东京、悉尼、阿姆斯特丹、洛杉矶、硅谷、中国香港等地设立了 10 个信息站、初步建立了海尔海外情报信息网络。为了实现本土化设计、海尔集团在东京、阿姆斯特丹、洛杉矶、硅谷、里昂、蒙特利尔建立了海外设计分部，专门开发适合海外消费特点的家电产品。目前，海尔在海外已有 2 个工业园，13 个工厂，18 个贸易中心，8 个设计中心和 38000 个营销网点，产品出口近 100 个国家，可以说海尔的国际化经营取得了巨大成功。

经过 30 多年的努力海尔已成为行业内的有力竞争者。一位法国工业家更断言，十年内海尔集团很可能会成为"亚洲的吕克斯电器公司"。

1. 海尔的起步阶段

海尔集团的前身是青岛电冰箱总厂，20 世纪 80 年代初为了摆脱企业亏损的局面，引进了世界先进的电冰箱生产技术，生产世界一流电冰箱，创冰箱行业名牌的战略。1985 年 9 月 25 日，青岛电冰箱厂与原西德利渤海尔工程有限公司签订引进利渤海尔电冰箱生产线的合同，生产琴岛-利渤海尔电冰箱。通过全公司的共同努力，海尔冰箱脱颖而出，1988 年海尔获得了中国冰箱行业历史上第一枚国家级质量金牌，标志着名牌战略初步成功。1992 年海尔获得了 ISO9001 质量体系认证，成为中国家电行业第一个通过此项认证的企业。在这一阶段，海尔致力于专业化生产世界一流的电冰箱，积累了丰富的管理经验和技术人才，初步形成了海尔的管理模式。

2. 海尔的国际贸易阶段

海尔的国际化过程始于 20 世纪 90 年代初期，主要表现为产品的大量出口。产品出口是海尔实现国际化经营的第一步。海尔起初是购买西方大工业集团的专利并仿造西方的产品，还给国外大公司做 OEM，后来海尔逐渐摆脱了西方的模式，开始创立自己的品牌。为了成为世界级合格的供应商，海尔在一向重视产品质量的基础上，取得了一系列国际公认的产品质量认证，这些质量认证成为海尔通向世界市场的通行证。海尔利用出口国已有的营销渠道，慎重选择经销商，逐步建立起自己的国际营销网络。海尔在占领国际市场上采取的是"先难后易"战略。海尔冰箱出口的第一个登陆点，是有"冰箱鼻祖"之称的德国。海尔策略是高举高打，从最难进入的市场撕开一个口子，逐步培育国际知名度，形成高屋建瓴之势，辐射欠发达市场。征服德国市场后，海尔产品在几年时间内迅速全球开花。迄今，海尔冰箱是中国出口到工业发达七国数量最多的冰箱，海尔也是中国向日本出口洗衣机最多的厂家。目前，海尔已在 87 个国家发展了 38000 多个销售网点，62 个海尔产品专营商，还在中东和欧洲分别建立了"国际物流中心"。产品海外市场的开拓，同时推动了产品设计的海外布局，从 1994 年 10 月到 2001 年 8 月，先后在国外成立了 18 个设计分部，分布在东京、洛杉矶、硅谷、里昂、阿姆斯特丹、蒙特利尔等城市。此外还在东京、洛杉矶、中国香港、蒙特利尔、维也纳、首尔、悉尼、阿姆斯特丹、台湾和硅谷设立了 10 个信息中心。

3. 海尔的跨国经营阶段

海尔的跨国经营也遵循"先有市场，而后建厂"的普遍规律。海尔在国际贸易阶段奠定的市场基础，为其海外建厂提供了条件。国际上把家电分为三大消费区：美国、欧盟和中国。但是，海尔在当时并不具备投资美国、欧盟的经验和实力，于是海尔在 1997 年选择了在菲律宾建立了海外第一家工厂，菲律宾有两个明显优势：英语系国家且深受美国文化影响。而且当时正值亚洲金融危机，外资纷纷外撤，劳动力等生产要素价格大幅缩水，建厂成本节省了 2/3。投资策略在菲律宾得到初步验证后，海尔迅速在中东、北非地区复制。1999 年，海尔冰箱对美国出口差不多近 10 年历史，在当地已经积累了一定的品牌影响和市场进入经验。同时，出口量也达到一定规模，据计算，加上运费等成本，已经超过在当地建厂的盈亏平衡点。海尔在美国南卡罗来纳州的生产基地占地 600 亩，是海尔集团目前在国外最大的生产基地。据海尔自己披露，自 1998 年以来，海尔在美国的销售年均增长率达 115%，市场份额也在不断扩大，海尔的公寓冰箱及小型冰箱已占美国 30% 以上份额，海尔冷柜已占 12% 的份额，海尔酒柜已占

50%以上的份额。世界著名的大连锁店如沃尔玛等均在销售海尔品牌的产品。在最近公布的美国《家电制造商》杂志评选的全球家电十强中海尔名列第九，是唯一一家中国公司。2001年6月海尔并购意大利的一家冰箱厂，继美国之后，海尔在欧洲也初步实现了三位一体（即设计、生产、销售三位一体的本土化模式）。通过这次跨国并购，海尔不但获得了欧洲的白色家电生产基地，而且拥有了参与当地制造商组织并获取信息的条件。

4. 海尔的全球化经营阶段

海尔国际化的最终目标是实现三个1/3，即国内生产、国内销售1/3；国内生产、海外销售1/3；海外生产、海外销售1/3。海尔在全球范围内把目标市场切分为10大经济区，每个大区中心是设计、采购、制造、营销和服务"五位一体"，对本地业务有绝对的经营自主权。每个区域内的地区中心、设计中心、贸易中心、制造中心分别以不同方式设立。投资方式灵活多样。比如，设计中心一般与跨国公司建立战略联盟，设计人员技术入股；创建贸易中心时，能合作就不合资，能合资就不独资，大多采取合作方式。

同时，海尔还通过投资额度上限控制，在各大区与总部之间设置了"防火墙"。单项投资额一般不超过5000万美元。除了避开各个经济区的贸易和非贸易壁垒，这种结构安排的最大好处在于，可以规避不同经济区域的经济危机，增强国际化海尔抗击风险的整体能力。

从海尔以上的发展过程可看出，海尔的国际化经营结合了自身特点和行业发展现状，有计划有步骤地进行。海尔的国际化经营意识超前，国际化经营布局合理，国际化经营战略选择得当，使海尔集团在短时间内迅速地发展壮大起来，在中国国内乃至世界范围内造成了深远影响，海尔案例甚至走进了哈佛商学院成为其经典教学案例，海尔集团国际化经营的成功足以成为中国企业集团进行国际化经营扩张的典范。

第 **4** 节

典型园区案例

一、中埃苏伊士合作区

中埃苏伊士合作区位于埃及苏伊士湾西北经济区，紧邻苏伊士运河。合作区起步区面积1.34平方公里，累计开发投资约1亿美元，目前已开发完成，地块全部入驻；扩展区面积6平方公里，规划未来用10年时间分3期开发，开发建设总投资约2.3亿美元。

1. 产业发展

不同于其他国家级境外合作区，中埃苏伊士合作区是唯一一家以园区运营商身份进行园区开发建设的境外园区。截至2014年底，起步区共有制造企业32家，协议投资额近9亿美元，其中绝大多数是中国企业，主要分为两类。一类是以宏华钻机、国际钻井材料制造公司、西电-Egemac高压设备公司、中方及无纺布、巨石玻纤、牧羊仓储为代表的大型龙头企业，另一类是以振石集团为代表的中小企业，共有20多家，大多入驻拥有12栋标准厂房及服务中心的中小企业孵化园中。此外，园区还有包括银行、保险、物流、广告、旅行、餐饮、超市等在内的配套生产性服务业，园区已基本形成产业集聚。

2. 模式输出

中埃苏伊士合作区缘起中国开发区模式的输出。20世纪90年代，埃方提出希望借鉴中国改革开放的成功经验，在埃及苏伊士湾西北部地区建设一个类似于中国经济特区的新型工业城市。天津开发区总公司就成了这一意向的具体实施者。2008 年以前，中方主要通过土地开发建设规划编制、招商引资、管理服务等方式进行建设和运营经验输出；2008 年后，中埃合资的投资主体—埃及泰达投资公司成立，双方形成了"利益捆绑"，使得合作区有条件更好地移植天津泰达工业园"规划先行"的理念，科学制定发展战略与规划，分期稳步推进合作区建设。可以说，着眼长远的完善规划和专业化的园区管理运营是中埃苏伊士合作区成为境外合作区典范的重要原因。

二、埃塞东方工业园

由中国江苏其元集团投资兴建的东方工业园位于"非洲屋脊"埃塞俄比亚的奥罗米亚周，2009 年开始建设，规划面积 5 平方公里，一期占地 2.33 平方公里，目前已完成一期全部四通一平的基础设施建设。入园企业共有 32 家，大多为出口创汇行型企业、劳动密集型企业及替代进口产品企业等，符合埃塞摆脱贫困、实现工业化经济转型的需要。

1. 产业发展

工业园重点发展适合埃塞及非洲市场需求的纺织、皮革、农产品加工、冶金、建材、机电产业，将建成以外向型制造加工业为主，并有进出口贸易、资源开发、保税仓库、物流运输、仓储分拨、商品展示等功能，逐步形成集工业、商业、商务、居住、娱乐等多行业、多功能发展的工商贸综合功能区。

园区内最为著名的企业为力帆汽车和华坚鞋业。力帆汽车组装厂集散件进口、仓储和整车组装、检测、调试等功能于一体，是埃塞俄比亚最大的汽车生产企业，设有一条生产线一条检测线，设计年产量是 5000 台。华坚国际鞋城（埃塞）有限公司于 2012 年 1 月投产，目前是埃塞俄比亚最大制的制鞋企业，产品全部贴牌销往美国。

2. 互利合作

东方工业园是我国优势产能与发展中国家互利合作、产生效益的典范。

东方工业园这座由中国民营企业投资兴建的该国首个工业园,已经被列为埃塞工业发展计划中重要优先发展的国家级项目,区内企业享受了包括所得税减免、原材料和设备进口关税免除、政府派驻机构"一站式"服务等优惠政策和制度安排。截至 2015 年 9 月,累计总产值 4.3 亿美元,上缴东道国税费 3825 万美元,创造就业 2105 个,多次派遣当地员工回中国参加技术、管理、语言等方面的培训,为当地社会带来了实实在在的发展成绩。

实际上,东方工业园在与政府就园区管理和运营分工、政策优惠的享受方面顺利实行,与中国园区发展理念成功输出埃塞有着密不可分的联系,也是东方工业园能够持续发展的重要原因。埃塞俄比亚钦佩改革开放后中国建设经济特区和工业园区取得的成就,高度重视学习中国园区发展经验,邀请了中国专家进行"埃塞俄比亚特殊经济区咨询服务",就埃塞工业园区(经济特区)的发展战略、空间布局、规划设计、法律政策、管理体制、投资环境优化等方面展开顶层设计。最终咨询成果获得了埃塞联邦政府和世界银行等外部专家的高度赞扬,其中中国专家团队的园区发展理念也被埃塞采纳。目前,埃塞俄比亚联邦政府已将建设非洲轻工制造中心作为未来五到十年的发展目标,并将工业园区(特殊经济区)作为这一目标的重要战略手段,未来欢迎更多的中国企业赴埃塞投资运营工业园区。

三、柬埔寨西哈努克港经济特区

1. 特区简介

柬埔寨西哈努克港经济特区(以下简称"西港特区")是由红豆集团主导,联合中柬企业在柬埔寨西哈努克省共同开发建设的国家级经贸合作区,是首个签订双边政府协定、建立双边协调机制的合作区,也是"一带一路"上的标志性项目,得到了中柬两国领导人的高度肯定。2016 年 10 月,习近平主席出访柬埔寨期间,在署名文章中特别指出"蓬勃发展的西哈努克港经济特区是中柬务实合作的样板"。2018 年 1 月 9 日,国务院总理李克强访柬前夕又在发表的署名文章中高度肯定了西港特区的建设成果,认为西港特区以实实在在造福民众的方式续写着中柬友谊的时代新篇章。

西港特区是柬埔寨最大的经济特区，总体规划面积 11.13 平方公里，在发展定位上，实行产业规划与当地国情的深度融合，把企业走出去实现跨国发展的意愿，与柬埔寨工业发展的阶段性需要有效对接，确保特区建设可持续发展，前期以纺织服装、箱包皮具、五金机械、木业制品等为主要发展产业，后期将发挥临港优势，重点引入机械、装备、建材等产业。全部建成后，将形成 300 家企业（机构）入驻，8 万~10 万产业工人就业的配套功能齐全的生态化样板园区，成为柬埔寨的"深圳"。

2. 特区服务

①为前期考察企业提供行程安排、酒店预订、投资咨询等"一条龙"服务。

②以优惠的价格租赁土地及标准厂房，并根据企业需求，量身定制厂房。

③柬埔寨发展理事会、海关、商检、商业部、劳工局、西哈努克省政府入驻办公，为企业提供投资申请、登记注册、报关、商检、核发原产地证明等"一站式"行政审批服务。

④与当地大专院校进行对接，向区内企业推荐适用的管理人才，并建立劳动力市场，定期在区内举办人力资源劳工招聘会，协助企业招工。

⑤与无锡商院共同开展培训工作，为区内企业培养储备适用的产业工人，帮助企业缩短筹建周期。

⑥为企业提供经贸信息、推荐合作伙伴。

⑦引进金融机构，为企业搭建融资平台及提供各类金融服务。

⑧搭建法律咨询平台，提供专业法律服务。

⑨建有公寓、邻里中心及社区卫生服务中心等生活配套设施。

⑩提供物流、清关、安保及物业管理服务。

3. 投资优势

柬埔寨地处东南亚交通枢纽位置，湄公河由北向南贯穿全境，自然资源十分丰富，此外：

①地理位置优越：柬埔寨地处东南亚交通枢纽，东面和东南面与越南交界，北面与老挝毗邻，西面和西北面与泰国相接，濒临泰国湾。北京、

上海、广州、香港、南宁等地均可直飞到柬埔寨首都金边，其中广州到金边航程约 2.5 小时。西哈努克省为三大中心城市之一。（暹粒：旅游、服务业；金边：政治、文化中心；西哈努克：工业中心、国际港口城市。）

②政策优势突出，《柬埔寨王国投资法》规定除柬埔寨王国宪法中有关土地所有权规定外，所有的投资者，不分国籍和种族，在法律上一律平等；王国政府不实行损害投资者利益的国有化政策；对已获批准的项目，王国政府不对其产品价格和服务价格进行管制；王国政府不实行外汇管制，允许外汇资金自由出入。其优惠政策有：

企业用于投资建厂的生产设备、建材、零配件及用于生产的原材料等免征进口关税；

企业投资后根据产品种类最多可享受柬方 9 年的免税期；

利润用于再投资免征所得税；

产品出口免征出口税；

无外汇管制，外汇资金可自由出入；

无土地使用税。

③柬埔寨是 WTO 成员方，实行完全开放市场经济，是世界上经济自由度最高的国家之一。柬埔寨是东盟自由贸易区成员国，其尚未遭遇发达国家"双反"等贸易壁垒阻碍，且可享受欧美等发达国家给予的特殊贸易优惠政策及额外的关税减免优惠；东盟与韩国、日本、印度、新西兰、澳大利亚签署了自由贸易协定，这意味着拥有柬埔寨产地的产品可以零关税进入东盟 10+6 大市场。柬埔寨享受欧、美等发达国家普惠制（GSP）最惠国待遇，产品出口无配额限制且多数产品享受零关税待遇，有利于规避贸易壁垒。

④柬埔寨人口特征呈年轻化且劳动力成本比较低，其中 2018 年服装加工业的月最低工资标准为 170 美元，有经济生产力的年龄群（15-64 岁）占 64.3%。

⑤中柬世代友好：柬埔寨是中国的友好近邻，中柬两国有着悠久的传统友谊；与中国文化差异小，有庞大的华人经济圈，中文使用率高。投资柬埔寨具有独特的政治优势独：西港特区自创建以来，一直受到中柬两国

领导人的关注和亲切关怀以及两国各级政府部门的积极支持和个性化服务;《中华人民共和国政府和柬埔寨王国政府关于西哈努克港经济特区的协定》的签订,使西港特区成为中国第一个签订双边政府协定确立法律地位的国家级合作区。在双边协定下,建立了双边政府协调委员会这一支持推动西港特区发展的长效机制。

⑥投资环境良好,政局稳定,治安状况良好,无种族冲突;国内90%的人信奉佛教,人性温和纯朴;市场高度自由化。

⑦柬埔寨旅游资源十分丰富,拥有世界七大奇观之一的吴哥古迹群。

⑧柬埔寨拥有丰富的自然资源。

4. 相关服务

①自建水厂、电厂、污水处理厂,并与市政水、电并网,保证企业24小时水电供应,满足企业生产需求;

②引入由柬埔寨发展理事会、海关、商检、商业部、劳工局、西哈努克省政府代表组成的 "一站式" 行政服务窗口,使区内企业不出园区便可办妥相关手续。

③建有公寓、邻里中心及社区卫生服务中心,引入银行、物流清关公司等服务型机构,为区内企业提供全方位服务。

④建立劳动力市场,定期在区内举办人力资源劳工招聘会,协助企业招工;同时,与无锡商院共同开展培训工作,提供语言及技能培训。

⑤设立法律服务咨询公司,提供专业法律服务。

⑥建立消防站,配备消防车;建立专业安保队伍,引进当地警察署,确保区内企业的人员及财产安全。

5. 适合产业边际

①出口加工型企业、劳动密集型行业及易遭受欧美双反贸易壁垒的企业,包括制衣、制鞋、家纺、电子、箱包、家居、文具、医疗用品、五金工具等。

②有意开拓国际市场的配套型企业,如纸箱、建筑建材、电力、水处理类等。

③有意走出去做二级开发商,建设 "园中园" 的企业或者投资经营商

住配套服务业的公司。

四、泰中罗勇工业园区

1. 园区简介

泰中罗勇工业园开发有限公司是由中国华立集团与泰国安美德集团在泰国合作开发的面向中国投资者的现代化工业区。园区位于泰国东部海岸、靠近泰国首都曼谷和廉差邦深水港，总体规划面积 12 平方公里，包括一般工业区、保税区、物流仓储区和商业生活区，主要吸引汽配、机械、家电等中国企业入园设厂。

泰中罗勇工业园开发有限公司已被中国政府认定为首批"境外经济贸易合作区"——中国传统优势产业在泰国的产业集群中心与制造出口基地，最终形将成为制造、会展、物流和商业生活区于一体的现代化综合园区。

作为东盟创始成员国的泰国位于东南亚的中心，长期以来一直以其完善的基础设施、宽松的投资环境、较好的市场辐射能力、稳定的社会和政治以及友好丰富的文化吸引着来自世界各国的投资者。而泰中罗勇工业园凭借优越的区位与交通优势、一流的基础设施、优惠的政策和优质的"一站式"服务，将成为中国企业赴泰国投资兴业的最佳选择。

2. 园区规划

总体规划面积 12 平方公里，其中一期规划占地 1.5 平方公里，二期规划占地 2.5 平方公里，三期占地 8 平方公里。建有一般工业区、保税区、会展中心、物流基地以及配套的商业生活设施。园区的产业定位主要为吸引汽配、机械、建材、家电和电子等有比较优势的中国产业。

五、巴基斯坦海尔—鲁巴经济区

1. 建设背景

2001 年，海尔集团在巴基斯坦建立了全球第二个海外工业园。经过海尔人的不懈努力，至 2006 年，已在巴基斯坦建成了大小家电、黑白家电的供应链平台及产业配套体系，销售、售后服务网络遍及巴全国，海尔已经成为受到巴基斯坦消费者欢迎的知名品牌。2006 年，海尔集团积极响应国家提出的 "走出去" 战略，中标国家商务部组织的境外经济贸易合作区招标项目，同年 11 月 26 日，正在巴基斯坦旁遮普省省会拉合尔访问的中国国家主席胡锦涛和巴基斯坦总理阿齐兹共同为巴基斯坦和中国境外经济贸易合作区暨巴基斯坦海尔—鲁巴经济区揭牌。经济区位于巴基斯坦旁遮普省首府拉合尔市。拉合尔是巴基斯坦第二大城市，是著名的巴基斯坦工业中心。旁遮普省是巴基斯坦经济发展中心，政治、经济、生活环境安全稳定，近几年的 GDP 增长率平均达到 8% 以上。

2. 建设情况

表 10-1　海尔—鲁巴工业园区建设情况

条目	内容
开发主体	海尔集团（中国）、私人企业鲁巴集团（巴基斯坦）
开发公司名称	巴基斯坦—鲁巴经济区开发总公司
经济区所在地	旁遮普省·拉合尔市（省会）
地址	一区：巴基斯坦旁遮普省·拉合尔市 Raiwind 路 19.5 公里 二区：拉合尔西北 35 公里处，Gt 高速路合 M3 大干道交叉处
规划面积	一区：33 万平方米 二区：启动 2 平方公里，远期规划 10 平方公里
计划投资	1.29 亿美元

3. 开发运营

该经济区以现有的巴基斯—坦海尔工业园为基础进行扩建，海尔集团与巴基斯坦鲁巴集团合资建设，中巴股比为 30%：70%。海尔集团以现金方式出资，鲁巴集团以土地、厂房、基础设施入股，共同购买土地、进行园区建设。园区实行管委会管理模式。

投资政策咨询：免费提供入区优惠政策、当地融资服务以及政府沟通管道等信息咨询服务（自投资协议正式签订之日起免费提供）。

公司设立：根据投资单位个性需求，提供巴基斯坦当地公司注册成立的流程服务。

优惠政策申请：协助意向入区企业，在政策允许范围内，争取最大限度优惠政策。

家电检测平台：海尔—鲁巴经济区巴基斯坦国家级家电检测平台对所有入区企业开放。

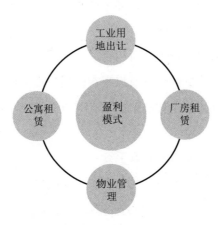

图 10-2　园区盈利模式

家电销售平台：海尔在巴基斯坦市场的销售网络、渠道为入区企业提供销售服务；

售后服务平台：海尔在巴基斯坦的 17 个售后服务中心和 86 个售后服务网点为入区企业搭建完善的售后服务平台；

物流运输：可协助入区企业解决原材料、成品运输以及进出口货物的报关、清关；

签证：代办赴巴基斯坦签证或协助入区企业理顺赴巴基斯坦流程；

金融：园区银行一站式服务、当地融资信息渠道服务、园区入区企业的税费代缴等服务。

园区厂房和公寓均采取只租不售的方式，租金为 20 多人民币/平方米·月（含物业管理费），厂房和公寓由开发商装修后交付使用，目前厂房供不应求。

4. 优惠政策

（1）税费减免

①免除经济区项目的进口设备税。

②免除用于出口的产品生产、巴基斯坦国内稀缺的或无法生产的以及质量达不到企业生产要求的原材料进口关税。

③自经济区盈利并将盈利抵扣先前累积亏损完毕起 5 年内 100% 免除所得税，自第 6 年起的 5 年内实行减半的优惠税率即 17.5%。

④初始折旧率提升至 100%。

⑤企业将获取利润再投资免所得税。

⑥经济区内的企业享受巴基斯坦现有的出口鼓励政策。

⑦免除预扣税机构预先对包括土地交易在内的所有商业交易扣除的预提税。

⑧简化所得税免除证书的获取手续。

⑨在园区内建有保税区、保税仓库，为物流快速通关提供协助。

⑩自经济区开始运营起 5 年内，免除土地销售中产生的 2% 增值税与 4% 印花税，以及 5% 租赁收入预提税。

11 自开始运营起年内免除劳工税费、消费税等税费。

（2）投资便利

①投资部将在经济区内提供一站式服务。

②简化海尔集团在巴基斯坦的项目的政策申请及报批程序，巴基斯坦政府部门应建立专门机构为经济区的建设提供便利。

③在经济区建立陆港方便进出口。

④投资部免费为投资者提供服务便利和指导。

（3）能源环境

①巴基斯坦政府提供电、气及其他能源到经济区。

②省政府修建公路直通经济区。

③在经济区内建立员工培训中心。

④周边公路包括 M2、Link Road 及 GT 公路均应设置直通经济区的出口，道路园区开发建设在不违反巴相关法律和政策的前提下，完全自主进行多用途开发。

参考文献

［1］王会龙.中国对外直接投资的现状、问题及对策分析［J］.中国证券期货，2014（03）：100.

［2］赵文.中国企业走出去现状与风险分析［J］.中国集体经济，2015（22）：21-24.

［3］周英.浙江省民营企业对外直接投资分析［J］.商，2015（24）：61~62.

［4］王会龙.浙江民营企业对外直接投资问题探讨［J］.绍兴 文理学院学报，2014（03）：59-71.

［5］侯福来.我国民营企业走出去现状及策略建议［J］.经营 管理者，2015（24）：85-86.

［6］周茂，陆毅，陈丽丽.企业生产率与企业对外直接投资进入模式选择——来自中国企业的证据［J］.管理世界，2015（11）：70-86.

［7］丁学东.我国对外直接投资形势和对策建议［J］.全球化，2017（02）：5-16.

［8］邵燕敏，杨晓光.全球及中国直接投资的近况和走势分析［J］.科技促进发展，2016（05）：589-597.

［9］王辉耀，孙玉红，苗绿.中国企业全球化报告（2015）［M］.北京：社会科学文献出版社，2015.

［10］邬琼.当前我国对外直接投资形势分析［J］.中国物价，2017（10）：14-16.

［11］杨迤.对外直接投资对中国进出口影响的相关分析［J］.世界经济，2000（2）.

［12］李琴．FDI 流入与我国对外贸易关系的实证分析［J］．世界经济研究，2004（9）．

［13］裴长洪，于燕．"一带一路" 建设与我国扩大开放［J］．国际经贸探索，2015（10）．

［14］裴长洪．经济新常态下中国扩大开放的绩效评价［J］．经济研究，2015（4）．

［15］孙健．海尔的企业战略［M］．北京：企业管理出版社，2002.

［16］刘光明．现代企业文化［M］．北京：经济管理出版社，2015.

［17］孙玉芝．浅谈企业人才培养制度的完善［J］．山东人力资源和社会保障，2007（8）：30.

［18］李义荣．新常态下依法治企的现状和探索［J］．商业故事，2016（2）：137-138.

［19］张震晓．岱银集团以全球化姿态迈出国际化步伐［J］．中国纺织，2017（2）：20-23.

［20］张新，张斌：聚力改革攻坚 加快动能转换［J］．山东国资，2017（7）

［21］滕春强．资本市场为 "一带一路" 铺路搭桥［J］．山东国资，2017（5）．

［22］李贻宾．我国企业对外投资的发展与政策建议［J］．经济问题探索，2004（11）：54-57.

［23］纪纯，齐贵山，李伟．烟台国企加快新旧动能转换［J］．山东国资，2017（6）．

［24］黄卫纯．品牌的维护和培育［J］．现代商贸工业，2007（3）：130-135.

［25］林毅夫，李永军．比较优势、竞争优势与发展中国家的经济发展［J］．管理世界，2003（7）：21-28.

［26］朱瑞庭．全球价值链视阈下中国零售业国际竞争力及政策支撑研究［J］．商业经济与管理，2014（9）：17-24.

［27］丁宁．流通企业 "走出去" 与我国产品价值链创新［J］．商业

经济与管理，2015（1）：13-18.

［28］金玲."一带一路"：中国的马歇尔计划？［J］.国际问题研究，2015（1）：88-99.

［29］林毅夫，李永军.比较优势、竞争优势与发展中国家的经济发展［J］.管理世界，2003（7）：21-28.

［30］李鸿阶.中国企业"走出去"发展特征及其相关政策 研究［J］.亚太经济，2015（5）：114-120.

［31］翟卉，徐永辉.中国对"一带一路"国家直接投资影响因素分析：基于东道国角度的实证研究［J］.对外经贸，2016（9）：39-42.

［32］郭朝先，刘芳，皮思明."一带一路"倡议与中国国际产能合作［J］.国际展望，2016（3）：17-36.

［33］张孟才，谢水园.产业内贸易、外资利用与贸易开放的关系分析：基于 Bootstrap 方法［J］.中国市场，2012（2）：114-116.

［34］刘源，谢水园.基于 Bootstrap 方法的 FDI 与 GDP 因果关系的检验［J］.中国市场，2011（26）：168-170.

［35］李平，徐登峰.中国企业对外直接投资进入方式的实证分析［J］.国际经济合作，2010（5）：86-94.

［36］董小麟，吴亚玲.中国企业海外并购现状分析与策略建议［J］.国际经贸探索，2010（12）：4-8.

［37］徐念沙."一带一路"战略下中国企业走出去的思考［J］.经济科学，2015（3）：17-19.

［38］方旖旎.中国企业对"一带一路"沿线国家基建投资的特征与风险分析［J］.西安财经学院学报，2016（1）：67-72.

［39］姜巍，陈万灵.东盟基础设施发展与 FDI 流入的区位选择：机理与实证［J］.经济问题探索，2016（1）：132-139.

［40］龙静."一带一路"倡议在中东欧地区的机遇和挑战［J］.国际观察，2016（3）：118-130.

［41］李媛，倪志刚.中国对"一带一路"沿线国家直接投资策略分析［J］.沈阳工业大学学报（社会科学版），2017，10（1）：7-13.

[42] 李晓敏, 李春梅. "一带一路" 沿线国家的制度风险与中国企业 "走出去" 的经济逻辑 [J]. 当代经济管理, 2016 (3): 8-14.

[43] 朱萌, 戴慧. 中国企业实施 "走出去" 战略的融资风险控制研究 [J]. 国际贸易, 2016 (5): 48

[44] Acemoglu D. When does labor scarcity encourage innovation? [J]. Journal of Political Economy, 2010, 118 (6): 1037-1078.

[45] Adermon A, Gustavson M. Job polarization and task-biased technological change: Evidence from Sweden, 1975-2005 [J]. Scandinavian Journal of Economics, 2015, 117 (3): 878-917.

[46] Autor D H, Dorn D. The growth of low skill service jobs and the polarization of the U.S. labor market [C]. The American Economic Review, 2012, 103 (5): 1553-1597.

[47] Desai M A, Foley C F, Hines J. Domestic effects of the foreign activities of US multinationals [J]. American Economic Journal: Economic Policy, 2009, 1 (1): 181-203.

[48] Goos M, Manning A, Salomons A. Explaining job polarization in Europe: The roles of technology, globalization and institutions [R]. CEP Discusion Paper No. 1026, 2009.

[49] Harison A E, McMilan M S. Outsourcing jobs? Multinationals and US employment [R]. NBER Working Paper No. 12372, 2006.

[50] Vaaler PM, James B E, Risk and capital structure in Asian project finance [J]. Asian Pacific Journal of Management, 2007, 25 (1): 25-50

[51] Egger, Peter. Merlo: An Anatomy of the impact of bilateral investment treaties on multinational firms. The Scandinavian journal of economics [J]. 2012, (4), 1240-1266.

[52] InnwonPark: A CGE Analysis of a Korea-China-Japan Free Trade Area, Economic Papers, 2003 - 210. 104. 132. 41.

[53] Humphrey, J. and H. Schmitz (2002). Governances of Global Value chains. IDS Bulletin.

后　记

　　本书是在中国（深圳）综合开发研究院参与的多个"一带一路"沿线区域规划研究课题的基础上，同时融合区域发展规划研究所成员多年积淀的相关成果，历经数次集中讨论修改完成的。

　　在本书的准备和写作过程中，各位同人不遗余力、尽心协助。曲建副院长、刘容欣总监对本书的研究主题、创新点和写作思路提出具体指导意见。中国（深圳）综合开发研究院区域发展规划研究所的王振、时鲲、谢海、刘斯宇、周冬暖等同事在本书写作过程中主动承担多个章节的资料收集工作，多次组织参与讨论会，对本书整体框架的搭建、主线的梳理、核心观点的提炼等方面都起到了重要作用。

　　在本书完成之际，我要向所有参与的同事表达最诚挚的谢意，向你们全身心的投入和付出的辛苦及汗水致敬。

刘祥

2018 年 6 月 28 日于深圳